edition summerhill

Für Elisabeth, meine Frau -

aus jedem erdenklichen Grund

GOTTFRIED KÜHBAUER

LIEBE TROTZ PARTNERSCHAFT

Damit es, egal wie es ausgeht, gut weitergeht!

edition
summerhill
Inspirationen für ein schöneres Leben

Impressum:
1. Auflage, 2017

Umschlaggestaltung: Dodo Kresse, Wien, Österreich
Coverfoto: Unschuldslamm/photocase.de

Mixed Media: Dodo Kresse
Korrektorat: Bianca Braunshofer
Druck und Bindung: Sagalara, Polen

ISBN 978-3-9504233-5-8 (Hardcover)
ISBN 978-3-9504233-8-9 (ebook)

www.summerhill.at.
www.liebetrotzpartnerschaft.com
office@summerhill.at

Besuchen Sie uns auf Facebook: Edition Summerhill

GELEITWORT

von Ilse Gschwend[1]

Wer kennt ihn nicht, diesen inneren Chor aus hellen Sopranstimmen: „*Ich will Euch von etwas erzählen, das mich begeistert*“, den Altstimmen, die fragend singen: „*Wer könnte das denn lesen wollen?*“, den Tenören, welche diese Stimmen mit einem „*Trau Dich einfach!*“ unterstützen und den Bässen, die von Zweifel, Wagemut, Risiko und Euphorie singen – diesen inneren Chor, der seinen Auftritt hat, wenn sich die Idee, ein Buch zu schreiben, in uns meldet.

Gottfried Kühbauer, ein liebenswerter und geschätzter Kollege, hat diesem Chor eine Zeitlang zugehört und sich dann ans Schreiben gemacht. Geworden ist es eine Art Oratorium über Liebe, Sehnsüchte, Leiden und hoffnungsvollem Auferstehen nach krisenhaftem Beziehungs-Geschehen. Das Werk ist eine gelungene Kooperation aus Erfahrungs-Musik und Lebenslibretto, aus Geschichten, die Paare erzählen und der begleitenden Melodie eines Paarberaters. Darüber hinaus ist es eine Verneigung vor vielen Lehrern, deren Wissen ihn in seiner langjährigen Tätigkeit genährt hat. Es findet in ihm als Paarberater ein friedliches Miteinander, es gibt keinen „Schulenstreit“, sondern nur die sinnvolle Ausrichtung auf das, was Menschen in Beziehungsnöten durch gute Begleitung erfahren können.

Der fragenden Stimme aus dem eingangs erwähnten Chor: „*Wer könnte das denn lesen wollen?*“ möchte ich als Leserin antworten: Viele von uns! Das Buch enthält wichtige Beobachtungen für Menschen in „Beziehungsnöten“ und bietet Hinweise für jene, die sich prophylaktisch mit Themen beschäftigen wollen, in deren

Dunstkreis sie noch gar nicht sind. Darüber hinaus ist es ein wertvolles Kompendium für uns Kolleginnen und Kollegen, die wir Paare in krisenhaften Übergängen begleiten.

Zu guter Letzt geht es weit über Paarbeziehungen hinaus, weil wir diese gesammelten Beobachtungen auch in andere Lebenskontexte übertragen können. Denn in all unseren Entscheidungen und Konflikten haben wir immer den Wunsch, es möge - egal wie es ausgeht - gut weitergehen.

Lieber Gottfried, danke für dieses Buch!

„(...) das Bewusstsein vorausgesetzt,

dass auch zwischen den nächsten Menschen

unendliche Fernen bestehen bleiben,

kann ihnen ein wundervolles Nebeneinander erwachsen

wenn es ihnen gelingt,

die Weite zwischen sich zu lieben,

die ihnen die Möglichkeit gibt,

einander in ganzer Gestalt

und vor einem großen Himmel zu sehen (...)"

Rainer Maria Rilke[2]

Inhalt

1. AUFTAKT 15

1.1. Es war einmal.... 15
1.2. Den Blick weiten 18
1.3. Was ist wirklich? 26
1.4. „Meine Nasenspitze ist das Ende der Welt“ 30

2. PAARSEIN ZWISCHEN ABWASCH UND KOSMOS 35

2.1. Nichts muss sich verändern 36
2.2. Die gesellschaftliche Hintergrundmusik 49
2.3. Gerechte oder ungerechte Rollengestaltung bei Paaren? 51
2.4. Prägeanstalt Herkunftsfamilie 61
2.5. Kinder, ein Anschlag auf die Paarbeziehung 63
2.6. Geteiltes Leid 68
2.7. Kür für ältere Paare 71
2.8. Lieber Problemheimat als Lösungsfremde 80
2.9. Ressource Liebesgeschichte 84
2.10. Am Anfang war das Paar 87
2.11. Partnerschaft oder Liebesbeziehung - oder beides? 88
2.12. Tauschmodus versus Geschenkmodus 94
2.13. „Offene Rechnungen“ 97
2.14. Rosenkrieg - Versuch des Ausgleichs im Negativen 100
2.15. Die drei Komponenten der Liebe 103
2.16. Spielarten der Liebe 105
2.17. Der Jolly Joker „Intimität“ 109
2.18. Begehren - „Darf‘s ein bisschen mehr sein?“ 118
2.19. Verrat - Affäre & Außenbeziehung 122
2.20. Immer-alles-wissen-Wollen 131
2.21. „Drache“ Eifersucht 136

2.22. Verbindlichkeit - der sichere Hafen 140
2.23. Andere Anlässe für Paarbeziehungen 143
2.24. Das Objekt der Begierde 153
2.25. „Nicht-können“ oder „Nicht-wollen?“ 160
2.26. Entscheidung zwischen mir und mir 162
2.27. Beziehungsflucht - „Hinter mir die Sintflut“ 164

3. GEHEN ODER BLEIBEN? Vom Dilemma zum Tetralemma der zusätzlichen Möglichkeiten 171

3.1. Trennung/Scheidung - ein unmöglicher Gedanke 171
3.2. Tetralemma - Lösungssuche auf mehreren Wegen 173
3.3. GEHEN - „Ich entscheide mich für die Beendigung der Beziehung!“ 177
3.4. BLEIBEN - „Ich entscheide mich zu bleiben und die positive Weiterentwicklung der Beziehung zu betreiben!“ 206
3.5. BEIDES - „Ich entscheide mich für beides - ich bleibe äußerlich und gehe innerlich!“ 220
3.6. KEINES VON BEIDEN - Hinter der Frage: „Gehen oder bleiben“ verbirgt sich ein noch nicht erkanntes Thema. 240
3.7. Und das Darüber-hinaus 249

4. APPS FÜR EINE GUTE ENTSCHEIDUNG 259

4.1. Vorrang des erlebten vor dem erzählten Leben 259
4.2. Der heimliche Gewinn 260
4.3. Der Kontext macht den Unterschied 261
4.4. Verstanden heißt nicht einverstanden 263
4.5. Trennung auf Zeit? 268
4.6. Verletzt zusammenbleiben 271
4.7. Sehnsuchts-Check 272
4.8. Überpreis bei oft wechselnden Beziehungen 273
4.9. Die begrenzte Kapazität des seriellen Liebens 275

4.10. „Liebe“ und „Bindung“ - die Verwechslung 277
4.11. Ausgleich, wenn zwei auseinander gehen 282
4.12. „Das kann ich meinen Kindern nicht antun“ 284
4.13. Erste-Hilfe-Koffer für Eltern bei Trennung 287

5. NÄHRBODEN FÜR DIE ZUKUNFT 295

5.1. Heiraten oder nicht? 295
5.2. Bei Kinderlosigkeit 299
5.3. Keine „alten Baustellen im neuen Land“ 302
5.4. Der Ausgleich im Positiven 304
5.5. Wahrhaftigkeit 306
5.6. Verzicht - jenseits von Gut und Willig 311
5.7. Liebe: Aufhebung der existentiellen Einsamkeit? 314
5.8. Spiritualität in der Paarbeziehung 316
5.9. Wegmarkierungen 321
5.10. Wer die Fülle will 326

6. EPILOG 331

7. DANK 333

1. AUFTAKT

1.1. Es war einmal...

... in einer Zeit vor aller Zeit, da hatten die Menschen kugelförmige Rümpfe sowie vier Hände und Füße und zwei Gesichter mit je zwei Ohren auf einem Kopf, den ein kreisrunder Hals trug. Die Gesichter blickten in entgegengesetzte Richtungen. Mit ihren acht Gliedmaßen konnten sich die Kugelmenschen schnell fortbewegen, nicht nur aufrecht, sondern auch so wie ein Turner, der ein Rad schlägt.

Es gab nicht nur zwei Geschlechter, sondern drei: Manche Kugelmenschen waren rein männlich, andere rein weiblich, wiederum andere androgyn. Die rein männlichen stammten ursprünglich von der Sonne ab, die rein weiblichen von der Erde, die androgynen vom Mond.

Die Kugelmenschen verfügten über gewaltige Kräfte und großen Wagemut. In ihrem Übermut wollten sie sich einen Weg zum Himmel bahnen und die Götter angreifen.

Der Himmelsherrscher Zeus beriet mit den anderen Göttern, wie zu verfahren sei. Die Götter wollten das Menschengeschlecht nicht vernichten, denn sie legten Wert auf die Ehrenbezeugungen und Opfer der Menschen.

Daher entschied Zeus, die Kugelmenschen zu schwächen, indem er jeden von ihnen in zwei Hälften trennte. Diese Hälften sind die heutigen zweibeinigen Menschen, Männer und Frauen.

Gott Apollon erhielt den Auftrag von Zeus, die Gesichter zur Schnittfläche - der heutigen Bauchseite - hin umzudrehen und die Wunden zu schließen, indem er die Haut über die Bäuche zog und am Nabel zusammenband. Am Nabel ließ er Falten zur Erinnerung an die Teilung zurück. Die Geschlechtsteile blieben auf der anderen, früher nach außen gewendeten Seite, der jetzigen Rückenseite.

Die nunmehr zweibeinigen Menschen litten schwer unter der Trennung von ihren anderen Hälften. Sie umschlangen einander in der Hoffnung, zusammenzuwachsen und so ihre Einheit wiedergewinnen zu können.

Da sie sonst nichts mehr unternahmen, begannen sie zu verhungern. Um ihr Aussterben zu verhindern, versetzte Zeus die Geschlechtsorgane nach vorn. Damit ermöglichte er ihnen, durch die sexuelle Begegnung ihr Einheitsbedürfnis vorübergehend zu befriedigen und so die Sehnsucht zeitweilig zu stillen. Zugleich gewannen sie dadurch die Fähigkeit, sich auf die heute praktizierte Weise fortzupflanzen. So wurden sie wieder lebenstauglich. Sie leiden aber weiterhin unter ihrer Unvollständigkeit; jeder sucht nach wie vor seine andere verlorene Hälfte.[3]

Sehnsucht bis zum letzten Atemzug

Hunger, Begierde oder Mangel gefühlsbetont ausgedrückt, ist Sehnsucht. Weniger romantisch bezeichnet: Sehnsucht ist die Differenz zwischen einem ersehnten Soll-Zustand und einem unbefriedigenden Ist-Zustand. Die Sehnsucht nach Intimität zeigt sich in Gestalt des erotischen Begehrens und der absichtsvollen Liebe, des ungestillten Verlangens zwischen zwei Menschen, beides führt zu Nähe- und Vereinigungswünschen. So sind die Menschen unterwegs, oft ihr ganzes Leben, suchen einander, finden sich, bleiben ein bisschen und ziehen wieder weiter, weil sie glauben, dass sie die zu ihnen perfekt passende Hälfte noch nicht gefunden hätten. Man nennt dies: Serielle Monogamie oder in ihrer parallelen Version, temporäre (meist heimliche) Doppelbeziehung. Andere hingegen bleiben bei ihrer zweiten Hälfte für den Rest ihres Lebens und sind zufrieden, auch wenn nicht jeden Tag eine Symphonie gespielt wird.

Andere wiederum trauern, weil sie ihre zweite Hälfte nicht finden. Wieder andere leiden sehr darunter, dass sie von ihrer anderen Hälfte, mit der sie so offensichtlich zusammengehörten, verlassen wurden. Dabei wird auch viel gestritten und gekämpft; die Enttäuschung und der Schmerz sind groß, weil die Liebe aufgehört hat und es keine Intimität und Nähe mehr gibt. Das Herz ist gebrochen, auch wenn es noch schlägt.

Wenn die Liebe schwindet

werde ich in meiner Praxis Ohrenzeuge von Problembeschreibungen, höre Geschichten der zermürbenden Ambivalenz und Erzählungen über belastende Lebenssituationen. Frauen und Männer, Mütter und Väter quälen sich mit der bedrückenden Frage: „Gehen oder Bleiben?“ – und dies manchmal schon lange Jahre.

Es ist simpel und wird meist doch als emotionaler Kahlschlag erlebt: Um ein Paar zu werden, braucht es immer zwei, um eine Beziehung zu beenden, genügt einer. Dies erzeugt ein Gefühl des Ausgeliefertseins und der Ohnmacht.

> *Herr A.: „Ich habe überhaupt keine Chance … sie entscheidet über mich mit, … ich kann dagegen nichts tun, ich … ich bin völlig ohnmächtig!“*

Ich nehme dann teil an elementaren Grundfragen des Lebens

von Klienten, an ihren gewichtigen Ungewissheiten: Welche Entscheidung sie treffen sollen; welches Bedürfnis mehr zählt; an wen sie zuerst denken sollten; welche emotionalen und rationalen Überlegungen sie bewegen; welchen Preis und Nutzen sie von einem „Bleiben" oder „Gehen" erwarten.

In dieser Phase befinden sich einzelne Partner oder das Paar in der Polarität von konträren Gefühlen, Gedanken und Bedürfnissen. Sie sind bemüht, alle Eventualitäten und Möglichkeiten im Voraus schon mitzubedenken. Dieses intensive Bemühen hat ernsthafte Hintergründe: Hohe Ambivalenz ist ein Zeichen dafür, dass die Person es sich nicht leicht machen will. Es geht einerseits um existenzielle Ängste und andererseits um die Sehnsucht nach Veränderung. Diesen Prozess begleiten zu dürfen, erlebe ich als höchst intim und immer wieder als sehr berührend.

1.2. Den Blick weiten

Seit Längerem habe ich Freude an dem Gedanken, meine aus diesen Erfahrungen gemachten Erkenntnisse weiterzugeben sowie die vielfältigen kreativen Lösungsstrategien der Klienten anderen Betroffenen (unter Wahrung der Anonymität) zur Unterstützung zur Verfügung zu stellen.

Vielleicht kann der eine oder andere Leser von diesem Wissen profitieren, damit sich der Geist in der entscheidungsschweren Zeit weitet und über die üblichen festgelegten Grenzen hinauswächst. Eventuell umfängt ein neuer Aspekt – inspirierend wie ein freundlicher Windstoß – die geschlossene Gedankenwelt und weist in eine neue Richtung.

Bei der Auseinandersetzung über eine zukünftige Lebensgestaltung nach Trennung oder Scheidung scheint „Gehen oder

Bleiben?“ wie ein Dilemma zwischen zwei sich gegenseitig ausschließenden Möglichkeiten, die sich wie auf einer Weggabelung anbieten. Dieses Buch soll helfen, den Blick zu vergrößern, hinaus aus dem vermeintlichen Dilemma - hin zu mehreren Lösungsmöglichkeiten. Damit es, egal wie es ausgeht, gut weitergeht!

Es soll Paaren helfen, bei der Beurteilung ihres Beziehungslebens dem alltäglich gelebten Leben einen höheren Stellenwert einzuräumen. Durch das häufig vergleichende Maßnehmen an der vergangenen Romantik des Beziehungsbeginns und dem seit erst zweihundert Jahren gesellschaftlich etablierten „romantischen Liebesideals“, wird oft genug nur ein unlebendig erzähltes Leben und nicht ein intensiv gelebtes Leben ermöglicht. Die Romantik ist die „Babykost“ der Paarbeziehung, die bewusste Liebe die „Erwachsenenkost“. Wenn ständig, trotz Erwachsenenalters, Babykost zu sich genommen wird, sind nichtverdauliche Enttäuschungen und Unzufriedenheit vorprogrammiert und werden oft zum destruktiven Dauer-Abo. Die nicht geerdete, romantische Liebe lässt sich nicht bewahren, sobald sie dem realen Leben ausgesetzt ist. Wer aber mit vollem Herzen auf die Verliebtheit nicht verzichten will, kann lieben, denn Liebe ist Verliebtheit auf Dauer.

Die Romantik liebt das Extreme, wir brauchen den Mythos und sind bereit, über Kollateralschäden, wie z.B. das versäumte Handeln im richtigen Augenblick bzw. das Hängenbleiben an einer Selbst-Erzählung um den Preis des Versäumten, hinwegzusehen. Der größte Feind der Romantik ist das Normale. „*Scheidungen sind oft Scheidungen von Paaren, die durch eine Überdosis Romantik so verdorben sind, dass sie mit der Intimität der Ehe nichts anfangen können.*“ [4]

Dieses Buch soll helfen, den Weg aus der Erinnerung an das „Nest“

der Verliebtheit, in das „Schloss“ der bewussten Liebesbeziehung zu finden, ob verheiratet oder nicht. Denn dort ist die Chance auf Beziehungsglück entschieden höher.

Die Sicht des Beobachters

Was mir wichtig ist: Als Anhänger der Philosophie des Konstruktivismus, die besagt, dass menschliches Erleben und Lernen ausschließlich sinnesphysiologischen, neuronalen, kognitiven und sozialen Konstruktionsprozessen unterworfen ist, gibt es für mich keine menschlich objektive Wahrheit oder Sichtweise. Auch ich bin nur ein subjektiver Beobachter meiner Klienten auf Grundlage meiner eigenen Gewordenheit und sehe die Phänomene des Lebens ausschließlich durch meine „Brille“. Ich möchte in diesem Buch nicht so tun, als wüsste ich von einer Welt der Menschen, die so und nicht anders ist. Dieses Buch enthält keine objektiven Wahrheiten sondern meine subjektiven Wahrnehmungen und Erfahrungen.

Um Inhalte zu verdeutlichen oder zu betonen, habe ich Dialoge aus Praxisgesprächen mit Einzelklienten oder Paaren in den Textverlauf eingefügt. Die Gesprächsinhalte sind wortgetreue Wiedergaben aus Aufzeichnungen und Mitschriften, die stark anonymisiert wurden, um ein eventuelles Wiedererkennen der Protagonisten unmöglich zu machen.

Um der leichteren Lesbarkeit willen wurde von mir, wo nicht ausdrücklich von Frauen und Männern die Rede ist, die männliche Schreibweise gewählt.

Entrèe

Der Inhalt des Buches gliedert sich in mehrere Teile. Im ersten Teil „Paarsein zwischen Abwasch und Kosmos“ werden „typische“ Geburtsgeschichten von Beziehungsproblemen dargestellt und es wird auf die multifaktorielle Lebenssituation von Paaren eingegangen.

Menschen sind systemische Lebewesen, weil ihre Identität, ihr Verhalten und ihr Gefühlsleben unmittelbar von den sozialen Systemen abhängen, denen sie sich zugehörig fühlen. Ihre Identität steht im Spannungsfeld von Natur und Kultur, Individuum und Kollektiv.

Paare kreieren Probleme durch ihre „Beiträge“, die sie in die Beziehung einbringen. Diese Beiträge werden durch die biologischen, psychologischen, sozialen und ökonomischen Rahmenbedingungen, die Menschen in die Paarbildung mitbringen oder durch sie vorfinden, erst generiert und ermöglicht. Eine Schuldzuweisung dafür ist nicht angebracht. In welcher Familie ein Kind auf die Welt kommt und welche Entwicklungsbedingungen es dort vorfindet, ist Schicksal. Die Geburtsort-Lotterie kann nicht beeinflusst werden.

In diesem Kapitel geht es auch um die grundlegende Veränderungsdynamik, der wir als Einzelperson und in der doppelten Ausführung als Paar ausgeliefert sind. Und es wird im Kontext dieser vielfältigen Aspekte Bezug genommen, wie Paare mit Beziehungsproblemen dabei unterscheiden können zwischen dem, was sie selbst zum Problem beitragen und dem Teil, der von außen kommt und nur schwer oder gar nicht beeinflussbar ist.

Weiters werden in diesem Kapitel verschiedene, vermutlich noch nicht so bekannte Sichtweisen und Theorien über Beziehungsgestaltung vorgestellt. Kollektive Sichtweisen haben in jeder Form, bewusst oder unbewusst, starken Einfluss auf das Denken und Verhalten des Paares. Insbesondere die Unterscheidung in diesem Buch zwischen Liebesbeziehung und Partnerschaft sowie die „*3 Komponenten der Paarbeziehung*", ermöglichen vielleicht neue gedankliche Zugänge über den „*Charakter*" der eigenen Paarbeziehung.

Das Kapitel „Der Jolly Joker *Intimität*" nimmt in diesem Kapitel einen besonders wichtigen Platz ein, da ich die Intimität als die mögliche „Hauptbühne" für das Gelingen oder Scheitern von Paarbeziehungen sehe.

Im Mittelteil des Buches im Kapitel „Die schwere Entscheidung – Gehen oder Bleiben? Vom Dilemma zum Tetralemma der zusätzlichen Möglichkeiten" stehen die vier möglichen „Wege" oder Positionen in der Struktur des (noch) weitgehend unbekannten Tetralemmas5: „Gehen", „Bleiben", „Beides" und „Keines von beiden" sowie „Und das Darüber-hinaus" zur Verfügung.

Jede Entscheidungsvariante zeigt einerseits Möglichkeiten auf, welchen Gewinn die Person aus der jeweiligen Variante ziehen kann. Andererseits, welchen Preis die Person bei Festlegung auf diesen bestimmten Weg vielleicht bezahlen muss. Bei Entscheidungen ist es wichtig zu bedenken, dass erst die Zukunft zeigen wird, ob sie den vermuteten Gewinn bringen wird bzw. gebracht hat. Der österreichische Paartherapeut Konrad Peter Grossmann meint dazu: „Die Zukunft beginnt nicht in weiter Ferne, sie beginnt im unmittelbaren Fortfließen der Gegenwart, sie ist immer auch Teil und Endpunkt des Augenblicks."[6] Dabei ist zu bedenken, dass Entscheidungen im Bereich „Bleiben" oder „Gehen" irreversibel sind. Danach ist jede Person eine andere, einerlei wie es weitergeht.

Diese so gewichtige Frage mittels einer unromantischen, verökonomisierenden Kosten-Nutzen-Rechnung zu betrachten, mag für manche Leser zunächst irritierend erscheinen. Eine Liebesbeziehung ist jedoch auch ein emotionales Geschäft. Sie wird von Hingabe und Gegenhingabe bestimmt und unterliegt ebenfalls dem Ausgleich von Nehmen und Geben. Trotz dieser, einer Beziehung innewohnenden, Dynamik kann man immer wieder auch das Geschenk absichtsloser Liebe erleben, im Empfangen wie auch im Geben.

Anschließend finden Sie im Kapitel „Und das Darüber-hinaus" einen weiteren möglichen Weg im Entscheidungsprozess, jedoch lässt sich dieser durch Worte nur schwer beschreiben. Er entzieht sich der sprachlichen Möglichkeiten. Der österreichische Philosoph Ludwig Wittgenstein (1889-1951), hat diese Sprachlosigkeit in seinem berühmten Werk „Tractatus logico-philosophicus" so ausgedrückt: „*Die Grenzen meiner Sprache bedeuten die Grenzen meiner Welt.*"

Die Problematik dabei ist, dass durch die Versprachlichung Sichtweisen in eine ganz bestimmte Ansichtslogik eingegossen werden. Dadurch kann eine über die Möglichkeiten der Wortsprache hinausreichende Qualität begrenzt werden.[7] Dennoch unternehme ich den gewagten Versuch, Beschreibungen zu finden, wie sich dieser der Logik entziehende Weg des „Und das Darüber-hinaus" im realen Leben vielleicht beobachten lässt. Dieser Weg bezieht seine Kraft aus dem Bereich des Unergründbaren. Er kann von Menschen, die sich im Unergründlichen beheimatet fühlen, auch als Tor zur Spiritualität erlebt werden. Letztlich erfährt der Inhalt der Kapitel, die sich mit Spiritualität beschäftigen oder an diese anrainen, seine Begrenzung durch die Wortsprache.

Im Kapitel „Apps für eine gute Entscheidung“ versuche ich meine Erfahrungen in der Beziehungsberatung (sowohl aus Gesprächen mit Einzelklienten als auch mit Paaren) als Orientierungshilfe weiterzugeben. Dabei wird selbstverständlich kein Anspruch auf Vollständigkeit erhoben. Im Vergleich zu den mannigfaltigen Verhaltensmöglichkeiten von Menschen kann davon in diesem Buch nur ein sehr begrenzter Auszug geboten werden.

In den Kapiteln „Kinder, ein Anschlag auf die Paarbeziehung“ und „Das kann ich meinen Kindern nicht antun“ versuche ich die besonderen Herausforderungen für Eltern-Paare im Alltag aufzuzeigen, insbesondere auch im so belastenden Kontext von Trennung oder Scheidung.

Das Schlusskapitel „Nährboden für die Zukunft“ versucht auf das zu fokussieren, was die Zukunft eines Paares nachhaltig absichern kann. Dabei handelt es sich meist um Möglichkeiten kleiner „nährender Zugaben“, die in die Beziehung eingebracht werden können, aber auch um Ideen zu substantiellen Sanierungs- und Absicherungsmaßnahmen. In diesem Kapitel wird auch versucht, der Paarbeziehung eine Anschlussfähigkeit an größere als die Beziehung betreffende Lebensthemen zu geben, um sie besser im Kontext des Gesamtlebens betrachten zu können.

Dieses Buch möchte kein üblicher Beziehungsratgeber sein, denn Rat-Schläge zum Thema Beziehung gibt es genug. Diese führen selten zum Wandel, wenn sie nicht aus den Betroffenen selbst kommen. Dieses Buch möchte ein Fachbuch für Sehnsüchtige sein. Dabei gehe ich davon aus, dass jeder Mensch am besten weiß, was seine Bedürfnisse sind, was ihm entsprechend ist und was ihm schadet. Manchmal sind wir Menschen wie Goldgräber. Wir graben unter großen Entbehrungen so lange, bis wir glauben Gold gefunden zu haben; und sind dann enttäuscht, wenn das Gefundene nicht so glänzt wie erwartet.

Dieses Buch soll eine Begegnung mit Tiefgang sein, zwischen den Lesern und mir. Vor dem Hintergrund meines humanistischen Menschenbildes glaube ich prinzipiell an die Selbstheilungskräfte von Menschen, sich selbst aus Verstrickungen befreien und ihnen gemäße Lösungswege finden zu können. Dabei ist die Lösung nicht gleich das Endresultat, vielmehr entsteht der Gewinn durch die Dynamik des neuen Weges.

Intention

Was ist meine Intention? Dieses Buch soll als „Aufsperrhaken" dienen, für den Ausbruch aus dem Labyrinth der selbstauferlegten Denkgrenzen, so wie in der Geschichte „Das Wagnis" über das Schicksal des Gefangenen am Ende dieses Buches. Es ist nicht notwendig, den goldenen Schlüssel ein Leben lang zu suchen, wenn der alte, rostige Schlüssel auch ins Schloss passt. Der Schlüssel braucht nur das Schloss zu sperren und nichts über das Schloss oder das, was dahinter liegt, aussagen. Es genügt, wenn er mögliche Wege erschließt.

Der Ausbruch aus den selbstauferlegten Denkgrenzen soll an die Außengrenzen führen und darüber hinaus zu Neuem, zu dem, was im gegenseitigen Bezogen-Sein von zwei Menschen möglich sein kann. Zu dem, was manchmal zwar denkbar, aber nicht erreichbar erscheint und durch die Endlichkeit des Lebens eine besondere Bedeutung bekommt.

Der Inhalt des Buches entzieht sich jeglicher moralischen

Wertung, sondern schöpft aus der Bejahung alles Menschlichen. Damit wird der Beliebigkeit nicht das Wort geredet, auch nicht der Undifferenziertheit und Unverbindlichkeit, die gegenwärtig um sich greift, das Tor geöffnet. Einer Welt, in der es scheinbar nichts mehr Feststehendes gibt, keine Werte mehr letztverbindlich sind, jede Bindung, jede Beziehung aufgelöst werden kann, alles nur Fake ist. Alternativ dazu, werden Selbstaufmerksamkeit und Selbstverantwortung zum bestimmenden Gegenwert erhoben.

Ambition

Bezüglich meiner eigenen Ansprüche über die inhaltliche Ausbeute des Buches für die Leser, halte ich es mit dem Psychotherapeuten und Supervisor Bernd Schuhmacher, der eine gute Interaktion (in diesem Fall zwischen Autor und Leser) in der „Dreier-Regel" formuliert hat. In dieser „sollte eine pädagogische Interaktion

- zu einem Drittel aus Bekanntem,
- zu einem Drittel aus Neuem und
- zu einem Drittel aus Unverständlichem bestehen." [8]

1.3. Was ist wirklich?

Wenn das, „was wirklich ist", ausschließlich von der subjektiven Wahrnehmung, von meiner persönlichen Version, abhängig ist (wie vorher von mir postuliert), woran kann sich eine Person in einer Auseinandersetzung dann noch halten, was ist dann noch richtig und was ist falsch? In welchem Geiste ist es möglich, die Ereignisse des Lebens trotz unterschiedlicher Sichtweisen gewaltfrei zu beurteilen? Ein Modell könnte sein, dass uns für menschliche Erkenntnisse drei Wirklichkeiten zur Verfügung stehen, siehe gegenüberliegende Grafik:

Abb. 1: Grafik „Wirklichkeiten-Modell", G. Kühbauer

- Die subjektive Wirklichkeit: Jeder sieht sie mit „seiner Brille"; die Wahrnehmung wird durch die subjektive Brille verzerrt.
- Die abgesprochene Wirklichkeit: Diese kann noch exakter, als „konsensuale Wirklichkeitsauffassung"[9] benannt werden. Sie ist alles, was zwischen Menschen

für das Abstimmen des Zusammenlebens notwendig ist. Gesellschaftliche Verhaltensnormen drücken sich durch Sprache oder vor allem geschriebene Sprache aus. Das Ergebnis ist die abgesprochene Wirklichkeit. Sie beinhaltet im Idealfall die Grundakzeptanz verschiedener Sichtweisen und Gefühlserleben und erleichtert dadurch Gemeinsamkeiten im Tun, in der Organisation des sozialen Zusammenlebens der Menschen.

- Die uns nicht bekannte Wirklichkeit: sie wird auch - je nach spiritueller oder religiöser Beheimatung - als non-duale, transrationale Wirklichkeit oder als eine Gottheit benannt; diese Wirklichkeit, dieses Bewusst-Sein jenseits von Raum, Körper, Personalem und Sprache, ist nicht der Subjektivität unterworfen und kann auch als objektive Wirklichkeit bezeichnet werden. Vielleicht zeigt sie sich auch im Ereignis des Zufalls.

Das theoretische Fundament, auf das ich mich stütze, ist die Sichtweise, dass es keine „wirklich" objektivierbare Sicht von Wirklichkeit gibt, weil jeder Mensch die Dinge durch seine ihm ganz eigene „Brille" betrachtet. In der Arbeit mit Paaren ist dies sehr leicht bereits am Anfang der Sitzung bei der Problembeschreibung zu beobachten. Es ist so, als würden zwei verschiedene Filme zur gleichen Zeit ablaufen. Diese Einschätzungen sind keine Wiedergabe von einer neutralen Wirklichkeit, erzeugen aber Gefühle.

Frau K. in einer Paarsitzung zu mir:
„Es ist ein Wahnsinn, manchmal glaube ich, ich bin im falschen Film, er hat eine Wahrnehmungsstörung!"
Herr K.:
„Das Problem ist, dass du immer alles so emotional siehst."

Frau und Herr K. haben das Problem unterschiedlich erlebter, wahrgenommener Wirklichkeit. Je nach Wahrnehmung des Erlebten, ergibt sich eine unterschiedliche Interpretation von ihm.

Das dargestellte Wirklichkeitsmodell ist der Versuch, eine Versöhnungsmöglichkeit aufzuzeigen, die in zwischenmenschlichen Beziehungen Potential zum friedlichen Umgang miteinander hat. Im Sinne des Mottos: „Wir sind uns zwar nicht einig, aber wir kennen die Sichtweise des anderen an.“ Dies ist der konstruktive Eingang zur abgesprochenen bzw. konsensualen Wirklichkeit in einer Paarbeziehung.

Grundposition: Jeder hat das gleiche Recht auf seine Wahrnehmung. Über diese braucht nicht gestritten zu werden, da sie immer subjektiv ist. Alles was wir erleben, wird ins Verhältnis zu den eigenen biografischen Erfahrungen gesetzt und bekommt einen festen Platz im persönlichen Bezugssystem.

Im Gegensatz dazu bietet die abgesprochene Wirklichkeit Menschen die Möglichkeit, sich auf eine gemeinsame Interpretation des Wahrgenommenen im Konsens zu einigen. Sie beinhaltet die Grundakzeptanz verschiedener Sichtweisen, Anschauungen, Einstellungen, Empfindungen, Gedanken, Gesinnungen und Überzeugungen. Sie ermöglicht, jegliches Tun und Handeln als gegeben zu betrachten. Es muss nicht immer alles neu definiert werden. Grün ist grün und rot ist rot. Man weiß: bei Grün fährt man los, bei Rot bleibt man stehen. Diese Betrachtungsweise wurde von einer Mehrheit von Individuen (oder durch ihre legislativen Vertreter) abgesprochen und vereinbart, es erleichtert gemeinsames Tun, Denken und Fühlen. Ohne diese Chance auf Abstimmung und Anpassung würde unsere Welt nicht funktionieren, da dies die Ordnungs-Grundlage für jegliches Zusammenleben ist. Die abgesprochene Wirklichkeit ist das

Ergebnis aus der Bereitschaft, den anderen in seiner Andersartigkeit grundsätzlich anzuerkennen. Sie achtet vereinbarte Regeln, Sitten und Grundsätze. Das bedeutet nicht, dass subjektive Werte und ethische Überzeugungen damit aufgegeben werden müssen.

Darüber hinaus gibt es, jenseits der subjektiven und abgesprochenen Wirklichkeit - in der neutralen Zone - die uns unbekannte Wirklichkeit, die für alle Menschen ohne Einschränkung zur Verfügung steht. Wenn man sich auf sie einlässt und ihre Existenz nicht gleich im Vorhinein in Abrede stellt, stellt sie sich bisweilen durch unmittelbares, nicht auf reflektierendes Denken gegründetes Erkennen zur Verfügung.

1.4. „Meine Nasenspitze ist das Ende der Welt"

Das menschliche Leben stellt die Möglichkeit kognitiver Selbst-Einschränkung zur Verfügung. Gedankliche Selbst-Einschränkung (in allen Graden) ist ein Schutz vor Eindrücken, welche das Individuum intellektuell oder seelisch nicht verarbeiten kann und auch nicht will, oder die es gedanklich nicht verändern möchte. Sie schützt die seelische Eigenständigkeit, das subjektive Empfinden und Erleben. Gedankliche Selbst-Einschränkung ist Angstabwehr und seelische Selbst-Verteidigung gegen nicht zu bewältigend erscheinende Gefühle. Je mehr ein Mensch seelisch verarbeiten kann und sich berührenden Eindrücken auszusetzen wagt, umso größer ist seine Einsichtsfähigkeit.

Diese Angst veranlasst Menschen, nur die eigene subjektive Sichtweise als einzig wahre und zugleich objektive Wirklichkeit zu denken. Für das, als nicht bewältigbar erscheinende, haben jene Menschen keine andere Lösung und verbergen dies, indem sie ihr eigenes Verständnis zur einzigen Wahrheit erheben. Über den Widerstreit zweier Vertreter dieser Gattung Mensch, die sich beide im Vollbesitz der objektiven Wahrheit wähnen, berichtet folgende Geschichte:

> *„Ein Philosoph und ein Pfarrer streiten miteinander darüber, welcher der beiden von ihnen vertretenen Disziplinen der höhere Rang zukommt. Spöttisch meint der Pfarrer: ‚Philosophie ist, als ob jemand in einem dunklen Raum mit verbundenen Augen eine schwarze Katze sucht, die es gar nicht gibt.‘ Darauf antwortet der Philosoph: ‚Theologie ist, als ob jemand in einem dunkeln Raum ebenfalls mit verbundenen Augen eine schwarze Katze sucht, die gar nicht da ist und plötzlich ruft: Ich hab sie!‘“* [10]

Einen völlig anderen Zugang zur Wahrheit zeigt Henning Mankell in seinem letzten, berührenden Buch „Treibsand“ kurz vor seinem Tod. Er stellt fest: *„Alle Wahrheiten bleiben weiter provisorisch. Die Suche nach dem Überblick kann weitergehen. Etwas Wichtigeres gibt es wohl nicht, denke ich.*“ [11] Wenn Menschen über den Tellerrand ihrer eigenen Subjektivität hinauszuschauen imstande sind, eröffnen sich für sie, besonders in Krisenzeiten, Möglichkeiten zur Konfliktlösung und Versöhnung.

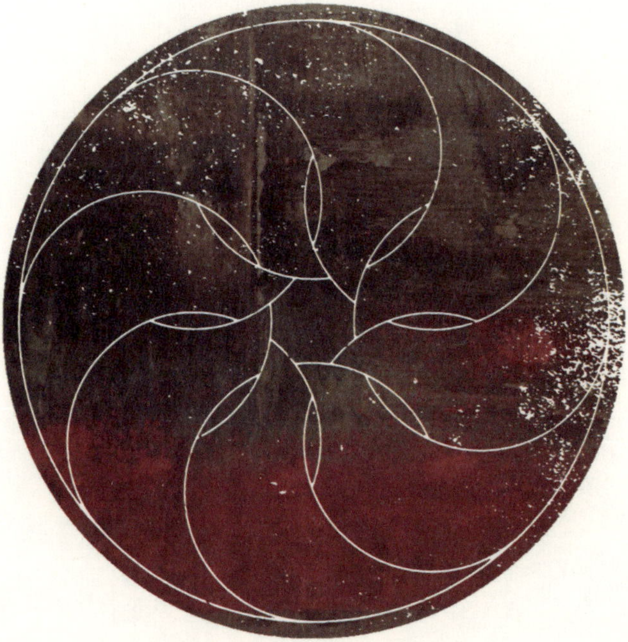

2. PAARSEIN ZWISCHEN ABWASCH UND KOSMOS

Bevor dieses Buch sich mit den erweiterten Entscheidungsmöglichkeiten bei angedachter Trennung oder Scheidung beschäftigt, soll auf wichtige Problemdynamiken sowie auf generelle Wirkfaktoren in Paarbeziehungen eingegangen werden. Die Einflüsse dieser Faktoren sind sowohl der Problementstehung als auch der Problemlösung immanent. Sie bilden zugleich wichtige Grundbeiträge bei der Verhinderung von Problemen und deren Lösungen, wenn sie Beachtung finden.

Die im Folgenden dargestellten Wirkfaktoren sind, neben vielen anderen, entscheidende Ingredienzien im „Kochtopf der Beziehung", die zum Gelingen oder Misslingen einer Beziehung beitragen können. Gelingen bedeutet in diesem Sinne, dass die Paarbeziehung über einen längeren Zeitraum, durch verschränkte individuelle Lebensphasen und Paarphasen hindurch, in einer Gesamtschau von der Person als bereichernd empfunden wird.

Ebenso kann Gelingen auch daran gemessen werden, ob es von beiden Partnern, entsprechend ihrer individuellen Wertmaßstäbe und Bedürfnisse, als befriedigend erlebt wird. Das reale Erleben der gemeinsam geschaffenen und akkordierten Werte des Paares können ebenfalls als Maßstab für Erfolg oder Misserfolg in der Paarbeziehung herangezogen werden. Das unerschütterlichste Kriterium bei der Beurteilung von Beziehung lautet jedoch für mich: Beziehungsglück kommt dann auf, wenn das, was man erlebt, genügt.

Wer etwas verändern will, für den sollten die Vorteile der Nicht-Veränderung klar sein, wie auch die Nachteile der Veränderung. Wenn aber die Annahme stimmt, dass die Lösung bereits im

Problem enthalten ist, warum sind dann so viele Menschen so lange auf der Suche nach der Lösung ihrer Probleme? Vermutlich „suchen" deshalb so viele mit Beharrlichkeit weiter, weil meistens der „Preis" für die Lösung nicht schmeckt und die Person sich diesen, wenn es nur irgendwie geht, ersparen möchte. Umgekehrt gedacht, könnte kühn behauptet werden: „*Die Lösung ist: Der Preis muss bezahlt werden!*"

2.1. Nichts muss sich verändern

Bei heterosexuellen Paaren kann sich etwas verändern:[12]

- indem der Mann etwas unternimmt oder unterlässt oder
- indem die Frau etwas unternimmt oder unterlässt.

Grundsätzlich gilt: Jeder hat das gleiche Recht auf Nichtveränderung, nichts muss sich verändern. Allerdings braucht die Anstrengung, sich nicht zu verändern - sofern das überhaupt möglich ist - mindestens genauso viel, meistens jedoch noch mehr Energie, wie die Veränderung selbst. Veränderung ist möglich. Auch gegen den eigenen Willen. Man braucht sich ja von sich selbst nichts gefallen zu lassen. Dass manche Menschen im Laufe ihres Lebens einsichtsvoller werden, zeigt, dass die Gesamtheit der gemachten Erfahrungen Persönlichkeitsmerkmale verändern kann.

Doch wozu das Ganze? Warum sind manche Menschen so auf bewahren und halten aus und andere im Flow der ständigen Erkenntnislust? Es geht vielleicht um Einfaches, um das wundervolle Gefühl, am Leben zu sein, die Lebenszeit zu nutzen.

Bei Veränderungen im Ernstmodus von Trennung oder Scheidung hat dieser Wandel umfassende Auswirkungen auf die Person selbst, auf den Partner und auf die eventuell vorhandenen Kinder sowie auf noch andere zum System Gehörige wie Verwandte und Freunde. Auch hier ist zu bedenken - wie gerade zum Thema „Wirklichkeiten“ ausgeführt - dass jedes Verhalten, jede „Lösung“, sei sie auch noch so problematisch, aus der Perspektive der Betroffenen gesehen wird. Aus dieser Sicht ergibt jedes Handeln Sinn, auch wenn es sich im Nachhinein als die Wahl des „plausibelsten Irrtums“ (Heinz von Förster) herausgestellt hat.

Oft ist es so, dass Erneuerungen in der Beziehung schon länger anstehen, aber wegen der befürchteten Auswirkungen - weil der „Preis“ zu hoch erscheint - nicht zugelassen werden. Diese unbefriedigende Situation ist schwierig auszuhalten. Einerseits ist die unzufriedene Person in einer Situation, in der sie nicht mehr sein will, und andererseits zeichnet sich die Lebensform, nach der sie sich sehnt, überhaupt noch nicht real ab. In dieser Spannung zwischen dem leidvollen Ist-Zustand und dem sehnsuchtsvollen Soll-Zustand arrangiert sich die unglückliche Person mit sich selbst und dem Partner. Die Exkommunikation der Problemthemen ist dann der Versuch, die spannungsgeladene Situation so konfliktfrei wie möglich durchzustehen.

Die „Hoffnung" - die Schwester der Nichtveränderung

Die passive Hoffnung auf Veränderung ist tröstlich und weit verbreitet. Die Person hofft, dass sich die Veränderung irgendwie von selbst ergibt. Der Glaube an die Hoffnung birgt den Vorteil in sich, nicht selbst aktiv werden zu müssen. Dieser Glaube lässt in der Phase des „unerlösten“ Zustands den Gedanken zu, dass die Beziehung vielleicht doch noch nicht am Ende ist.

Solch eine Hoffnung ist der an das Schicksal delegierte Versuch, die Veränderung um einen kleineren Preis zu bekommen; häufig delegiert an den Partner (er braucht sich ja nur zu verändern) bzw. an die hoffentlich sich bald verbessernden Rahmenbedingungen des Lebens. So fällt die Veränderung nicht mehr in die Zuständigkeit der leidenden Person. Jedoch: Manchmal wird die Hoffnung zur Schwester der Nichtveränderung. Wenn dies zutrifft, ist es so, als würde man am Bahnsteig stehen und auf einen Zug warten der schon lange abgefahren ist.

> *„Der Bote der rechten Zeit scheint wie ein Jüngling, der vorne eine Locke und hinten eine Glatze hat. Von vorne kann man ihn bei der Locke fassen, von hinten greift man ins Leere."* (Bert Hellinger)

Vom Aushalten zum Verändern

Was ist, wie vorher behauptet, mit Exkommunikation der Problemthemen gemeint? Ulrich Clement, Sexualtherapeut aus Heidelberg, verwendet diesen Begriff für die Nicht-Kommunikation über Sexualität in der Paarbeziehung.[13] Übertragen auf die allgemeine Kommunikationssituation von Paaren bedeutet dies: Aus der Kommunikation sind die heißen Konfliktthemen ausgeschlossen, denen aus Angst vor weiteren Streitigkeiten und Problemen ausgewichen wird. Sexualität nicht wieder oder nicht mehr anzusprechen, dient in erster Linie dem Selbstschutz und auch dem Schutz des Partners, weil er nicht gekränkt werden soll. Diese bewusste Exkommunikation der anstehenden Probleme ist oft in einer subtilen Form zwischen den Partnern verabredet. Entweder explizit („wir ersparen uns das") oder implizit (beide wissen es, aber keiner spricht es aus).

Der Weg erschließt sich im Tun. Eine gute Möglichkeit besteht darin, sich zu bemühen, die unbefriedigende Situation in aller Ernsthaftigkeit so anzusprechen, dass der andere Partner das Gesagte „halbwegs nehmen" kann und der, die Probleme ansprechende, Partner sich selbst dabei, z.B. durch besonders „verpackte" Formulierungen, nicht „innerlich verbiegen" muss. „Es sagen" hat, wenn das Anstehende endlich thematisiert wird, eine befreiende Wirkung. Dabei ist sinnvoll, sich in dieser Anfangsphase der beginnenden Auseinandersetzungen keine zu großen Veränderungen zu erwarten. Es auf den Weg gebracht zu haben, ist schon ein gehöriger Teilsieg.

Der größte Nutzen besteht darin, dass die durch das Schweigen so belastende statische Beziehungssituation beendet wird und es zu einer ersten dynamischen Wirkung kommt. Diese ergibt, nach einer meist kurzen Phase der konfliktbeladenen Überbelastung, das positive Gefühl, „dass die Veränderung sich auf den Weg gemacht hat", dass endlich etwas passiert. Es entsteht die positive Perspektive, dass das unangenehme Thema einmal (hoffentlich bald) vorbei ist. Welcher Partner diesen Schritt der Kommunikation als Erster setzt, ist nicht entscheidend, wichtig ist, dass er getan wird.

Der initiativere Partner zeigt Entschlossenheit, er ist im Prozessgeschehen der Auseinandersetzung im Vorteil, weil er Mut und den Willen zur Transparenz beweist, obwohl er deswegen mehr riskiert. Die Regel des Mikado-Spiels: „*Wer zuerst etwas bewegt, hat verloren!*", ist in einer problemdurchwachsenen Beziehungssituation Garant für das, was nicht funktioniert.

Doppelgleisiger Wandel in der Paarbeziehung

Paare versuchen, mehr oder weniger unablässig, ihre Irritationen, ihre unterschiedlichen Bedürfnisse, sowie die ständig wechselnden Anforderungen im Alltagsleben auszubalancieren. Es ist völlig normal und auch sinnvoll, auf diese Weise mit dem sich ständig vollziehenden Wandel des Lebens umzugehen. Nichts ist so beständig wie der Wandel. Der Paartherapeut Konrad Peter Grossmann meint dazu, dass Individuen und soziale Gemeinschaften in einem Zeitbogen des Werdens und Vergehens sind und dem Anfang immer schon sein Ende innewohnt.

Dieses Ausbalancieren der ständigen Veränderung im alltäglichen Leben steht unter dem Einfluss der jeweiligen individuellen Lebensphase beider Partner und den, mit diesen verknüpften, Paar-Phasen. Grundsätzlich durchläuft die Paarbeziehung genauso Phasen, wie auch Individuen ihre Lebensphasen durchlaufen.

In diesen zwei Strömen der Evolution, die immer wieder zusammen fließen und sich vermischen (sofern sie sich nicht trennen), entwickeln sich die aufeinander bezogenen Partner und die Wesensart ihrer Beziehung. Die Möglichkeit des Ausbalancierens bei Disharmonien, ist über weite Strecken ausreichend bis zu dem Zeitpunkt, wo sich der nächste, größere Entwicklungsschritt für das Paar ankündigt. Es ist wie in der U-Bahn: das Schlingern des Waggons wird durch ein etwas breitbeinigeres Stehen ausbalanciert; deshalb braucht man ja nicht gleich den Zug verlassen.

Ulrich Clement meint, Paarkrisen sind Botschafter der Entwicklung. Phasenübergängen in der Paarbeziehung gehen oft krisenhafte Erscheinungen voraus. Diese Krisen entstehen, weil die Selbstregulationsmöglichkeiten (das vorher beschriebene Ausbalancieren) des Paares erschöpft sind. Anders ausgedrückt, die alte „Ordnung“ des Paares reicht nicht mehr. Eine neue „Ordnung“, die das Überleben der Paarbeziehung sichern könnte, ist aber noch nicht in Sicht. Die Krise ist der Zustand, von „nicht mehr das Alte - noch nicht das Neue“. Und: In jeder ernsten

Paarkrise läuft die Möglichkeit der Trennung mit.[14]

Man kann sich nicht nicht entwickeln

> *„Entwicklung besteht nicht in der Verbesserung dessen, was war, sondern in der Ausrichtung auf das, was sein wird.“ (Khalil Gibran)*

Auf Paare bezogen meint Entwicklung die Fähigkeit, in eine neue Beziehungsphase zu gelangen, in der andere Regeln, andere Haltungen als zuvor gelten. Diese neue Beziehungsphase kann durch äußere Ereignisse (Geburt eines Kindes, beruflicher Wechsel, Hausbau, Arbeitslosigkeit, finanzielle Krisen, Krankheit, Pensionierung usw.) ausgelöst werden. Sie kann sich aber auch „von innen heraus“ ereignen, etwa wenn Auseinandersetzungen über ein emotionales, heikles Thema entstehen und das Paar auf diese Weise Raum für Neues gewinnt. Der andere Pol dieser Achse ist die Selbstauflösung. Bei Paaren ist damit die Trennung gemeint.

Entwicklungen in Paarbeziehungen vollziehen sich in einem irreversiblen Prozess. Die Veränderung des Lebensprozesses ist auf Weiterentwicklung ausgerichtet. Ein Umkehren ist nicht möglich. Dies gilt auch für die Trennung. Selbst wenn sie revidiert wird, geht das Paar nicht geschichtslos in die neue Phase.

Es ist sinnvoll, sich vorwärts zu entwickeln und nicht zurück. Entwicklung geschieht, indem das Neue das Frühere umfasst und gleichzeitig das bis jetzt Bekannte überschreitet und in ein neues Tun übergeht. Alle schönen und schmerzlichen Erfahrungen aus der Vergangenheit des Paares sind dann im Neuen geborgen. Geht ein Paar mit Entwicklung so um, erhöht sich die Chance, dass die Beziehung beständig bleibt. Jedoch braucht Beständigkeit

Bewegung, diese zeigt sich auch dadurch, dass sich jeder Partner durch den Wandel des anderen mitverwandeln lässt.

„Entwicklungs-Schleifen" in Paarbeziehungen

Es geht um die Frage: Wie schafft ein Paar den Übergang vom Leben, wie es ist, zu einem Leben wie es sein sollte. Dazu ein Bild: Die menschliche Entwicklung (einerlei, ob als Individuum oder als Paar) kann man sich als selbsterzeugende, kontinuierlich in Verbindung stehende „Schleife" vorstellen (siehe nachstehende Abbildungen 2 und 3). Diese transformieren sich in einem unendlichen Evolutions-Prozess. Dieser Prozess, auch Leben genannt, endet erst mit dem Tod. Eine Entwicklungsschleife ist ein sinnvoller Zeit-Raum des Innehaltens und der Besinnung und wird vom Prozess des Werdens und Vergehens angetrieben. Entwicklungsprozesse lösen sich entweder durch selbstbestimmte oder durch fremdbestimmte Einflüsse regelmäßig aus. Selbstbestimmt durch die Partner (zumindest von einem Partner, der dann durch seine Dynamik den anderen fremdbestimmt „mitnimmt"; oder durch Einflüsse, die von außen auf das Paar einwirken (z.B. bei Schicksalsschlägen) und von diesem nicht beeinflussbar werden können.

Eine Entwicklungsschleife durchläuft vier Phasen:

1. Phase: Zeit des Tuns in der Beziehung; erste Unstimmigkeiten, Probleme, es entsteht Handlungsbedarf

2. Phase: Reflektieren; wie die Beziehung erlebt wurde/wird; Zufriedenheit/Unzufriedenheit-Check, Austausch darüber

3. Phase: Generalisierung/Erkenntnisse; hervorbringen, erzeugen, ableiten der Erkenntnisse aus der Reflexion; was wollen wir verändern, was beibehalten?

4. Phase: experimentelles Ausprobieren neuer Verhaltensweisen, die aus den Erkenntnissen gewonnen wurden

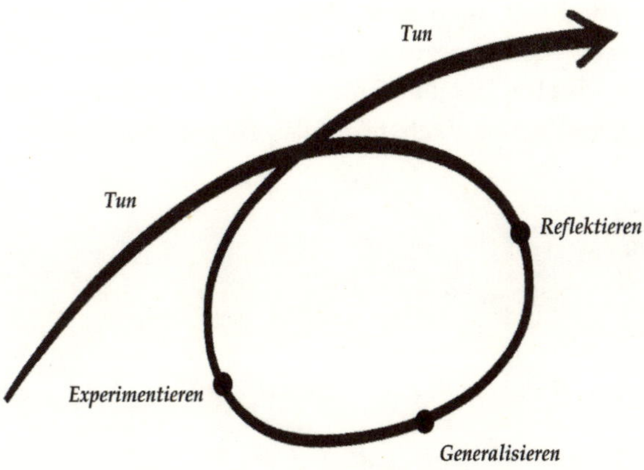

Abb. 2: Grafik „Die 4 Phasen der Entwicklungsschleife für Paare", G. Kühbauer

Bei positiven Erfahrungen aus dem Experimentieren sollte das Paar diese in das weitere Tun integrieren. Der Grundsatz dabei lautet: „Mache mehr von dem, was funktioniert." Denn dies ist die Schwungmasse für die nächste Etappe.

Nach dem gemeinsamen Innehalten steht Tun wieder einige Zeit im Mittelpunkt, das Leben fließt weiter, bis die nächste Veränderungsdynamik des Paares sich auslöst. Diese gewährende Art des Umganges mit Entwicklung gibt dem Paar Zuversicht, um zukünftige Veränderungs-Krisen zu bewältigen und nährt Liebe und Bindung.

In folgender Abbildung 3 wird ein idealtypischer Entwicklungsverlauf über einen längeren Zeitraum dargestellt. Regelmäßig kommt es dadurch zur Anpassung an neue innere und äußere Lebensbedingungen des Paares. Bewusstheit und die Handlungsmöglichkeiten nehmen zu. Selbstaufmerksamkeit wird gefördert. Individuelle, gemeinsame Entwicklung findet statt. Die Schnittmenge des Paares wächst quantitativ und qualitativ.

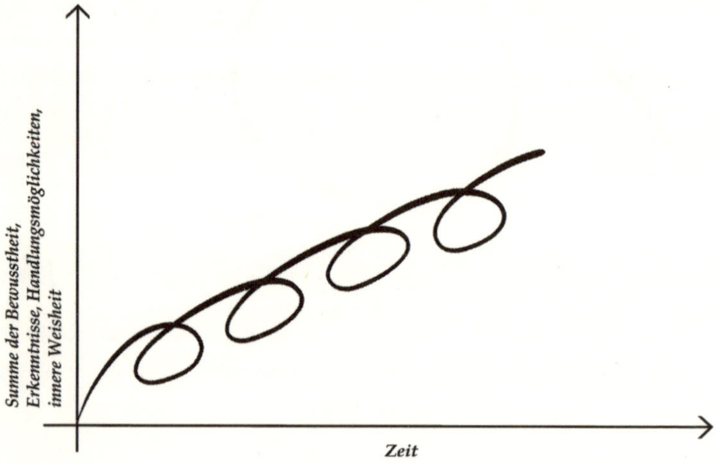

Abb. 3: Grafik „Kontinuierlicher/idealtypischer Entwicklungsverlauf für Paare", G. Kühbauer

Diese Form der kleineren, kontinuierlich wiederkehrenden Entwicklungsschleifen ist für die Beziehung meist verträglicher, da der subjektive Veränderungsaufwand die Partner nicht so tief herausfordert, es steht nicht so viel am Spiel. Dadurch können sie im Zusammenspiel die notwendigen Anpassungen leichter bewältigen.

Versäumt ein Paar diesen kontinuierlichen Veredelungsprozess bekommt der übergroße Reformstau, wenn er unkontrolliert losbricht, oft eine die Beziehung in Frage stellende Dimension. Dies erschüttert dann das Paar bis in ihre Grundfesten hinein. Die notwendige Anpassungsleistung - welche im Modell in mehreren Schritten („Schleifen") geschieht - soll jetzt in einer einzigen, riesigen Dynamik („Schleife") vollbracht werden. Die Beschaulichkeit des „Panda-Bären-Daseins" wird dabei unterbrochen. Diese Dynamik schleudert das Paar aus dem eingespielten Leben hinaus. Die Wucht ist umso größer, wenn die Erneuerung im fortgeschrittenen Lebensalter stattfinden soll, wo die Partner schon glaubten, sich miteinander einträglich arrangiert zu haben.

> *„Während die Jahre vergehen, bleibt immer weniger Zeit, die man auf irgendetwas anderes als die Liebe verschwenden könnte."* [15] *(Leo Bormans)*

„Angst", die Mutter der Vorsicht

Veränderungen in der Beziehung sind mit Angst verbunden. Dies ist der Grund, warum Paare sie oftmals vermeiden und mit hohem Aufwand und Leidenstoleranz versuchen, die bestehende Beziehungssituation nicht zu verändern. Dies ist sehr menschlich, deshalb sollten sich Paare nicht selbst pathologisieren. Jedes Problem kann als Lösungsversuch angesehen werden. Dieser funktioniert zwar nicht, doch hinter ihm steht das Bemühen, mit der schwierigen Situation so gut wie möglich umzugehen. Dies mindert jedoch nicht die Verantwortung für den missglückten

„Lösungsversuch“. Die verantwortliche Person kann sich dafür Selbst-Empathie geben, sie sollte zu ihren Handlungen stehen, sie in ihre Verantwortung nehmen, sich nicht leichtfertig entschuldigen wollen oder negative Auswirkungen nicht bagatellisieren.

Wie schon thematisiert, kann Veränderung oder Entwicklung nicht verhindert werden. Wenn ein Paar Weiterentwicklung verhindern will - aus welchen Gründen auch immer -, können sich leidvolle Symptome entfalten, welche die bestehende Struktur des Paares aufs Erste hin nicht gefährden, sondern sogar manchmal stabilisieren. Oberstes Ziel ist dann das Überleben des Paarsystems. In dieser Dynamik haben Kinder oft ihren Part zu spielen und sind dabei besonders gefährdet.

Kinder als Seismographen

Kinder übernehmen oft bei länger anhaltenden Krisen der Eltern, Verantwortung für das sich im Leiden befindliche Elternpaar. Sie machen dies unbewusst und aus Liebe heraus - für ihre Eltern, um sie zu trösten, zu beruhigen oder anders gesagt, einfach, um für sie „gut zu sorgen“. Sie machen dies instinktiv, denn schließlich hängt ihre Existenz elementar vom Wohlbefinden der Eltern ab.

Die Erscheinungsformen der kindlichen Symptom-Trägerschaft sind vielfältig. Sie reichen von auffälligem, nicht situationsadäquatem Verhalten in Familie, Schule oder Freizeit, über psychosomatische Erkrankungen oder Unfälle, bis hin zur Vollblüte einer pathologischen Persönlichkeitsstörung, die kinderpsychiatrisch behandelt werden muss.

Wie kommt es zu den krankhaften Symptomen? Das selbstregulierende System „Familie“ versucht im Gleichgewicht zu bleiben, soll sich dabei aber permanent an eine sich wandelnde

Umwelt anpassen. Diese sozialen, körperlichen, psychischen und gesellschaftlichen Umweltbedingungen geben dem Paar Möglichkeiten vor oder beschränken dieses. In manchen speziell belastenden Übergangssituationen (Heirat, Geburt, Pubertät, Tod eines Angehörigen usw.) sind Krisen vorhersehbar und natürlich. Herausfordernde Ereignisse verlangen von Familien aber hohe Anpassungsleistungen. Wenn dies nicht gelingt, entsteht oftmals eine krankmachende Entwicklung im Paar- bzw. Familiensystem und die Symptome verschieben sich zu den Kindern hin.

Diese Symptome, die Kinder dann stellvertretend ausleben, sollten nicht nur als problematisches Verhalten, sondern ebenso als Lösungsversuch für eine, für sie schwer aushaltbare Situation verstanden werden, als Signal, dass in der Familie etwas nicht mehr im Lot ist. Der Symptom-Träger - oft das Sorgenkind oder das „schwarze Schaf" der Familie - sorgt damit unbewusst für die Familie oder das Elternpaar, es nimmt ihm etwas ab.

Dies gehört, trotz aller Schwierigkeiten die damit verbunden sind, liebevoll von den Eltern wahrgenommen. Die Eltern können sich dann Veränderungsmaßnahmen für ihr Verhalten überlegen, damit es ihrem Kind wieder besser gehen kann und es die Verantwortung für die Stabilisierung des Familiensystems nicht mehr verwalten muss. Dieser Job obliegt der Verantwortung der Erwachsenen.

Veränderungen im Kontext der Zeit

Herausfordernde Veränderungsprozesse, wie z.B. die Entscheidungssuche vor einer Trennung, sind eingebettet in den jeweiligen zeitlichen Kontext des Lebens. Der aktuelle Lebensabschnitt und das Alter der Person bestimmen den „gefühlten Rahmen" während der Orientierungssuche. Die Dauer der Beziehung und die Art und Weise des gemeinsam Erlebten, im Positiven wie im Negativen, wiegen dabei schwer.

Hohes Gewicht haben besonders Kränkungen und Verletzungen, die noch nicht abgeschlossen sind und als „offene Baustellen" aus der Vergangenheit in die Gegenwart hineinwirken. Die Summe der gemeinsam geschaffenen, immateriellen und materiellen Werte wie Kinder, erreichte Ziele, Besitz und Lebensstandard, bestimmen das Ausmaß der Bindung. Diese Bindung wird öfters mit Liebe verwechselt. Die Anerkennung der Bedeutsamkeit dieser Bindung ist notwendig, um den möglichen Preis einer Trennung oder Scheidung erspüren zu können.

Weitere wichtige Kriterien bei einer Entscheidungsfindung sind: das Alter der Kinder, Einkommenssituation, der Grad der wirtschaftlichen Ab- oder Unabhängigkeit vom Partner, Gesundheitsfragen, eventuell auch das Wohlergehen von zu pflegenden Angehörigen. Für die Person, die über die Beendigung der Beziehung nachdenkt, ist es hilfreich, sich einen Zeitrahmen zu setzen, in dem sie angestrebte Ziele, Wünsche und die Erfüllung von ganz konkreten Bedürfnissen (in unterschiedlichen Etappen und Graden), erreicht haben will.

Die visionierende Person kann sich (je nach Alter) vor einer Veränderung folgende Fragen stellen:

- Welch ein Leben möchte ich in fünf Jahren führen; wie sieht dieses im Detail aus, was sind die Qualitäten?
- Wie soll mein Leben weitergehen, wenn ich z.B. mit der Ausbildung oder dem Studium fertig bin? Welche qualitativen und quantitativen Ziele habe ich?
- Welche Lebenssituation möchte ich haben, wenn die

Kinder 15 oder 20 Jahre alt sind und aus dem Haus streben? Wie möchte ich die Zeit bis dahin leben?

- Wenn ich den 40er/50er/60er gefeiert habe, wie soll dann mein Leben weitergehen? Wie möchte ich alt werden?
- Was möchte ich mit dem „Restleben" noch anfangen, was ist mir besonders wichtig. Möchte ich den Mysterien des Lebens näherkommen?

Die Frage: „Bleibe ich?" oder „Gehe ich?" ist auch abhängig vom Zufriedenheitsgrad oder dem Grad der Unzufriedenheit des bis jetzt gelebten Lebens. Zwischenbilanz wird meist gezogen und der Saldo des bisherigen (Beziehungs-)Lebens festgestellt.

Diese Sinnsuche wird in großem Maße vom Lebensalter der Partner beeinflusst. Je älter, umso weniger ist der Partner oft bereit, „sich weiterhin innerlich zu verbiegen". Passive oder aktive Strategien der Verweigerung wie z.B. das Ignorieren des Partners oder immer wieder konfliktantreibende, gebetsmühlenartige Vorwürfe, werden dabei als „Lösungsversuch" gewählt. Der weitere Verzicht auf wichtige Bedürfnisse in der Zukunft erscheint zunehmend belastender und will nicht mehr in Kauf genommen werden.

2.2. Die gesellschaftliche Hintergrundmusik

Der Zeitgeist ist die Denk- und Fühlweise von Menschen in einem bestimmten Zeitalter. Angesichts der gestiegenen Bereitschaft sich zu trennen oder scheiden zu lassen, ergibt sich die Frage, wie sich die Bedingungen für Paare in den letzten Jahrzehnten in diesem Zusammenhang verändert haben.

Beziehung, Familie und Karriere zu vereinbaren, wurde erst in den letzten fünf Jahrzehnten durch die Frauenbewegung zum gesellschaftlichen Thema. Wie Hans Jellouschek in seinem Buch „Die Kunst als Paar zu leben" [16] schreibt, war das Leben als Paar früher keine Kunst, sondern eher Schicksal, dem man (vor allem die Frauen) sich zu fügen hatte. Seiner Meinung nach wurden die Ehen durch folgende Faktoren zusammengehalten: „Die Ehe war eine Wirtschaftsgemeinschaft, notwendig für das Überleben. Heute aber machen der wachsende Wohlstand und die immer häufigere Berufstätigkeit der Frauen es möglich, als getrennte Partner und als Teilfamilien zu leben." Als weiteren Faktor benennt er die festgeschriebene und klar eingespielte, ungleiche Rollenaufteilung zwischen Mann und Frau. Diese war auf Ergänzung angelegt. Heute haben die Frauen in der Gesellschaft immer mehr traditionelle Männerdomänen erobert, und Männer lernen in immer größerem Ausmaß, was früher ausschließlich Sache der Frauen war.

„Ein weiteres bindendes Element waren die weltanschaulichen (vor allem religiösen) Wertehaltungen", betont Jellouschek und meint weiter: „Dieser Stabilisierungsfaktor weltanschaulicher Ideologie verliert immer mehr an Bindekraft."

Letztlich ortet Jellouschek auch noch die gemeinsamen Kinder, die früher Beziehungen zusammenhielten, als Bindeglied für Paare. Dieser Grund fällt immer mehr weg. „*Denn das Bewusstsein wandelt sich: Man macht die Erfahrung, dass es neben der traditionellen Kleinfamilie auch andere Lebensformen gibt, die Kindern ein gedeihliches Aufwachsen ermöglichen, und immer mehr Partner lernen die Paarebene von der Elternebene zu unterscheiden, als Eltern weiterhin für die Kinder zu sorgen und konstruktiv zu kooperieren, auch wenn sie sich als Paar getrennt haben.*" [17]

Es wäre blauäugig und dumm, den Einfluss auf die Lebenssituation von Paaren gedanklich nur von den Individuen herzuleiten. Gesellschaftspolitik, Wirtschafts- und Sozialpolitik sind der Boden und der Dünger zugleich, auf dem alte, überlieferte Traditionen zu den Geschlechterrollen nach wie vor gedeihen oder auf dem eine neue Saat für kommende Generationen gepflanzt wird.

2.3. Gerechte oder ungerechte Rollengestaltung bei Paaren?

Überwiegend sind zwei weitverbreitete Modelle in der Gestaltung von Paarbeziehungen zu beobachten: die gleiche und die ergänzende Rollengestaltung. Diese Art der Betrachtung entspricht einer idealtypischen Kategorisierung, die in ihrer reinen Form eher selten ist. Sie erscheint meistens im Alltag von Paaren als Mischformen. Trotzdem seien nachfolgend beide Modelle idealtypisch, zur leichteren Orientierung, dargestellt.

Die partnerschaftliche Aufteilung von Zeit- und Geldressourcen sowie der individuellen Entwicklungsmöglichkeiten sind in Beziehungen oft genug ein Dauer(konflikt-)thema. Gerechtigkeit, Chancengleichheit und sich auf viele Jahre auswirkende Karriere- und Verdiensteinschränkungen, sind hier das thematische Epizentrum in den Auseinandersetzungen von Paaren. Dieses Thema trifft vor allem Paare mit Kindern. Die Liebe zu ihren Kindern legitimiert ihnen einerseits großen Verzicht und andererseits ist es für junge Paare schwierig, gesellschaftlichen Konventionen zu widersprechen, z.B. etwa in der Fragestellung, ob eine Frau, die nicht längere Zeit bei ihrem Kind zu Hause bleibt, eine gute Mutter wäre. Beziehungsweise wird Männlichkeit abgesprochen, wenn ein Mann bei den Kindern bleibt und nicht die Karriere vorantreibt.

Paare ohne Kinder befinden sich hier nicht so im Pflichtgebot, da sie sich nicht über viele Jahre hin auf ein abhängiges „Drittes" in ihrem Alltag ausrichten mussten. Wenn jedoch kinderlose Paare Pflegeverpflichtungen für kranke Eltern oder Verwandte haben, erleben sie eine ähnliche Bindung an eine höhere Verpflichtung.

In der Rollengestaltung von Paaren wirken sich die Sozialisierung der Partner in ihrer Vergangenheit und aktuelle gesellschaftliche Entwicklungen besonders aus. Eine erlernte, traditionelle Rollenverteilung in der Herkunftsfamilie behindert, wenn sie nicht weiterentwickelt wurde, dabei den Ausbau von geschlechterübergreifenden Kompetenzen bei Frauen und Männern. Konservativ tradierte Rollenbilder drücken sich vor allem in den, für Paare wichtigen, gesellschaftlichen Rahmenbedingungen aus.

Die aktuelle Gesellschafts-, Wirtschafts- und Sozialpolitik schafft die psychosozialen und sozioökonomischen Lebensbedingungen für die Rollengestaltung in der Beziehung. Dadurch wird einem Paar eine komplementäre oder symmetrische Rollengestaltung in der Beziehung ermöglicht oder unmöglich gemacht. Die im Folgenden beschriebenen zwei Rollenmodelle stellen für Paare eine diffizile Gratwanderung dar. Was ist mit symmetrischer und mit komplementärer Rollengestaltung gemeint?

Spiegelbildliche, gleiche (symmetrische) Rollengestaltung

Symmetrisch wird gleichgesetzt mit gleichwertig, mit gerecht. Der Anspruch dahinter ist eine ideologisierte Gleichheit, z.B. bei Aufteilung der Hausarbeit: Beide erledigen abwechselnd dieselben Tätigkeiten. Unterschiede in den Fähigkeiten, Neigungen und Möglichkeiten werden dabei wenig berücksichtigt. In der symmetrischen Aufteilung wird genau „Buch geführt", *wer, was, wann* und *warum* einbringt und in der Vergangenheit geleistet hat und wer bis jetzt mehr oder weniger davon profitiert hat.

Der große Nachteil der symmetrisch gestalteten Beziehung in ihrer intensiven Form ist die anstrengende innere „Kontenführung", das ständige Gegenchecken, Aufrechnen und Kontrollierenmüssen der geleisteten Beiträge im Vergleich zum Partner. Das Bedürfnis dahinter ist, in nicht zu langen Zeiträumen das Gefühl des Ausgleichs zwischen Nehmen und Geben garantiert zu haben.

Diese permanente, versachlichende Gegenrechnung der individuellen Beiträge kann nach einiger Zeit die Liebe beschädigen, jenen Teil in der Paarbeziehung, der nicht dem Tauschhandel unterliegt, sondern als Gabe freiwillig und in guter Absicht für das „Wir" oder für den anderen geleistet wird.

Ergänzende (komplementäre) Rollengestaltung

Es kann behauptet werden: Schon allein der Geschlechterunterschied ist asymmetrisch = komplementär.

In der komplementären Rollengestaltung ergänzen die Partner einander (jeder macht das, was der andere nicht kann oder will) im Idealfall durch eine gut funktionierende Interaktion. Es herrscht Spezialisierung im „Unternehmen Familie" vor. In der unbeschränkten Ausführung ist die Frau aufgrund ihrer „weiblichen Kernkompetenzen" zuständig für die Familienarbeit im Alltag und die Beziehungsarbeit im Besonderen. Ist das Paar z.B. in der Babyphase, wird oftmals diese „Spezialisierung" durch den Glauben an die biologische Logik noch verstärkt. Diese Logik besagt (grob vereinfacht), dass Frauen, durch die Erfahrung der Mutterschaft und durch das „Diktat der Gene", mit kleinen Kindern einfach besser umgehen können als Männer. Daran verändern die schon längeren bekannten, wissenschaftlichen Erkenntnisse der neurobiologischen Forschung, dass die Gene ebenfalls durch die Umwelt beeinflusst werden, wenig.

Auf der anderen Seite macht der junge Vater ebenfalls das, „was er am besten kann“ und meist durch Sozialisierung und Herkunftsfamilie gelernt hat. Dieses Verhalten ist ebenfalls eingebettet in die aktuellen gesellschaftlichen Rahmenbedingungen, welche noch immer traditionelles Rollenverhalten fördern. Der Mann ist, oftmals bei jüngeren Paaren, noch immer hauptzuständig für die Ressourcenbeschaffung, für die materielle Existenzsicherung der Familie, was jedoch angesichts der steigenden Anzahl prekärer Arbeitsverhältnisse, immer schwerer fällt.

Das Engagement und die Anstrengungen, welche die Partner über lange Zeit in die Beziehung einbringen, stehen dabei im Licht der gegenseitigen Zuneigung und Liebe. Frauen lieben dabei bevorzugt über Fürsorge und Aufmerksamkeit, Männer (auch) über Geld und berufliches Überengagement, dies besonders dann, wenn in ihnen andere Ausdrucksformen nicht so präsent sind. Beide „Liebesarten“ stehen dabei im Bannkreis der unterschiedlichen Sozialisation der Partner.

Ebenso fördert die Arbeitsplatz- und Unternehmenspolitik nach wie vor die Ungleichheit bei den Arbeitsplatzchancen. Teilzeitarbeit ist nach wie vor weiblich und Vollzeitarbeit (sofern mann sie noch bekommt) männlich. Durch diese (noch immer) bestehenden Einkommensunterschiede zwischen Frauen und Männern wird komplementäre Rollengestaltung gefördert.

Das mehr oder weniger bewusst abgestimmte Ziel zwischen dem jungen Paar, alles zu versuchen, um die Existenzsicherung mit hohem Niveau zu schaffen, ist meist der Leitgedanke in der Startphase der Familienplanung. Das bedeutet, dass der Mann so viel wie möglich verdienen soll und die Frau ihn dabei so weit wie möglich entlastet, damit er die notwendige Leistung bringen kann von denen auch sie dann profitiert. Dadurch kann der Mann die Karriere zielgerichtet und mit hohem Einsatz vorantreiben und die Familie (wenn es klappt) die materiellen Früchte daraus ernten.

Diese Spezialisierung beider Partner führt dazu, dass jeder seinen „Claim" in der Beziehung immer mehr absteckt und verwaltet. Paare driften durch diese Isolation oder durch die „Nicht-mehr-Zuständigkeit" für den „Fachbereich" des anderen, immer mehr auseinander. Dies wird in weiterer Folge noch verstärkt, indem sie sich in ihren „angestammten" Bereich nicht mehr hineinreden lassen und sich noch energischer auf das konzentrieren, „was sie besonders gut können". Diese liebgewonnene und das Selbstbewusstsein stärkende „Hausmacht" bietet die Heimat, in der es sich sicher und unabkömmlich leben lässt.

Dies ergibt eine Einladung zum Geschlechterkampf für ideologisch anspruchsvolle Paare. Die Frau in der komplementären Beziehung erhebt oft konsequent, und durch die Geisel des gedanklichen Wiederkäuens die Forderung, dass der Partner sich in ihrem Bereich mehr engagieren soll, beharrt aber häufig auf ihrer Definitions-Macht bezüglich der Qualitätskriterien, wie beispielweise Hausarbeit oder Kinderbetreuung zu geschehen hat.

Der Mann geht den parallelen Weg in seinem Zuständigkeitsbereich. Der Umstand, dass er oft ganz alleine oder im überwiegenden Ausmaß für die materielle Grundsicherung der Familie sorgt, ermöglicht ihm eine selbstbewusste Machtposition in der Beziehung, auch wenn er den Preis von Überforderung, Stress und drohendem Burn-out zahlt. Er ist überwiegend außenorientiert und nicht in Gefahr „dass ihm die Decke auf den Kopf fällt".

Auch hält er dagegen und fordert, dass die Partnerin ebenso zur materiellen Absicherung etwas beitragen soll. Diese materielle Monopolstellung benützt er außerdem dazu, sich den Niederungen des organisatorischen Familienalltags immer wieder mit schlagenden Argumenten zu entziehen. Dies auch dann, wenn die Frau in einem Teilzeitjob (zumeist durch die notwendige Kinderbetreuung bedingt) ihren materiellen Beitrag leistet.

Was ist geschehen? Das junge Paar ist in die klassische Falle gegangen, es hat zu wenig bewusst auf die Ausrichtung seiner Werte und Ziele in der Beziehung geachtet. Die unbewussten Rollenleitbilder waren stärker als die präventive Vorausschau in der noch euphorischen Beziehungsphase. Dieser „Präventionsfehler" ist bei jungen Paaren gut nachvollziehbar. In der Anfangsphase einer Paarbeziehung, die vom Strahlstrom der Verliebtheit und der Hochstimmung des gemeinsamen Aufbruchs erfasst ist, bleibt normalerweise kein Platz für eine rationale und entromantisierende Rollenplanung. In dieser ersten Phase sind beide auf die Erreichung ihrer gemeinsamen Ziele konzentriert und nicht auf partnerschaftliches Regelwerk.

Welches Modell ist besser, gerechter?

Grundsätzlich ist kein Modell, einerlei ob komplementäres oder symmetrisches, gut oder schlecht. Kriterien der Beurteilung sind, ob beide Partner mit der sich selbst zugeteilten Rolle - entsprechend ihren individuellen Bedürfnissen - sich über die Zeit weiterentwickeln können. Und ob sich für einen oder beide, mittel- sowie langfristig, materielle und immaterielle Nachteile daraus ergeben können. Diese können sein:

- Nachteile nach einer längeren „Kinderpause" bei Wiedereinstieg in die bezahlte Erwerbstätigkeit
- kein adäquates Einkommen, da die Familienarbeit nicht bezahlt wird; Bittstellerei und Abhängigkeit des Partners,

der zu Hause bleibt (diese beschädigt die Liebe); Verlust der materiellen Autonomie, sofern es diese gegeben hat

- materielle Nachteile im Falle einer Trennung oder Scheidung aufgrund des jahrelangen Zuarbeitens bei der Karriereentwicklung des Partners und dadurch Verlust der eigenen Arbeits- und Karrieremöglichkeiten
- Gesundheitseinschränkungen oder Erkrankungen, Gefahr des Burn-outs durch berufliches Überengagement des Partners, der hauptsächlich für die materielle Ressourcenbeschaffung zuständig ist
- Verlust des engeren Kontaktes zu den Kindern und Verlust der bezogenen Teilnahme bei der Entwicklung der Kinder (durch ihre Altersphasen hindurch) bei dem Elternteil, der wegen seines intensiven beruflichen Engagements wenig Zeit für die Kinder hat

Paar-Arena Kinderbetreuung

Paare mit Kindern entkommen dem Gerechtigkeitsanspruch nicht, die Kinderbetreuung partnerschaftlich zu gestalten. Oft übernehmen sie unbewusst das eine oder andere Modell. Darüber hinaus gibt es natürlich vielfältige Mischformen von symmetrischer und komplementärer Paarorganisation. Paare mit ganz kleinen Kindern leben vorwiegend das komplementäre Modell. Wenn die Kinder älter werden, wird dieses Modell (indem der Mann für die finanziellen Ressourcen und die Frau für die Familienarbeit überwiegend zuständig ist), immer mehr relativiert. Die Frau ergänzt dann häufig durch einen Teilzeitjob das Familieneinkommen und der Mann übernimmt dabei mehr Aufgaben bei der Familienarbeit. Oft genug ist dies ein materielles Nullsummenspiel, da die Kosten für die ausgelagerte Kinderbetreuung den Zuverdienst auffressen. Je größer die Kinder werden, umso mehr wird, wenn die Frau es nachhaltig einfordert, eine symmetrische Rollenaufteilung zum Thema.

Der gesamtgesellschaftliche Trend zeigt aber eindeutig in Richtung modernere, ausgewogenere (symmetrische) Rollenmodelle, vor allem bei (jungen) Paaren. Es gibt immer mehr Paare, die von Anfang an als gemeinsamen Werteausdruck ein egalitäres Rollenmodell in der Beziehung anstreben. Diese teilen sich dabei so weit wie möglich die Karenz und die Kinderbetreuung im Kleinkindalter, auch wenn dies die Karriereentwicklung und Arbeitsplatzsicherheit nicht fördert. Diese Paare fällt es auch nach einer Trennung oder Scheidung leichter, ihre bereits gelebte ausgewogenere Elternorganisation z.B. durch ein „Doppelresidenz-Modell“ weiterzuleben.

Konfliktmildernd in aufrechter Beziehung wirkt, vor allem bei komplementärer Paarorganisation, wenn beide Partner - unabhängig von den jeweils eingebrachten materiellen oder immateriellen Leistungen - über die Ressourcen des anderen uneingeschränkt verfügen können. Dies betont die Ebenbürtigkeit zwischen den Partnern. Sollten Vermögenswerte aus den Herkunftsfamilien mit eingebracht worden sein, können diese gesondert geregelt werden, dies verletzt nicht grundsätzlich die Ebenbürtigkeit, da die Begünstigten für die unterschiedliche Ressourcenausstattung der Herkunftsfamilien nichts können.

Vor allem Paare mit Kindern verwickeln sich oft in symmetrische, konflikthafte Auseinandersetzungen. Dauern diese bereits viele Jahre an, werden die Strukturen, die Regeln und die inneren Bilder fest und starr. Es geht darum, dass das Paar die festgefahrenen Bilder aufweicht und sich anderen Erklärungsmodellen und

Verhaltensweisen öffnet.

Fallbeispiel Frau und Herr W.: Frau W., 36, Industriedesignerin, die ihr Label aufbauen will, Herr W., 42 J., leitender Techniker im Industriebereich, zwei Kinder, drei und fünf Jahre alt:

> *Herr W.: „Ich möchte endlich die Diskussionen beenden. Es ist eine Tatsache, dass ich durch einen 40-Stunden-Job für den allergrößten Teil unseres Familieneinkommens sorge. Das ist ja grundsätzlich kein Problem, ich mach das ja gerne. Weiters engagiere ich mich genug, damit auch du deine beruflichen Pläne verwirklichen kannst. Aber wenn die Kinder dann krank werden, erwarte ich mir schon Verständnis, dass nicht ich zu Hause bleiben muss. In einer Projektphase ist das einfach unmöglich und ich bin vor allem, wie du ja weißt, im Projektbereich tätig. Außerdem sieht das die Firma gar nicht gern. Ich muss mich dann immer wieder dafür entschuldigen."*
> *Frau W.: „Das haben wir ursprünglich nicht ausgemacht. Es war klar, dass ich genug Zeitressourcen für meine neue Selbständigkeit brauche. Wenn ich einen Messebesuch oder eine Ausstellung habe, brauche ich einfach die Zeit, das weißt du ganz genau. Aber wenn etwas passiert, bin immer nur ich zuständig, du haust dann einfach ab."*
> *Herr W.: „Kein Problem, ich tausche gerne mit dir, ich bleibe bei den Kindern zu Hause und du verdienst das Geld. Hm, mal sehen wie das geht. Wir haben Gesamtausgaben von € 3.500.- im Monatsdurchschnitt. Wenn ich mich um ein krankes Kind kümmern muss oder ein Kind zum Arzt bringe, muss ich diese Zeit am Abend oder am Wochenende einfach einarbeiten."*
> *Frau W.: „Das ist unfair. Dann kann ich es gleich selbst machen, wenn der Preis der ist, dass du eine ganze Woche*

am Abend nicht zu Hause bist. Da bin ich dann hundert Prozent am Anschlag mit den Kindern, nur weil du einmal einen Tag Pflegeurlaub genommen hast. Du weißt genau, dass …“

Dies ist ein typischer Dialog eines verwickelten Paares mit symmetrischem Anspruch aber komplementärer Paarorganisation. Die Frage der Chancengleichheit, der Gerechtigkeit, schwingt in allen Verhandlungen mit. Solchen Paaren ist zu empfehlen, dass sie eine neue Werte und Sinn-Diskussion eröffnen. Auf welche Werte, auf welchen Sinn hin (immaterielle und materielle) wollen sie ihr Leben in Zukunft neu ausrichten. Vielleicht finden sie dann Sinn „in einem anderen Leben“ mit anderen Werten, die sich dann in einer anderen Form des Alltags ausdrücken. Dabei sollten individuelle Entwicklungsbedürfnisse, sowie die daraus resultierenden Notwendigkeiten beider Partner, berücksichtig werden. Wenn ein Paar sich auf eine neue Werte- bzw. Sinndiskussion einlässt, kommt es wieder zu mehr Energie in der Beziehung. Über den Anspruch einer symmetrischen Beziehung hinaus kann man es auch so sehen, dass eine Liebesbeziehung nicht immer einer spiegelbildlichen Gleichheit ausschließlich verpflichtet ist. Die Ausgewogenheit von Tauschmodus und Geschenkmodus in einer Beziehung bestimmt meist den Zufriedenheitsgrad.

Wertewandel

Die Autoren von „Soziologie der Liebe, Romantische Beziehung in theoretischer Perspektive“ führen zu diesem Thema ein: „In unserer hoch individualisierten westlichen Nachkriegsgesellschaft hat die Erfüllung des Liebesglücks in einer Beziehung den entscheidenden Stellenwert bekommen. Nirgends erwarten wir mehr Glück, Erfüllung und Lebenssinn als in Paarbeziehungen und Familien; nirgends gibt es aber auch mehr Unglück und katastrophale soziale Verläufe als in unglücklichen Liebesbeziehungen, scheiternden Ehen und zerrütteten Familien."[18]

Diese Beobachtungen werden hinsichtlich der gesellschaftlichen Rahmenbedingungen vom jahrzehntelang tätigen Paar- und Familientherapeuten Roland Weber ebenfalls bestätigt, er meint, dass seit den mittleren 60er-Jahren ein nachhaltiger Wertewandel stattgefunden hat. Er zitiert den Werteforscher Helmut Klages, der eine Verschiebung von Pflicht- und Akzeptanzwerten hin zu Freiheits- und Selbstentfaltungswerten beschreibt. Weber folgert daraus, dass die Werteveränderung in der Gesamtgesellschaft von Pflicht- hin zu Freiheitswerten die Grundfesten verändert hat, die Paare als gültig für ihr Zusammenleben ansahen. [19]

2.4. Prägeanstalt Herkunftsfamilie

Die tiefsten Prägungen, die Menschen erfahren, sind jene aus der Herkunftsgeschichte. Sie sind oft Generator beharrlicher Beziehungs-Probleme. Bei der Beratung von Paaren oder Einzelklienten zeigt sich immer wieder die Last des mit auf den Weg gegebenen „Rucksacks". Er ist gefüllt mit Wertvorstellungen, Glaubenssätzen, Loyalitätsverpflichtungen und kopiertem elterlichen Verhalten und wurde ins Erwachsenenleben mit übersiedelt.

Kinder sind grundsätzlich „systemische" Lebewesen, die sich, um physisch, psychisch und seelisch zu überleben, der Welt der Eltern extrem anpassen (müssen). Sie sind bezogene Individuen, weil sie in ihrem Verhalten und Gefühlsleben unmittelbar von der Akzeptanz der wichtigsten Bezugspersonen abhängig sind. Dies umso mehr, je jünger sie sind.

Durch die schicksalhafte biologische Abstammung gehören sie zu den Eltern. Sie haben sich ihre Herkunftsfamilie nicht ausgesucht. In diesem Sinn lässt sich mit dem Psychotherapeuten Bert Hellinger behaupten, dass die Kinder ihre Eltern sind. „In den Kindern sind also immer Mutter und Vater vereint." [20] Diese Bindung hat umso mehr Bedeutung, da die Zugehörigkeit nicht infrage gestellt werden kann. *„Im Gegensatz zu anderen Organisationsformen kann man einer Familie nicht kündigen und auch nicht von ihr gekündigt werden."* [21]

Es ist sinnvoll, sich zu fragen: „Welche Modelle, Glaubenssätze und Konzepte habe ich aus dem System meiner Ursprungsfamilie mitgebracht?" Bei der Erforschung der eigenen Ausgangsposition sind folgenden Fragen hilfreich:

- Welches Modell von Beziehungsgestaltung haben mir meine Eltern vorgelebt?
- Was habe ich über das Frau-Sein, über das Mann-Sein gelernt?
- Welche Regeln für „richtig" oder „falsch" gab es in meiner Herkunftsfamilie?
- Was lebe ich nach, was mache ich anders?
- Welche Geschichte erzähle ich mir über meine Herkunft?
- Was ist mein Skript? Welche „Antreiber" habe ich mitgebracht: z.B. „Sei stark", „Sei perfekt", „Mach's allen recht", „Strenge dich an", „Beeil dich" usw.

Diese selbstreflexive Arbeit macht Sinn, denn das Skript verzerrt die Wahrnehmung der Realität. Über dieses „Drehbuch" setzten wir uns intuitiv durch unser Unbewusstes bei der Partnersuche in Beziehung. Eingebettet in diese Intuition verlieben wir uns. Die Vergangenheit ist nicht vorbei, die eigene Brille - das Skript - sitzt noch immer auf der Nase. Durch diese Brille sehe ich das Leben immer wieder wie in der Vergangenheit. Beide Partner fühlen dabei wie die Kinder von früher, die sie einmal waren. Die Vergangenheit wird zur Gegenwart und bestätigt das Skript. Dieser, sich spät auswirkenden, Prägung gehört Einhalt geboten, damit das Paar ihr „Eigenes“, ihnen Entsprechendes machen kann.

2.5. Kinder, ein Anschlag auf die Paarbeziehung

Im Buch „Was hält Paare zusammen?“ beschreibt Jürg Willi die Komplexität des Kinderwunsches: „*Das Kind ist, wie Ulrich Beck es ausdrückt, ‚zur letzten verbliebenen, unaufkündbaren und unaustauschbaren Primärbeziehung‘ geworden. Das Kind wird zum letzten, der einen nicht verlässt. Partner kommen und gehen, das Kind bleibt. Vom Kind erhofft man sich all das, was in eine Partnerschaft hineingesehnt wird, aber in dieser sich nicht mehr als lebensfähig erweist. Das Kind bekommt Monopolcharakter für lebbare Zweisamkeit, dem Kind kann man ungebremst Zärtlichkeit und Emotionalität entgegenbringen, ohne zu befürchten, sich damit etwas zu vergeben, sich als schwach oder bedürftig zu zeigen. (...) Die abgöttische Liebe zum Kind hat inzwischen in gleicher Weise einen Teil der Männer ergriffen, nur sind diese als gebärmutterlose Wesen natürlich im Nachteil.*“ [22]

Kinder sind fleischgewordene Lust, zumindest für kurze Zeit und (meist) in der Erinnerung. Kinder, glaubensstark gedacht, welche die gottgewollte Fortsetzung der erotischen Liebe oder zumindest das Ergebnis einer physikalischen und biochemischen Umwandlung sind, stehen der Exklusivität der Paarbeziehung am entschiedensten entgegen. Eltern werden und Geliebte bleiben, geht meistens nicht zusammen. Die wichtigste Auswirkung eines hinzugekommenen Kindes auf die Paarbeziehung ist die

Umstellung von der Zweier- zur Dreiergemeinschaft. Davon können viele ein Lied singen. Die als Ratschlag verpackte Drohung: „Wartet, bis ihr erst Kinder habt!" wird dem Paar hinübergereicht, um für die eigene „Entbehrungsgeschichte" der Baby- u. Kleinkindjahre, durch eine Art Sozialisierung des „Leidens", noch späten Trost zu erlangen.

Diese Umstellung macht Männern, nach wie vor, oft mehr Mühe als Frauen. Sie fühlen sich nun nicht mehr im Zentrum des Interesses ihrer Frau, sondern müssen ihre Liebe mit dem Kind teilen. Diese Umstellung fordert den Partnern die Reife ab, sich als Person zurückzunehmen und dem Kind Platz zu geben. Im positiven Fall spiegelt die Liebe von Mann und Frau sich in der Freude über das gemeinsame Kind wider. Es macht die Elternschaft für alle Zeiten in der Welt sichtbar.

Jürg Willi betont: „*Im Kind geben wir nicht einfach unser persönliches Erbgut weiter, sondern auch dasjenige unserer Familie und unserer Vorfahren. (...) Die Wahrnehmung des eigenen Lebens wird durch das Kind über das Hier und Jetzt hinaus erweitert. Das Kind, das uns einmal überleben wird, macht uns die zeitliche Begrenzung unseres Lebens bewusst und öffnet gleichzeitig die Perspektive potentiellen Weiterlebens im Kind und Kindeskind.*" [23]

Willi betont weiter sinngemäß: Grundsätzlich haben Kinder eine sehr zwiespältige Auswirkung auf die Paarbeziehung, da Kinder das Paar sowohl binden als auch trennen. Dreiecksbeziehungen sind labile Beziehungen. Es wohnt ihnen die Tendenz „zwei gegen einen" inne. Zunächst ist die enge Beziehung zwischen Mutter und Kind gegeben. Je älter das Kind jedoch wird, umso eher kommt der Vater in eine ebenbürtige Situation.[24]

In der Entwicklung der letzten zwei Jahrzehnte ist die vermehrte Übernahme von väterlicher Verantwortung eindeutig zu beobachten. Viele Väter geben sich immer weniger mit einer Beifahrerrolle bei den Kindern zufrieden. Das Männer- und Vaterbild hat sich gewandelt, nicht zuletzt auch dank der beharrlichen, jahrzehntelangen Forderungen der Frauenbewegung. Immer mehr Väter wollen eine aktive Vaterschaft leben. Dies führt zu neuen Spannungsfeldern, da die Kinder nicht mehr als hauptsächliche Domäne der Mutter definierbar sind. Es drückt sich immer stärker im neuen Geist der einschlägigen Gesetze aus, in Österreich z.B. beim Obsorge-Recht oder in der Akzeptanz neuer Kinderbetreuungsmodelle wie dem „Zwei-Residenzen-Modell".

Ebenso sind hier auch Frauen gefordert, ihre Mutterrolle neu zu definieren. Dies bringt sie mehr in die Verantwortung für den wirtschaftlichen Bereich der Paarbeziehung. Die Verteilungskämpfe um Zeitressourcen und Karrieremöglichkeiten sind bei vielen jungen Paaren Ausdruck des Wandels der traditionellen Elternrollen.

Ende mit dem Anspruchsterror

Eltern sind auch nur Menschen und haben ein Recht darauf, ihr Leben so leben zu dürfen, wie sie glauben, dass es für sie am besten ist. Umgekehrt beanspruchen dieses Recht ebenso die Kinder, wenn sie älter und erwachsen werden. Wehe dem Elternteil, der ihnen dieses Recht absprechen will. Wenn Eltern sich trennen, wird hin und wieder von den Kindern in einer grenzverletzenden Form auf diese eingewirkt, und es werden ihnen oft schwerste Vorwürfe gemacht. Das Recht auf eigene Bedürfnisse wird ihnen einfach abgesprochen.

Eltern haben – obwohl sie für ihre Kinder verantwortlich sind

– nur begrenzte emotionale Kräfte zur Verfügung (auch wenn sie oft lange „für" die Kinder durchhalten). Sie kommen mit Leidenszuständen, die aus belastenden Beziehungssituationen kommen, dauerhaft schwer zurecht. Eltern kämpfen oft jahrelang gegen die sich entwickelnde Idee, den Partner zu verlassen und ihre Kinder einer völlig neuen schwierigen Lebenssituation auszusetzen. Wenn dies nach langem Ringen mit sich selbst doch geschieht, ist es meist ein Zeichen dafür, dass sie ihre Überforderungssituation endlich beenden wollen.

„Die fürsorgliche Belagerung" [25]

> Mailnachricht: „*Hallo Hr. Kühbauer. Also, ich bin 23 Jahre alt und habe mit meinem Verlobten 2 Kinder. Meine Mutter unterstützt mich total bei den Kindern. Wir sind wieder schwanger und sind uns mit dem Kind gar nicht sicher. Meine Familie hasst den Vater der Kinder. Ich kann mich nicht zwischen den Zweien entscheiden. Meine Mutter sagt: Der Tag, an dem du ihn heiratest, das ist der Tag, an dem ich sterbe! (...)*"

Der Psychotherapeut Klaus Mücke bemerkt zu diesem Thema: „*Die Einmischung der Eltern ist oft ein Baustein für Krisen in der Paarbeziehung. Diese tritt ein, wenn die Grenzen zwischen den Generationen nicht klar gezogen sind.*" [26] Er führt weiter aus: „*Von Ablösung lässt sich meines Erachtens nicht sprechen, wenn das erwachsene Kind*

a) genau das macht, was seine Eltern von ihm verlangen,

b) das bloße Gegenteil von dem tut, was die Eltern wollen,

c) versucht, seine Eltern zu verändern oder

d) den Kontakt zu den Eltern abbricht." [27]

Das meist junge Paar sollte, um sein „Gewicht" im Verhältnis zu den Herkunftsfamilien zu erhöhen, Grenzen ausbilden, sich jedoch nicht abschotten, sondern diese Grenzen durchlässig und sichtbar gestalten. Wird das verabsäumt oder nicht durchgehalten, wird das „schwächere", junge Paar-(System) vom gewichtigeren Herkunfts-/Elternsystem absorbiert. Ein eigener gemeinsamer Wohnsitz mit nicht geteilter Schlüsselgewalt oder eigene Kinder erhöhen die Autonomie des jungen Paares gegenüber den Herkunftsfamilien enorm, sind aber kein Garant gegen grenzüberschreitende Bemutter- oder Bevaterungen. Sind die Unabhängigkeitsbestrebungen z.B. durch Abhängigkeiten, nicht von Erfolg gezeichnet, verhindert dies die Ablösung von den Herkunftsfamilien. Dann fährt das Paar weiterhin die nächsten Jahre mit Kind und Kegel jeden Sonntagmittag zur Mutter des Mannes, weil erstens die Wiener Schnitzel dort am besten schmecken, zweitens die Mutter regelmäßig ihren Sohn haben will und drittens sie schwer gekränkt wäre, wenn ihr Götter-Sohn und sein Anhang ihr Service nicht mehr in Anspruch nehmen würden. So ein Paar kann nur schwer seine eigene Identität entwickeln, die sich auch durch Autonomie in der Alltagsgestaltung ausdrückt.

Ein territoriales Naheverhältnis wie z.B. ein naher Wohnort zu einer der Herkunftsfamilien, läuft dieser Bestrebung zuwider. Oft sind jedoch junge Familien auf die Ressource „Herkunftsfamilie" bei der Kinderbetreuung und auch finanziell angewiesen. Hier gilt es, gemeinsam den schwierigen Weg zwischen Autonomie und Bindung als Paar zu beschreiten. Bert Hellinger sagt zur Einmischung der Eltern:

> *„Frage: ‚Was soll ich tun? Meine Eltern mischen sich noch immer in alles ein.'*
> *Antwort: ‚Deine Eltern dürfen sich einmischen, und du darfst tun, was du für richtig hältst.'"* [28]

Jürg Willi, der Schweizer Psychiater, bemerkt zu diesem Thema: „*Doch der Aufbruch aus den Herkunftsfamilien ist oft nicht einfach. Die familiären Regeln sind einem vertraut, man kennt sich darin aus und neigt besonders in der Verunsicherung eines Konflikts in der Beziehung, auf sie zurück zu greifen. Weiters erweist sich die Bindung an Mutter und Vater oft als beständiger als vermutet. Die Enttäuschung in der Liebe besteht oft in der Erkenntnis, dass die Partner einander nicht ganz für sich haben, sondern dass der Mann mehr oder weniger auch der Sohn seiner Eltern und die Frau Tochter der ihrigen bleibt. Es kann zu schwierigen Loyalitätskonflikten kommen, wohin man mehr gehört, zum Partner oder zur Herkunftsfamilie.*“ [29]

2.6. Geteiltes Leid

Traumatische Ereignisse erschüttern meist die Paarbeziehung in ihren Grundfesten. Die Bindung des Paares kommt auf den Prüfstand des Schicksals. Alle, bis zu diesem Zeitpunkt erreichten, Bewältigungsmechanismen in der Beziehung können nicht mehr ausreichend sein. Konrad Peter Grossmann meint zu dieser, für Paare so schwierigen, Herausforderung: „*Gemeinsam erlittenes Unglück – so ein Mythos partnerschaftlichen Lebens – verbindet. Ist das auch mitunter der Fall, so gilt oft das Gegenteil: gemeinsam oder seitens der Partner erlittenes Unglück – der Verlust eines Kindes, ein traumatischer Unfall, das Erleiden einer Behinderung, die Diagnose einer malignen Erkrankung, ein schwerer finanzieller Verlust und anderes – trennt Partner oder erweist sich als tiefe Bruchstelle.*“ [30]

Paare, die großes Unglück erleiden, werden zuweilen mit ihrem Schmerz in die Einsamkeit ihrer Individualität zurückgeworfen. Das erlittene Trauma boykottiert meist den gegenseitigen Ausdruck der Gefühle. Beide kommen dadurch in eine getrennte, emotionale Isolation, in eine Welt, wo das Schweigen zwischen ihnen vorherrscht. Jeder geht im Alltag den Notwendigkeiten des Lebens nach. Das Paar arrangiert sich unausgesprochen, die Wunde auf beiden Seiten alleine zu tragen und sie nicht im gegenseitigen Austausch zu versorgen. Die Partner können einander keine Unterstützung mehr sein. Der deutsche Psychotherapeut und Trauerbegleiter Roland Kachel formuliert es in seinem tröstlichen Buch „*Meine Trauer wird dich finden*" so: „*Hier erschlägt die Wucht der Leblosigkeit, der Starre und der Leere die Näheerfahrung.*" [31]

Wenn ein Kind stirbt, ist dies besonders traumatisch. Ein eigener neuer Kosmos in der trauernden Person entsteht, der tägliche Friedhofsbesuch wird zum seelischen Überlebensanker. Andere Dinge des Lebens, andere wichtige Menschen, treten in den Hintergrund. Die Trauer wird zu so etwas, wie die Fassung einer Brille, welche die Person trägt. Sie rahmt alles ein, was gesehen wird. Für das/die überlebende(n) Kind(er) kann dies nachhaltige Probleme auslösen, da das verstorbene Geschwister den größten seelischen Platz bei den trauernden Eltern einnimmt.

In dieser Situation können Partner dem anderen verloren gehen. Oft sind bei Umgang mit Trauer geschlechtsspezifische Unterschiede wahrnehmbar. Frauen verkraften solch eine seelische Erschütterung zumeist „besser", da sie mit ihrer Trauer aktiver und offensiver umgehen können. Männer wählen oft den Weg in die Depression und in ein Suchtverhalten. Sie versuchen, das schlimme Ereignis zu verdrängen und es so erträglicher zu machen. Der nachstehende Fall zeigt beispielhaft die möglichen Auswirkungen auf die Paarbeziehung und die Gesamtfamilie:

> *Fallbeispiel: Frau M. und Herr M., 21 Jahre verheiratet, kommen in die Praxis wegen schon lang anhaltender Beziehungsprobleme. Beide berichten von jahrelangen Isolationsgefühlen auf beiden Seiten in der Ehe und dass*

sie seit langer Zeit einander als Paar nicht mehr erleben. Die „Zusammenarbeit" funktioniert gut im Bereich der gemeinsamen Firma und ihrer drei halbwüchsigen Kinder. Sonst macht jeder so Seines. Da Frau M. diese Spannung nicht mehr aushält und sich sehr unglücklich fühlt, ist sie vor Kurzem in das Gartenhaus gezogen. Sie sieht die Beziehung grundsätzlich in Frage gestellt. Hr. M. ist beruflich sehr erfolgreich, hat aber schon lang andauernde Konflikte mit seiner Tochter, die sich von ihm nicht genug akzeptiert und gefördert sieht (im Vergleich zu den zwei älteren Brüdern).

Dem Paar ist am Anfang ihrer Beziehung ihre erste Tochter bei der Geburt verstorben. Die drei nachfolgenden Kinder wissen nichts von der verstorbenen Schwester. Herr und Frau M. haben nach dem Begräbnis ihrer Tochter vereinbart, nicht mehr darüber zu sprechen. Dadurch wurde den Kindern die Information über die verstorbene Schwester vorenthalten. Weiters wurde vereinbart, dass sich die Mutter von Frau M. regelmäßig um das Grab kümmert und Frau und Herr. M dieses nicht besuchen. Die Mutter von Frau M. hatte diese Aufgabe zum Zeitpunkt der Paarberatung bereits 15 Jahre lang liebevoll ausgeführt. Die Eltern sind seit dem Begräbnis nie mehr am Grab der Tochter gewesen und haben darüber auch nicht mehr miteinander gesprochen.

In diesem drastischen Fall zeigt sich, wie das traumatische Erleben - aus Angst, den Schmerz nicht auszuhalten - zur Sprachlosigkeit geführt hat. Nachdem das Verdrängte erstmals ausführlich in der tief bewegenden Paarsitzung ausgesprochen wurde, war es möglich, sich dem Verlust der verstorbenen Tochter gemeinsam zuzuwenden. Damit begann das Paar nach 15 Jahren erstmals, den alten Schmerz dem anderen Partner zu zeigen. Den Eltern gelang es, zu dem traurigen Ereignis am Anfang ihrer Beziehung zurückzukehren. Sie vereinbarten anschließend aktive Schritte: Sie bedankten sich eingehend bei der Großmutter für die Pflege des Grabes und teilten ihr mit, dass sie sich von nun an für das Grab zuständig fühlen. Weiters haben sie Erinnerungsgegenstände an die Tochter „ausgegraben". Frau M. hatte diese heimlich, ohne dass ihr Mann das wusste, aufgehoben (Ultra-Schall-Bild, Babykleidung ...). Diese bekamen einen bewusst, und mit Bedacht, gewählten Platz im Haus. In einer gut vorbereiteten Familiensitzung mit Ritualcharakter, wurde den drei Kindern die Geschichte der Schwester erzählt und die persönlichen Erinnerungsgegenstände (an sie) gezeigt. Anschließend führten die Eltern die Geschwister erstmals an das Grab ihrer verstorbenen Schwester. Die Beziehung von Frau und Herr M. bekam im Anschluss daran eine neue, lebendigere Form, in der beide einander wieder näher kommen konnten.

Diese sehr berührende Paargeschichte zeigt die Schwere eines solchen Lebensereignisses für die Eltern. Jedoch gibt es auch eine große Zahl von Paaren, die ihre Trauerbewältigung in enger Bezogenheit gestalten. Durch das Teilen des Schmerzes und der Verzweiflung bekommt die Beziehung, wenn dies den Betroffenen möglich ist, eine noch größere Bedeutung. Gemeinsam erlittenes Schicksal bindet dann die Partner noch mehr und lässt die Unwägbarkeiten des Lebens leichter ertragen.

2.7. Kür für ältere Paare

Dem Kapitel „Paar-Sein zwischen Abwasch und Kosmos", fehlt, wenn man den Fluss des Lebens als Orientierung nimmt, noch die finale Phase des älteren und alten Paares. Diese Paare sind angereichert mit jahrzehntelangen Erfahrungen aus ihrem gelebten Leben. Angereichert mit Errungenschaften aber auch mit

Erfahrungen von Verknappungen. In der Beziehung haben sie sich meist vernünftig arrangiert und eingerichtet, in einem Leben aus Gewohnheiten, die ihnen Struktur und Gelassenheit bieten und ihnen den Alltag energetisch unaufwendig halten lassen. Man erntet die Früchte des Durchhaltens. Dabei ist die Gewohnheit aber auch die große Verschleierung, die Feindin der Bewusstheit. Umso elementarer trifft dann eine veritable Beziehungskrise „zur späten Stunde" das Paar.

Mit „älteren Paaren" sind zwei Zielgruppen gemeint: Eine sind jene Paare, die „älter" im Sinn eines „längeren Beziehungsalters" sind (unabhängig davon, ob sie Kinder haben oder nicht). Die zweite Gruppe sind Paare, die aufgrund ihres fortgeschrittenen Lebensalters älter sind und sich dem, in diesem Alter typischen, Lebensrhythmus stellen müssen. Bei beiden Zielgruppen geht es um die Qualität der späteren Jahre.

Paare mit Kindern haben im fortgeschrittenen Alter die Phase des Ablösens der Kinder schon lange hinter sich. Paare ohne Kinder haben den Unterschied, den es für die Beziehung bedeutet, wenn die Kinder „weg" sind, nie erleben müssen. Einerlei, ob Paare Kinder haben oder nicht, ältere Paare sind reich an Erfahrungen, die sie geprägt haben.

Meist sind ältere Paare in den Jahren vor der Pensionierung noch stark mit ihrer beruflichen Tätigkeit identifiziert, sofern sie nicht schon länger einer unfreiwilligen Arbeitslosigkeit ausgesetzt waren. Diese Identifikation mit beruflicher Sinnerfüllung kann, wenn diese ersatzlos und ohne fließenden Übergang wegfällt, besonders belastend sein. Der Übergang wird andererseits umso leichter bewältigt, wenn die Person sich bereits Jahre davor darauf vorbereitet und neue sinnstiftende Aufgaben und Tätigkeiten gefunden hat.

Wenn dies gelingt, kommt es zu einem verträglicheren Wechsel, das heißt, die Person findet frühzeitig vor der Pensionierung neue, befriedigende Lebensperspektiven die der aktuellen Lebensphase angepasst sind. Sie erlebt dann das Ende der bezahlten Erwerbstätigkeit nicht als so harten Schnitt.

Hans Jellouschek beschreibt in seinem, für ältere Paare sehr empfehlenswerten, Buch „Wenn Paare älter werden. Die Liebe neu entdecken" den oft unterschiedlichen geschlechtsspezifischen Umgang mit dieser Übergangsphase so: „Männer verkraften im Durchschnitt diese Veränderung bedeutend schwerer. Das heißt: Sie fühlen sich durch den Wegfall des Berufs im Vergleich zu den Frauen häufiger in ihrem Selbstwert geschwächt, erleben Nutzlosigkeit, Bedeutungsverlust und haben mit Depressionen und Sinnlosigkeitsgefühlen zu kämpfen." [32]

Jellouschek führt über die Veränderung der bisherigen Rollenmuster an einem Beispiel eines Mannes, der in Pension geht, sehr treffend aus: „Diese Veränderung im bisherigen Rollenmuster durch den Eintritt in den Ruhestand, ist für viele Paare typisch. Es geht dabei um die Verteilung von Autonomie und Bindung im Leben der Partner. Bisher lebte er schwerpunktmäßig seine Autonomie, sie sorgte für die Bindung. Jetzt, im Ruhestand, entdeckt er plötzlich sein Bindungsbedürfnis, möchte mit ihr reisen, Kultur genießen, essen gehen und so fort, während sie auf diesen Zeitpunkt gewartet hat, um endlich ‚die Flügel auszubreiten' und mehr Autonomie zu verwirklichen, indem sie nun lang gehegte, berufliche Wünsche realisiert." [33]

> Fallbeispiel, Frau M.:
> *„Er möchte alles mit mir machen, auf einmal, vorher war er nur unterwegs. Ich will nicht immer nur alles gemeinsam tun, jetzt wo du zu Hause bist, glaubst du, dass*

ich mein Leben nur nach dir ausrichte. Ich möchte meine Freundinnen nicht vernachlässigen, die sind mir wichtig. Auch das Laufengehen möchte ich nicht immer gemeinsam machen. In der Firma ruft er dauernd an und fragt mich, was ich so mache.“

Herr M.:

„Ich dachte, jetzt wo ich endlich Zeit habe, können wir mehr unternehmen. Ich habe extra ein neues Auto gekauft, damit wir bequemer reisen können. Wenn du deine Arbeitszeit in der Firma reduzieren würdest, was ja geht, könnten wir mehr unter der Woche machen.“

Frau M.:

„Du weißt, dass mir vom langen Autofahren immer schlecht wird.“

Nach der „Pflicht“ – Chance, sich als Paar neu zu erfinden?

Für mittelalterliche Paare bei denen die Kinder gerade beginnen wegzustreben, sowie ältere Paare und Paare ohne Kinder, stellen sich nach reichlich angesammelten Beziehungsjahren Fragen, wie:

- Was will ich mit den späteren Jahren anfangen?
- Was möchte ich unbedingt noch erreichen, erleben, entwickeln?
- Will ich den Mysterien des Lebens, wenn überhaupt, (gemeinsam) näher kommen?

Manchmal haben sich Beziehungen nach den vielen Jahren ausgelebt, beide haben das ihnen Bestmögliche gegeben; bei Paaren mit Kindern ist das „Projekt Kinder“ (fast) gut abgeschlossen, eine nachelterliche Gefährtenschaft scheint manchmal zu wenig. Fragen über das gebotene Restleben stellen sich ein. Sinnfragen ziehen auf; vielleicht hat sich durch den langen, gemeinsamen Weg emotionale Erschöpfung breit gemacht. Bedrohliche Fragen wie: „Gehen oder Bleiben? Aufgeben oder Bewahren? Jetzt oder nie?“ stellen sich. Unterschiedliche Bedürfnisse werden abgewogen, Sicherheit und Entwicklungsraum zugleich gesucht; lang Hintangestelltes, Nichtgelebtes oder Neugefundenes schaut vorsichtig um die „Ecke der Sehnsucht“.

In dieser „Schneepflug-Phase“ werden alle jemals gedachten „Für“ und „Wider“ vor sich hergeschoben. Vor lauter nicht vergleichbaren Entscheidungsvarianten sieht die Person dabei ihren Weg nicht mehr. Jenen Weg, der zu den, ihrem Wesenskern entsprechenden, Bedürfnissen führt. Die Person landet immer wieder im statischen Spannungsfeld des ambivalenten Ausgangspunkts.

Sich mit diesen Gedanken auseinanderzusetzen, braucht Mut und bringt wieder Spannung ins Leben. Noch mehr Mut braucht es, mit dem Partner eine Diskussion über den weiteren Verlauf der Beziehung, über persönliche Sehnsüchte, Bedürfnisse und Ängste zu beginnen. Nicht darüber zu sprechen, ist leider auch keine Lösung und kostet den Preis der emotionalen Einsamkeit.

Lässt sich ein Paar auf diese Suche ein, kann im Zuge dieses Prozesses eine frische, gemeinsame Schnittmenge entstehen und ein neuer Aufbruch in die nächste Lebensphase bewältigt werden. Dabei sollten der Spaß und die Lust nicht zu kurz kommen. Man(n) und Frau sind schließlich alt genug, um nicht mehr vernünftig sein zu müssen. Individuelle Bedürfnisse finden dabei möglicherweise ihre Erfüllung. Paare mit Kindern können sich dabei verstärkt sagen: „Die Pflicht haben wir so gut wie möglich hinter uns gebracht, jetzt kommt die Kür.“

Die Kür des älteren Paares

Bei manchen Paaren ist zu beobachten: Je älter die Partner, umso mehr nimmt das Gemeinsame in der Beziehung ab. Über viele Dinge wird nicht mehr geredet, der Austausch, das Teilen wird weniger; dies oft eingebettet in eine zurückgezogene, stille Anwesenheit. Das Paar ist dann zusammen aber meist doch getrennt. Beide sind - jeder für sich - mit ihrem körperlichen und psychischen Älterwerden beschäftigt. Die Schnittmenge nimmt in Bereichen wie sportliche Betätigung, Unterwegssein, Sexualität ab, oder wird bevorzugt alleine gelebt. Zwischen dem Paar ist es stiller geworden.

Diese Trennung in zwei Welten hat sich oft schon Jahre davor, durch die unterschiedlichen Entwicklungen der Partner, ausgebildet. Wenn dabei beide keinen Leidensdruck erleben, braucht so eine Lebensgestaltung nicht als Problem definiert werden. Rückzug und Selbstbezogenheit sind menschliche Grundbedürfnisse. Wird dies jedoch als Problem definiert, kann diese Entwicklung verträglicher gestaltet werden, wenn sich das Paar bewusst über die Dinge des Lebens austauscht?

Dies bringt die Partner wieder in einem Gefühl von Heimat und Verbundenheit zusammen. Das ältere oder alte Paar kann sich dadurch, trotz der im Alter größer werdenden Eigenarten, in einer versöhnten Verschiedenheit ergänzen. Die zentrale Frage lautet dabei: „Wie wollen wir gemeinsam altern?“

Das höhere Alter bietet auch besondere Chancen für Paare. Es kann sich dem Luxus von Sinnfragen, des Philosophierens und der spirituellen Auseinandersetzung besonders gut zuwenden. Die gemeinsame Altersphase bietet hier eine analoge Betroffenheit, die an seelisch geistiger Intimität nicht zu überbieten ist. Wenn dies gelingt, erntet das Paar die „Früchte der späteren Jahre". Gemeinsame Entwicklung auf dieser Ebene kann dann eine Sensibilisierung für ein Leben bedeuten, die das bewusst eingliedert, was uns angesichts der Endlichkeit trägt.

Ein wichtiger Brennpunkt des Geschehens in dieser Lebensphase ist das Bedürfnis nach Liebe, Erotik, Sexualität, körperlicher Intimität, Nähe oder Distanz. Hier, im Schmelztiegel der Paarbeziehung, kommen unterschiedliche Bedürfnisse zur Wirkung; je nach körperlicher Befindlichkeit, erotischem Gusto und dem Zufriedenheitsgrad über die Beziehung. Wenn diese schon längere Zeit von Distanz und Konflikten getragen ist, wird die körperliche Intimität, wenn überhaupt noch erwünscht, zum einseitigen Begehren. Wenn wenig an Zusammengehörigkeit erlebt wird, wird auch keine körperliche Nähe mehr gesucht.

Unterschiede Frauen - Männer

Für viele (auch ältere) Männer ist die direkte Sexualität die Möglichkeit, um Nähe und Geborgenheit zu erleben. Andere kommunikativere Formen stehen oft weniger zur Verfügung. Frauen wollen meist nicht gleich direkte Sexualität, sondern lieber über eine feinsinnige Zärtlichkeit, Zeitlassen und durch gemeinsames Reden einander erotisch annähern. Wenn die Beziehungssituation schon längere Zeit belastet ist und/oder altersbedingte körperliche Unpässlichkeiten die Partner belasten, wird die gemeinsame Sexualität zum Unding. Beide Partner ziehen sich dann, jeder auf seine Art, in die eigene Welt zurück.

> *Herr S. in einer Paarsitzung auf die Frage, welche Rolle die Sexualität in der Beziehung in seinem Leben spielt:*
> *„Welche Sexualität? Weihnachten ist öfters!"*

Frau S.:
„Du bist niveaulos und ich habe überhaupt keine Lust, wenn wir ständig streiten. Du bist ja nie zu Hause, weil dir deine Hobbys wichtiger sind, ich bin ja schon lange Luft für dich. Ich darf dich zwar weiter bedienen, aber an mir bist du nicht mehr interessiert.“
Herr S.:
„Du hast ja nie Lust, immer ist irgendwas …“

Für die Paarsexualität ergeben sich in einer lang andauernden Beziehung besondere Herausforderungen. In den späteren Jahren ist es dabei wichtig (wenn für beide Partner dies von Wert ist), zu einer Sexualität zu finden, die nicht mehr so angewiesen ist auf äußere und biologische Faktoren wie Schönheit, Jugend, erotischen Glanz oder Sozialprestige, sondern zu einer Liebe zu gelangen, die vermehrt sehend macht, den Blick verändert und hinter dem körperlichen Verfall das erkennen kann, was bleibt und wächst.

Versäumte Erneuerung zu später Stunde:

Individuelle und paardynamische Veränderungen entstehen unvermeidlich durch die menschliche Entwicklung. Versäumen Paare diese regelmäßig wiederkehrenden Erneuerungsprozesse („Entwicklungsschleifen“) in ihrer Beziehung, wird (wie schon dargestellt) ein Anpassungsdefizit aufgebaut. Wie kommt es dazu? Erneuerungsschritte schienen über lange Zeit hin nicht notwendig. Einförmigkeit und Routine boten scheinbare Sicherheit. Das gemeinsame Leben wurde als eingeschliffen und eintönig, aber zuverlässig wahrgenommen. Diese statische „Nicht-Veränderung“ führt dann oft zu einer, sich aufgestauten, unterschwelligen Unzufriedenheit, bei zumindest einem der beiden Partner. Die Beziehung wird aber nicht mehr aktiv in Frage gestellt. Das Paar vermeidet Verunsicherungen, und jeder Partner arrangiert sich mit der eigenen Unzufriedenheit auf seine Weise.

Ein häufiger Auslöser für die radikale Infragestellung der Beziehung zur späten Stunde ist oft eine lebensphasenbedingte Krise eines Partners. Diese wird häufig durch das Ereignis „Pensionsantritt“ generiert. Die Person richtet dann (vielleicht erstmals) ihren Blick zurück auf das gelebte Leben und auf das, was sie glaubt, in der Vergangenheit versäumt zu haben. Der aktuelle Lebenszeitpunkt wird als „letzte Gelegenheit“ erkannt, um den nicht erfüllten Sehnsüchten doch noch nachgehen zu können.

Manchmal bietet sich als „Tor zu einem neuen Leben“ eine neue Beziehung an. Jahrzehnte alte, nicht verwirklichte Wünsche bekommen wieder Raum. Die Person erinnert sich ihrer früheren Talente und Träume, die dazumal in den jungen Jahren keinen Platz zur Verwirklichung hatten. Vieles wird dann radikal in Frage gestellt. Bedauerlicher Weise kommt es dabei zu Kurzschlussreaktionen. In der Dramatik solcher Ereignisse wird die Beziehung manchmal leichtfertig vom dynamischeren Partner fluchtartig verlassen. In diesem Fall ist es nicht mehr möglich, durch Kommunikation Veränderungsschritte in der Beziehung einzuleiten.

Wenn ein Auseinandergehen im sehr fortgeschrittenen Alter der Partner passiert, gibt es oftmals nicht mehr genug Startenergie für die notwendige Erneuerungsphase, sich nach der Trennung oder Scheidung im Leben neu einzurichten. Sich in der veränderten Identität wieder zurechtzufinden und nochmals durchzustarten, kostet eine Energie, die manchmal nicht mehr vorhanden ist. Dies trifft umso mehr auf den Partner zu, der die Beziehung aufrecht erhalten will und an einem späten Neubeginn als Single nichts Attraktives mehr erkennen kann. Ältere Partner glauben noch mehr als junge Menschen an die Vernunft und sehen für sich nach einer Scheidung einen problematischen Lebensabend. Denn: Je fortgeschrittener das Alter, umso mehr nimmt der Handlungsspielraum für das Leben nach einer Trennung ab. Wieder befriedigende Lebensperspektiven zu bekommen, wird nach so einem Ereignis immer schwieriger.

2.8. Lieber Problemheimat als Lösungsfremde

Krisenzeiten sind harte Zeiten. Paare unternehmen Selbstbefreiungsversuche, in der Hoffnung, die schwierige Etappe zu überwinden. Bemühungen des Partners zur Krisenbewältigung werden dankbar angenommen. Ist genug Motivation auf beiden Seiten vorhanden, kommt es im Idealfall zur Überwindung der Krise sowie zur individuellen Weiterentwicklung der Partner. Die Krise transformiert sich und erscheint im neuen Gewand eines zufriedenstellenden Paar-Alltags.

Besitzt ein Paar jedoch zu geringe äußere und innere Ressourcen, wie z.B. Unterstützung bei der Kinderbetreuung, finanziellen Spielraum, innere Selbstdistanz und eine abgestimmte Wertehierarchie, misslingt oftmals der Übergang in eine neue Paarphase. Dann ist das Paarsystem von Auflösung bedroht. Wie kommt es dazu?

Auch hier stehen Paare mit Kindern wieder im ersten Schwierigkeitsrang. Es können sich dabei zuweilen mehrere belastende Faktoren gleichzeitig auswirken: zu wenig Unterstützung bei der Kinderbetreuung; der Mann steckt im beruflichen Überengagement; die Kommunikation zwischen den Partnern beschränkt sich nur mehr auf organisatorische Belange; in der Mühle des Alltags erreichen sie einander emotional durch ihr „Insel-Dasein" nur mehr selten. Oft genug kommen dann noch permanente finanzielle Belastungen hinzu (Bedienung des Bank-Kredits), welche ihrerseits pekuniären Druck erzeugen. Einkommenseinbrüche oder gar ein Jobverlust würden sich fatal auf die Existenzsicherung der Familie auswirken.

Der Druck in so einer Lebenssituation ist dann besonders groß. Die jahrelang anhaltende, zähe Alltagssituation entfaltet dabei ihre zermürbende Kraft. Ein Partner oder gar beide verlieren dann aus Gründen der Erschöpfung, den aber ständig notwendigen Veränderungs- oder Gestaltungswillen. Das Paar kann mit dem davor Gelungenen nichts Nachhaltiges mehr anfangen, nicht davon zehren und switcht dann aus Gewohnheitsgründen wieder in altes, konditioniertes Verhalten zurück. Es entscheidet sich implizit für die Nichtveränderung, für die Problemheimat. Häufig kommt es dann weder zu einer Auflösung der Beziehung (jedenfalls nicht gleich) noch zu einer Transformation. So wie dieses Paar es erlebte:

> *Frau R.: „Wir haben dann mehrere Jahre große Schwierigkeiten gehabt. Trotzdem war so etwas wie Aufbruch zu spüren. Wir sind sogar in Paartherapie gegangen. Am Anfang hat sich jeder Mühe gegeben, aber nach einer Zeit hat jeder wieder das gemacht, was ihm schon vorher wichtig war. Das war für mich sehr enttäuschend. Mein Mann hat dann nicht mehr darüber geredet und seines gemacht. Ich habe auch nichts mehr gesagt. Hmm … wir hatten uns wohl schon sehr an dieses Leben gewöhnt. So haben wir uns immer mehr voneinander entfernt. Es ist so, als wenn wir uns nichts mehr zu sagen hätten."*

Die richtige Dosis der Veränderung

Der Paartherapeut Ulrich Clement spricht davon, dass die Entwicklung des Paares dann blockiert ist, wenn der Leidensdruck des Alten geringer ist als die Angst vor dem Neuen, wenn die „Problemheimat“ vertrauter und stärker ist als die „Lösungsfremde“. Noch dazu kommt oft, dass die ungelösten Konflikte aus der Vergangenheit die Möglichkeit des Vorwurfs an den Partner attraktiv erscheinen lassen. Welche Chancen haben nun Paare, sich in diesen turbulenten Übergangszeiten „richtig“ zu verhalten? Clement empfiehlt dem Paar, sich folgende differenzierte Fragen zu stellen:

Bewahren des Guten und Bewährten:

- Was in unserer Paarbeziehung ist so gut, dass wir es bewahren und pflegen möchten?
- Was müssen wir beide und jeder für sich tun, um die Pflege zu gewährleisten?

Verabschiedung des Störenden:

- Was in unserer Paarbeziehung ist gut gewesen, jetzt aber überholt, sodass es im Guten verabschiedet werden kann?

Offenlassen des Unklaren:

- Welche Fragen in unserer Beziehung sind uns wichtig, aber noch nicht entscheidungsreif?
- Was in der Paarbeziehung möchten wir offen lassen, um uns nicht unnötig festzulegen?

Verwirklichung des Neuen:

- Was von dem, das wir noch nicht realisiert haben, wollen wir noch unbedingt verwirklichen?
- Was ist der erste Schritt?

Diese Fragen kann sich jeder Partner ebenso alleine stellen, um sich auf einen gemeinsamen Austausch mit dem Partner vorzubereiten. Wichtig für gelingende Übergänge in einer Paarbeziehung ist die Einsicht, dass Menschen sich im Vorhinein bestimmte Entwicklungen nicht ersparen können. Alles hat seine Zeit. Neue Lösungen ergeben sich oftmals aus dem unbewussten Pool des Paares (Ulrich Clement), der zwar einer direkten Steuerung nicht zugänglich ist, aber wie eine „Schatzkiste" gesucht und gefunden werden kann. In dieser „Schatzkiste" – eigentlich sind es zwei „Schatzkisten"– liegen alle Ressourcen für gelungene Beziehungsübergänge:

- mehr Klarheit über die eigenen Bedürfnisse
- neue attraktive Ziele in der Lebensgestaltung
- Erkenntnisse über den eigenen Beitrag, den man dazu geleistet hat, dass es so ist, wie es ist
- Möglichkeiten einer neuen Kommunikationskultur in der Beziehung
- eine neu entfachte Neugierde auf die „Welt des anderen", neue Seiten an ihm zu entdecken können
- die Fähigkeit, immer wiederkehrende „Stolpersteine" durch Bewusstheit jetzt leichter umschiffen zu können
- und nicht zuletzt: das Wiederfinden der anfänglich vorhandenen Liebesgeschichte

2.9. Ressource Liebesgeschichte

Der Heidelberger Paartherapeut Arnold Retzer behauptet, dass der Liebesmythos (die Liebesgeschichte) die Geschichte ist, die sich das Paar selbst und anderen über die Entstehung ihrer Beziehung erzählt. Er exploriert: „*Der ‚Mythos' strahlt aus der Vergangenheit Licht auf die Gegenwart und Zukunft.*" [34] Wovon handelt diese Schöpfungsgeschichte des Zusammenfindens? Paare erzählen auf die Frage hin: „*Was ist denn damals im ‚Schaufenster' Ihres Mannes/ Ihrer Frau gestanden, das Sie so attraktiv und begehrenswert gefunden haben?*" Folgendes:

- in welcher Situation sie einander erstmals begegnet sind
- in welcher Art und Weise sich die beiden wahrgenommen haben
- wie die „Liebe", sofern zu diesem Zeitpunkt schon spürbar oder nur einseitig spürbar, sich entfaltet hat
- ob dies der andere auch mitbekommen hat
- was dann geschah, wie der Eroberungsfeldzug angelegt wurde: leidenschaftlich, cool, strategisch?
- ob und wie dieser erwidert wurde, oder ob längere Anstrengungen und Liebesbeweise oder, anders gesagt, Optimierungsschritte in der Balzphase (Ilse Gschwend), von Nöten waren
- ab wann diese Anstrengungen nicht mehr notwendig waren, weil sich die Person des anderen sicher war

Was passiert nun, wenn beziehungssuchende Menschen aufeinander treffen und ihre „Scan-Ergebnisse" miteinander korrespondieren? Jürg Willi meint dazu:

„Der zündende Funke der Liebe springt über, wenn zwei Partner von der Hoffnung erfüllt werden, miteinander und durcheinander in neue Lebensräume vorzustoßen, in welchen sie vieles, was sie in langem Warten ersehnten, verwirklichen können. Es ist, als würde man erkennen: Dieser Partner macht es möglich, meine innere Kammer aufzubrechen, in neues Leben vorzudringen und mir neue Entwicklungsschritte zuzutrauen. Die Begegnung der Liebenden spricht persönliche Möglichkeiten an, die brachlagen, weil niemand nach ihnen rief und niemand sie brauchte. Die Liebe entzündet sich nicht an dem, was schon da ist, sondern an dem, was durch die Beziehung hervorgerufen und ins Leben hinein geholt werden möchte.“ [35]

Dazu ein Bericht eines Klienten über die Entstehungsgeschichte seiner Ehe:

> *„Ich habe den Gruppenraum betreten, dann sah ich sie und ich wusste, das ist sie, das ist meine Frau. Sie bemerkte mich zuerst gar nicht, sie stand in einer Gruppe, die sich unterhielt. Unsere Blicke trafen sich und ich wusste, sie hat mich gesehen. Da fing es an. Ich habe nicht mehr locker gelassen. Mein Grundsatz war: Anspringen, verbeißen und nicht mehr abschütteln lassen. So war es dann auch.“*

Wenn Paare erzählen, wie sie einander kennengelernt haben, kommt es, wenn eine Liebesgeschichte zur Verfügung steht (auch wenn diese lange her ist), zu einem Strahlen in den Gesichtszügen und die Körperhaltung verändert sich. Die Gesten werden lebhafter und die Augen blitzen. Es wird von der Geburt des Paares in dieser Welt erzählt. Diese wieder erinnerte Geschichte hat stabilisierende Funktion und dient(e) der Paarbeziehung über lange Zeit als Ressource.

Traurig wird es, wenn das Paar immer schon ein wenig die

Liebe zwischen ihnen vermisste, diese von Anfang an nicht im vollen Ausmaß zur Verfügung stand. Nicht immer ist eine Liebesgeschichte der Motor einer Paarbeziehung; Menschen finden auch aus anderen Gründen zusammen, wie im Folgenden noch ausführlich dargestellt wird. Bei solchen Entstehungsgeschichten steht dann die Ressource „Liebesmythos" dem Paar nicht zur Verfügung. Oft ist dieses Fehlen der „romantischen Ursuppe" das zentrale (leidvolle) Thema bei Paaren, die sich (nur) in freundschaftlicher Liebe aneinander gebunden fühlen. So eine Beziehung wird zum Teil durchaus als sehr emotional intim beschrieben, aber auf der Ebene der Mann-Frau-Liebe und des erotischen Begehrens als defizitär erlebt. Es fehlt einfach etwas.

Arnold Retzer führt in seinem Buch „Systemische Paartherapie" sinngemäß zum Thema der angestiegenen Trennungsbereitschaft aus: Der zugeschriebene Wert des Liebesmythos war in unserer Gesellschaft noch nie so hoch. Er wird immer mehr wert, weil man glaubt, in einer Liebesbeziehung alles das zu bekommen, was man wo anders nicht mehr findet. Das Ansteigen von Trennung oder Scheidung ist nicht eine Krise von Paarbeziehung, sondern mit der Steigerung des Wertes der Liebesbeziehung in Verbindung zu bringen.

Den Liebesmythos gibt es, wenn er stattgefunden hat, auch in Krisenzeiten, er wird nur nicht mehr erzählt. Zum Beispiel in der Zeit nach der Geburt des ersten Kindes oder in anderen, die Partner belastenden, Zeiten, ist die konstituierende Liebesgeschichte die Ressource für die Elternschaft und nicht umgekehrt.

2.10. Am Anfang war das Paar

In Krisenzeiten wird die Elternschaft oft als das einzig verbindende in der Paarbeziehung erlebt und bespielt. Die gemeinsame Paaridentität verschiebt sich in einem stillen Prozess vom Paar-Sein hin zur Elternschaft. Dabei wird oft übersehen, dass gerade die ursprünglich verbindende, jedoch abhanden gekommene Paar-Identität den Hauptgrund für die Krise bildet. Die Hauptbühne für alle Bemühungen, die das Paar unternimmt, um wieder ihre Beziehung als erfüllend zu erleben, sollte jedoch die Beschäftigung mit der Paarbeziehung sein. Die Elternschaft ist (war) nicht der Motor für die Paarbeziehung und kann diese in der Moderne auf Dauer nicht mehr absichern. Denn, „gute Eltern" kann man auch ohne Paarbeziehung sein. Es ist hilfreich, sich an den Ursprung der Quelle zu erinnern. Das Paar ist wegen der Liebe zusammengekommen und nicht wegen der Elternschaft (zumindest meistens).

Dies gilt im Besonderen ebenso für gleichgeschlechtliche Paare mit Kind(ern), bei denen der biologische Unterschied zwischen Mann und Frau ausgeklammert scheint. Trotz Gleichgeschlechtlichkeit, tragen auch diese Paare - innerlich wie meist auch äußerlich - die hartnäckige Geschlechter-Polarität mit sich, auch wenn diese nicht durch die gemeinsame Zeugung eines biologischen Kindes ihren Ausdruck finden kann. Für die Liebe zwischen zwei Menschen ist diese Polarität jedoch nicht entscheidend.

Der Tod der Verliebtheit

Für das Gelingen des Übergangs von der Verliebtheit in eine verbindliche Beziehung mit Zukunftsoption sind verschiedene Faktoren wichtig: Neben äußeren Faktoren wie Herkunft, Arbeits- u. Einkommenssituation sowie den Persönlichkeitsmerkmalen beider Partner, wiegt am schwersten, ob sich längerfristige Wünsche, Bedürfnisse und Werte der beiden als kompatibel erweisen. Die Paarforscherin Astrit Riehl Emde aus Heidelberg bemerkt dazu:

„Psychologisch gesehen, ist das Besondere der Verliebtheit die weitgehende Freiheit von Ambivalenzen, die viele Menschen als sehr befreiend erleben. Die Rückkehr zum emotionalen Normalzustand lässt jedoch meist nicht allzu lange auf sich warten. Dieser Übergang ist gekennzeichnet durch das Nachlassen der gegenseitigen Idealisierung und durch das Schwinden der Harmonie, allgemeiner: durch das Auftreten von Ambivalenzen. Diese können unterschiedlich stark sein, treten jedoch regelhaft nach der Phase der ersten Verliebtheit auf und gehören zu einer Liebesbeziehung dazu, weil Ambivalenz ein Grundprinzip seelischen Lebens darstellt. Die einer Liebesbeziehung immanenten Widersprüchlichkeiten sind den meisten Betroffenen allerdings kaum bekannt und werden deswegen zumindest als überraschend, des Öfteren aber auch als desillusionierend bis katastrophal bzw. als „Anfang vom Ende“ erlebt.“ [36]

2.11. Partnerschaft oder Liebesbeziehung – oder beides?

Beides ist für viele Partner der Lotto-Zwölfer mit Zusatzzahl - es handelt sich dann um eine Partnerschaftliche Liebesbeziehung. Diese ist die Vereinigung von Intimität und Begehren mit ebenbürtiger Verbindlichkeit. Eine halbwegs ausgeglichene Balance zwischen Partnerschaft und Liebesbeziehung zu erreichen, ist das herausfordernde Langzeitprojekt der meisten Paare. Doch warum überhaupt diese Unterscheidung in „Liebesbeziehung“ und „Partnerschaft“, ist doch eine Paarbeziehung in ihrer Grundanlage schon kompliziert genug.

Arnold Retzer ist es gelungen, diese, aus meiner Sicht so grundlegende, Unterscheidungsmöglichkeit zwischen „Liebesbeziehung“ und „Partnerschaft“ konzeptuell hervorzubringen. Diese Unterscheidung hilft Paaren, den diffusen Begrifflichkeiten, mit denen die Paarbeziehung üblicherweise etikettiert wird, abzuschwören. Retzer schlägt vor, ausgehend vom Überbegriff der „Paarbeziehung“, diese in „Liebesbeziehung“ und

„Partnerschaft“ aufzuknoten. Damit gelingt die Unterscheidung von Verhandelbarem und Nicht-Verhandelbarem in der Beziehung. Die so häufigen, gängigen Begriffe, wie „Partnerschaft“ oder „mein Partner“/„meine Partnerin“, signalisieren aus meiner Sicht sprachlich nur den verhandelbaren Teil einer Paarbeziehung. Im engeren Sinne bezeichnet Partnerschaft die Selbstverpflichtung, sich auf gleicher Augenhöhe zu begegnen und ist eine auf dauerhaften Bestand angelegte Beziehung. In ihr ist alles verhandelbar, da sie dem Anspruch nach Gerechtigkeit und dem Ausgleich von Nehmen und Geben unterliegt. Dies ist etwa in Geschäftsbeziehungen besonders ersichtlich. Diese funktionieren dann nachhaltig, wenn der Austausch zwischen dem, was gegeben und dem, was genommen wird, als ausgewogen von beiden Geschäfts-„Partnern“ erlebt wird. Wenn Partner sich gegenseitig überwiegend als zweibeinige Tankstelle (Ilse Gschwend) sehen, ist Scheitern vorprogrammiert. Anders als in der „Partnerschaft“, ist die „Liebesbeziehung“ nicht verhandelbar. Es würde einigermaßen irritierend klingen, wenn der eine mit der Forderung des anderen: „*Ich fordere von dir, dass du dich in mich verliebst*“- oder: „..., *dass du mich begehrst*“- oder: „..., *dass du mich liebst*“, konfrontiert wäre. Das Ansinnen würde von vornherein, grotesk klingend, scheitern und sich selbst ad absurdum führen.

Das eine - Die Liebesbeziehung:

Die Liebe ist, laut Retzer, eine Himmelsmacht, Schicksal oder Vorsehung. Er meint: „*Man kann sich weder entschließen, in eine Liebesbeziehung einzutreten noch aus ihr auszutreten. Die romantische Liebe setzt auf sinnliche Anziehung, Gefühl und Seelenresonanz. Gänzlich anders, wenn auch mit den gleichen Teilnehmern, funktioniert dagegen die partnerschaftliche Paarbeziehung, z. B. in der juristischen Form der Ehe. Hier tritt die Person bewusst ein. Sie entschließt sich dazu und unterschreibt, mehr oder weniger explizit, einen Mitgliedschaftsvertrag und kann unter bestimmten, wiederum vertraglich festgelegten Bedingungen, wenn sie das will, wieder austreten und sich scheiden lassen.*" Retzer führt dazu weiter aus: „*Die Liebesbeziehung sucht demgegenüber die irrationale und bedingungslose Hingabe, sie achtet nicht auf vertragliche Regelungen, auf gerechten Ausgleich, sie will keinen Tauschhandel von abgemessenem Geben und Nehmen, sie verzichtet auf Gleichberechtigung und Herrschaftsfreiheit. Die Hingabe ist freiwillig. Je größer das individuelle Opfer, desto größer wird im Allgemeinen die Liebe eingeschätzt.*"

Der Schweizer Paartherapeut Jürg Willi setzt beim Thema Liebesbeziehung anders an, er rät Paaren, das erotisch-sinnliche Begehren von der Sehnsucht nach der absoluten Liebe zu unterschieden. Er führt aus: „*Während die erotisch-sinnliche Liebe auf die sexuelle Vereinigung zielt, geht es bei der absoluten Liebe weniger um die Befriedigung sexueller Triebwünsche als um die Auflösung und Wiedergeburt des Selbst in der Liebe. (…) Die absolute Liebe wird in diesem Sinne als Geschenk des Himmels erlebt, sie lässt sich nicht wollen, nicht herstellen, man kann lediglich offen sein, um diese Liebe geschehen zu lassen. Sie bildet sich aus der Bereitschaft, sich zur Verfügung zu stellen, ohne Bedingungen, ohne Leistung, ohne Forderung, ohne Messen und Rechnen.*" Er schreibt weiter: „*Das Aufgehobensein in der absoluten Liebe entspricht den religiösen Vorstellungen vom Himmel, als ein Anwesend-Sein in der glückseligen Anschauung Gottes.*" [37]

Laut Jürg Willi, geht es bei der Sehnsucht nach der absoluten Liebe um ein Selbstwerden in der Begegnung mit dem Du. Das Selbst wird in der Liebesbeziehung wie neu geboren, im Sinne einer partnerbezogenen Persönlichkeitsreifung. Der Begriff der „partnerbezogenen Persönlichkeitsreifung" (Individuation) beschreibt den Prozess des Ganzwerdens zu etwas Einzigartigem, einem Individuum. Im Individuationsprozess eines Menschen wird dieser zu dem, was er „*wirklich*“ ist, laut Willi. Dieser Prozess beinhaltet die Entfaltung der eigenen Fähigkeiten, Anlagen und Möglichkeiten. Sein Ziel ist die schrittweise Bewusstwerdung, um sich dadurch als etwas Eigenes und Einmaliges zu erkennen und zu verwirklichen.

Angesichts dieser möglicherweise Überfrachtung und Bedeutungsschwere der Liebe bzw. der Liebesbeziehung, ist es hilfreich, zwischen dieser und der „Partnerschaft“ zu unterscheiden, um nicht Äpfel mit Birnen zu verwechseln. Astrid Riehl-Emde hat die unterschiedlichen Handlungslogiken von Liebe und Partnerschaft basierend auf dem Modell von Arnold Retzer in ihrem Buch: „Liebe im Fokus von Paarberatung“ wie folgt in der nachstehenden Tabelle gegenübergestellt: [38]

Liebe	Partnerschaft
• Anfang und Ende bewusst nicht beeinflussbar, „Himmelsmacht“, nicht vertragsfähig • Irrationalität • Bedingungslosigkeit; Ansprüche sind nicht ableitbar: es wird nichts geschuldet • Verzicht auf Gerechtigkeit • Verzicht auf Gleichberechtigung • Verzicht auf Herrschaftsfreiheit: Überwältigung/freiwillige Unterwerfung • Kein Tauschhandel; Gabentausch • Funktionsspezifisches Sinnangebot (exklusiver Sinn)	• Bewusstes Ein- und Austreten (z.B. juristische Form der Ehe, Scheidung) • Vernunft, Verständnis, dauerhafte Kooperation • Bedingungen werden ausgehandelt, Kompromisse geschlossen, Ansprüche abgeleitet, Regeln festgelegt • Anspruch auf Gerechtigkeit • Anspruch auf Gleichberechtigung (egalitär, symmetrisch) • Anspruch auf Herrschaftsfreiheit • Austauschverhältnis: Leistung - Gegenleistung • Funktionsunspezifisches Sinnangebot

Abb. 4: Tabelle „Unterschiedliche Handlungslogiken von Liebe und Partnerschaft, Astrid Riehl Emde nach Arnold Retzer

Die Romantik oder das romantische Liebesideal ist kein Kind der Neuzeit bzw. nicht nur eine Erfindung der letzten zwei Jahrhunderte. Die Wurzeln reichen weit in die Menschheitsgeschichte zurück. Auch in der Antike und im Mittelalter gab es schon die Romantik. Dazu passt das bekannte Gedicht eines unbekannten

Minnesängers in der damals herrschenden mittelhochdeutschen Sprache um 1180: [39]

Du bist min, in bin din:

Des solt du gewiz sin.

Du bist bezlozzen

In minem herzen

Verloren ist das sluzzelin:

Du muost immer drinne sin.

(Übersetzung)

Du bist mein, ich bin dein:

dessen sollst du dir gewiss sein.

Du bist eingeschlossen

in meinem Herzen;

verloren ist das Schlüsselchen:

Du musst immer drinnen sein.

Das Andere - Die Partnerschaft:

Die Partnerschaft ist, laut Retzer, gleichberechtigt organisiert, zumindest nach idealtypischem Anspruch. Sie stellt eine Organisationsform dar, die vernünftig und auf dauerhafte Kooperation hin angelegt ist. In der Partnerschaft können und sollten die Partner Ansprüche auf Gerechtigkeit, Gleichberechtigung und Herrschaftsfreiheit haben. Partnerschaft verlangt nach Festlegung von Regeln. Retzer stellt die andersartige Liebesbeziehung der Partnerschaft wie folgt gegenüber:

„Die Liebe erhebt dagegen den Anspruch auf Bedingungslosigkeit und Absolutheit. Man liebt den anderen ganz oder gar nicht (...) In der Liebe braucht und darf man dem anderen nicht gerecht zu werden versuchen. Liebe kann/muss großzügig auf Gerechtigkeit verzichten. In der Liebe gibt es keine Fairness. Fair kann man bekanntlich nur unter Gegnern sein. Liebe ist etwas ganz anderes als Demokratie oder gar Herrschaftsfreiheit. Sie ist Überwältigung und/oder freiwillige Unterwerfung. In der Liebe lassen sich keine Ansprüche ableiten oder geltend machen. Sie ist weder Verdienst noch lassen sich in und mit ihr Verdienste erwerben. Sie entzieht sich jeglicher Vertragsfähigkeit. Sie kann weder erzwungen noch jemanden geschuldet werden. (...) Für enttäuschte oder verlorene Liebe besteht kein Recht auf Schadenersatz. (...) In der Liebe kann daher kein Tauschhandel herrschen.“ [40]

In der partnerschaftlichen Paarbeziehung entscheidet jeder persönlich über die Höhe der Schulden, die er dem anderen noch zurückzuzahlen hat. Das kann sich täglich ändern, je nach innerem Beziehungskontostand. Partnerschaft steht unter dem Diktat der Gleichheit. Gerade die Gleichen müssen sich aber ständig vergleichen, um sich ihrer Gleichheit zu versichern bzw. Ungleichheit zu verhindern. Und, um nicht übervorteilt zu werden, sind gemeinsame Maßstäbe notwendig.

2.12. Tauschmodus versus Geschenkmodus

Nach der prinzipiellen Unterscheidung von „Liebesbeziehung“ und „Partnerschaft“ wird von Retzer folgender Schluss gezogen:

- In einer Partnerschaft herrscht der Tauschmodus,
- in einer Liebesbeziehung der Geschenkmodus.

Der Wunsch nach Gerechtigkeit ist eines der wichtigsten Grundbedürfnisse von Menschen in sozialen Systemen, insbesondere in einer Paarbeziehung. Der Ausgleich zwischen Nehmen und Geben ist Dauerthema, im Stillen wie im Eingemahnten. Der innere „Verdienstkonten- oder Schuldenstand", den beide Partner führen, definiert den Status dieser und die Zufriedenheit in der Beziehung. Wenn Paaren der Ausgleich wichtig ist, befinden sie sich im Sinnsystem des Tauschhandels. Dann wird getauscht, gedealt und gefeilscht, wer, was, warum geleistet hat, noch tun soll und warum das gerecht ist.

Geschenkmodus (Hingabe) und Tauschmodus (Schuldenrechnung) folgen zwei entgegengesetzten Handlungs-Haltungen und vermischen sich permanent. Dies ist besonders gut bei der Verteilung der Hausarbeit zu beobachten. Wie kommen Paare überhaupt zu ihrer Aufteilung der Haus- u. Familienarbeiten? Vorwiegend „ergibt sie sich einfach". In einer quasi freiwilligen Unbewusstheit ergeben sich stillschweigend die ersten Regeln im Beziehungsalltag. Je nach individuellem Antrieb der beiden Partner werden ohne Absprache Aufgaben übernommen und automatisiert. Jener Partner, der in (Vor-)leistung geht, bilanziert instinktiv sein Tun als geschenkte Gabe oder Tauschobjekt mit Ausgleichserwartung.

Geben ohne Berechnung

Was motiviert den handelnden Partner dabei im Hintergrund? Das, was gegeben wird, wird zunächst für sich selbst getan, für die Befriedigung, welche die Person, z.B. beim Anblick gutgemachter Arbeit, empfindet, ebenso für die Erfüllung der eigenen Werte, Prioritäten und Vorstellungen. Aber es wird auch für den anderen getan. Dieser profitiert ebenfalls davon, einerlei, ob das Gegebene das Ergebnis eines Liebesakts ist oder aus Berechnung in Erwartung eines Ausgleichs gegeben wurde. Wenn der Partner die Beiträge des anderen womöglich nicht (ausreichend) durch ausgleichendes Tun erwidert oder kommunikativ würdigt, entsteht meist Kränkung. Die Beiträge, die beide Partner ständig ohne viele Worte einbringen, strukturieren die Beziehung und geben ihr, den ihr eigenen, (Rollen-)Charakter.

Eine Liebesbeziehung hat den Antrieb zum Geben ohne Berechnung, ihr ist der Wille zum „(Liebes-)Geschenk“ immanent. Der französische Soziologe Jean-Claude Kaufmann, beschreibt in seinem Artikel „Selbsthingabe und Schuldenrechnung“ den Antrieb zur Hingabe treffend so: *„Er (der Partner, Anm. d. Autors) tut dies allerdings mit der mehr oder weniger bewussten Erwartung einer Gegenleistung. Genauer gesagt mit der Erwartung, dass die Selbsthingabe den Ehepartner dazu bewegt, sich seinerseits in die Position des Gebenden zu begeben, denn das Ziel der Hingabe besteht eher darin, dass der andere etwas gibt, als dass man etwas erhält.“* [41]

Durch die automatisierten, freiwilligen Gaben, die der andere in die Beziehung einbringt, die nicht immer gleich unter dem Diktat des Ausgleichs stehen müssen, erfahre ich Befriedigung und Bestätigung durch meinen Partner, der das Gemeinsame stärkt, ich muss nicht immer direkt einen Gewinn daraus erzielen. Die Verteilung der Hausarbeit vollzieht sich niemals bloß in einem einzigen der beiden Modi. Die Kunst des Beziehungslebens besteht vielmehr in der Mischung aus Geschenk- und Tauschmodus.

Bei Trennung oder Scheidung bekommt das Thema „Ausgleich von Geben und Nehmen“ eine besondere Brisanz. Das Verhandeln über die Gaben, die in der Vergangenheit als Zeichen liebender und/oder solidarischer Fürsorge gegeben wurden, ist dann deswegen kränkend, weil aus den freiwilligen, in bester Absicht eingebrachten, Gaben bei der zu verhandelnden Gütertrennung Tauschmittel werden. Dies besonders bei materiell aufzuteilenden Gütern. Beispiel: Er hat aus „seinem“ (Familien-)Einkommen „ihr“

ein Auto finanziert und rechnet jetzt den Wert von der, seiner Frau aus anderen Gründen gebührenden, Abfindungssumme ab. Sie findet es doppelt ungerecht, da das Auto vor allem für den Transport der Kinder und für die Organisation des gemeinsamen Lebens gedacht war und ganz für die „gemeinsame Sache" Familie angeschafft worden war. Wenn aus der Gabe ein Tauschmittel wird, macht sich der Wert der Gabe selbständig und zeigt seine böse, kalte und verdinglichende Seite.

Gleiche „Währung"

Ausgleich setzt voraus, dass sich die betroffenen Personen auf ein Wertesystem, eine „Währung", geeinigt haben. Dies ist bei Ausgleich für erlittene Kränkungen meist unmöglich. Ein Ausgleich, der heißt: „Du bist fremdgegangen, jetzt habe ich einmal fremdgehen gut", funktioniert in den allermeisten Fällen nicht. Ausgleich für etwas, das in der individuellen Bedürfniswelt des Einzelnen liegt, ist trotz besten Bemühens desjenigen nicht möglich, wie eben z.B. bei Affären. Den Ausgleich - „die Sättigung der Kränkung" bei Affäre oder Außenbeziehung mit materiellen Dingen (Pelzmantel, teure Urlaubsdestination, schicker Wagen und Ähnliches) zu erreichen, funktioniert nur, wenn das Paar den Tauschmodus bereits vorrangig in ihre Beziehung eingeführt hat. Und selbst dann bleibt meist auf der „inneren Minusliste" ein Eintrag zurück.

2.13. „Offene Rechnungen"

Offene Rechnungen entstehen, wenn ein Partner den Eindruck gewinnt, dass, in der Beziehung zwischen Nehmen und Geben, für ihn ein Nachteil herrscht. Die Gegenrechnung lautet: „*Mein Einsatz in der Beziehung lohnt sich nicht, ich gebe zu viel bzw. mein Partner nimmt zu viel, ich werde übervorteilt.*" Daraus erwächst für den anderen Partner (oft unwissentlich) ein Schuldenstand. Dieser wird seitens des nicht gesättigten Partners mit Ausgleichserwartungen verknüpft. Oft genug werden diese nicht oder nur indirekt, etwa über versteckte Vorwürfe oder allgemeinen Lebensfrust, „kommuniziert." Anschließende Spannungen und Konflikte verdunkeln den Beziehungshimmel.

Diese unromantische, verökonomisierende Kosten-Nutzen-Rechnung hat nichts mit Liebe zu tun. Wenn es um das Thema „Ausgleich" geht, sollte der grundsätzliche Unterschied zwischen Gabe und Tausch berücksichtigt werden. Hat die gebende Person etwas als Geschenk gegeben, darf dieses Geschenk der beschenkten Person nichts abverlangen, sonst wird aus dem Geschenk ein Tauschobjekt und daraus eine Kränkung.

Offene Rechnungen in der Beziehung sind umso besser zu bewältigen, je bewusster der gefühlte „innere Kontenstand" bei beiden Partnern ist. Als Hilfestellung auf dem Weg zu dieser Klarheit kann sich die betroffene Person folgende Fragen stellen:

- Welche Schuld(en) muss mein Partner ausgleichen?
- Welchen positiven oder/und negativen Nebeneffekt könnte der Schuldausgleich für uns haben?
- Welchen Gewinn hätte mein Partner durch den Schuldausgleich bzw. welchen Nachteil?
- Welchen Nachteil könnte der Schuldausgleich für mich haben?
- Wie kann ich einen Schuldausgleich meines Partners verhindern?

- Bin ich wirklich sicher, dass ich einen Schuldausgleich will?

Das Thema Ausgleich hat bei Trennung oder Scheidung die zentrale Bedeutung.

> *„Menschen können leichter auseinander gehen, wenn sie das Gefühl haben, dass zwischen dem, was sie gegeben haben, und dem, was sie genommen haben, ein Ausgleich herrscht." (Ilse Gschwend)*

Ein kurzer Auszug aus einer lang andauernden Trennungsmediation eines nicht verheirateten Paares mit Kind (mittels schriftlicher Elternvereinbarung) soll zeigen, wie manchmal um eine „gerechte" Lösung durch finanziellen Ausgleich gerungen wird:

> *„(...) Die Ex-Partner einigen sich auf einen einmaligen Versöhnungsbeitrag von Euro.......- Dieser wird spätestens 14 Tage nach der Unterzeichnung der Elternvereinbarung von Hr. A an Fr. A überwiesen. Fr. A trägt ihrerseits zum Ausgleich bei, indem sie ihre Vorwürfe und Vorhaltungen wegen erlittener finanzieller Ungerechtigkeit in der Beziehung ab Erhalt der Summe ein für allemal fallen lässt und in Zukunft auf die Möglichkeit des Vorwurfes verzichtet. Durch diese Einigung ist der materielle Ausgleich bzgl. des Gebens und Nehmens in Rückblick auf die gewesene Paarbeziehung vollzogen. (...)"*

2.14. Rosenkrieg – Versuch des Ausgleichs im Negativen

Gleich welche Methode des Ausgleichs gewählt wird - von der Rückzahlung bis zur Rache (Rosenkrieg) - es bleiben alle diese Ausgleichs- und Verrechnungshandlungen in der Logik einer Partnerschaft bzw. in der des Tauschhandels. Ziel des „Rosenkriegs" ist der Ausgleich im Negativen. Was veranlasst erwachsene Menschen nach Jahren der Gemeinsamkeit oder nach einer schon länger zurückliegenden Scheidung, sich noch immer gegenseitig zu bekämpfen? Was veranlasst Elternteile durch bewusste, gegen den Ex-Partner gerichtete, Strategien, ihren Kindern nachhaltig zu schaden, indem sie das Kindeswohl so interpretieren, wie es ihrem jeweiligen Selbstzweck und ihren Eigeninteressen entspricht?

Ein Rosenkrieg bedient die offenen Rechnungen nie, stattdessen kommen neue dazu und der Preis für die eigene Person ist immer zu groß. Sollte der Partner den Kontakt der Kinder zum nicht-hauptunterkunftgebenden Elternteil erschweren oder gar verhindern, so hemmt dies das Bedürfnis der Kinder nach Kontakt zum anderen Elternteil nicht, sondern macht es, oft in aller Heimlichkeit, noch größer. Die Kinder spalten sich, wenn sie älter werden, und mehr emotionalen Spielraum haben, von dem Elternteil innerlich ab, der den Kontakt zum anderen Elternteil be- oder verhindert hat. Die Kinder suchen dann den Elternteil, der ausgegrenzt wurde und grollen oft dem, welcher den Kontakt verhindert hat.

Zusätzlich gibt es für diesen Elternteil noch einen „Überpreis". Durch die Abwertung des Ex-Partners wird das Gute, zu dem dieser auch beigetragen hat, ebenfalls abgewertet. Das führt dazu, dass auch der Anteil des Ex-Partners in den Kindern mit abgewertet wird. Das kindliche Sensorium reagiert mit Selbstwertproblemen und dem Gefühl, nicht okay zu sein. Probleme in der kindlichen Entwicklung sind dann oft vorprogrammiert. Die Abwertung des früheren Partners, mit dem man Kinder hat, bedeutet, dass sich die abwertende Person in der Wahl des anderen total getäuscht hätte und ihre Kinder nur zur Hälfte gelungen wären, da die andere Hälfte offenkundig unbrauchbar wäre.

Rache = Fortführung der Beziehung mit anderen Mitteln

Für erwachsene Menschen gilt: Auch Rache kann Beziehungsgestaltung sein. Die Betroffenen können sich sagen: „So bleibt mir der/die Ex am intensivsten verbunden!“ Ziel des negativen Ausgleichs ist der Versuch, die erlittenen Kränkungen und Verletzungen durch Zufügung von seelischen Schmerzen beim Ex-Partner auszugleichen. Die fatale Logik sagt: Ausgeglichen ist es nur dann, wenn der andere mindestens gleichviel, besser aber ein bisschen mehr, gelitten hat. Dann erhofft die gekränkte Person, dass die „süße“ Rache gelungen ist. Diese scheint wie Labsal für die verletzte Seele. Oft genug sagt die innere Stimme: „Es ist noch nicht genug, der andere muss noch mehr leiden!“

Die Waffen des Rosenkrieges dröhnen dabei: „Ich mach‘ dich fertig“, „Du siehst die Kinder nie wieder.“ Auf der Eskalationstreppe in den Keller des negativen Ausgleichs sind dann der kreativen Anwendung der niederen Instinkte keine Grenzen mehr gesetzt. Je nach geschlechtsspezifischer Sozialisierung und anerzogenen Rollenvorbildern wird gekämpft und die Vernichtung des anderen angestrebt. Oft genug wird der Preis der Selbstvernichtung dabei in Kauf genommen. Dies zeigen uns immer wieder die dramatischen Gewalttaten in Familien, die über die Massenmedien bekannt werden.

Auf der „Schaukel“ des Ausgleichs im Negativen gelingt es, den anderen in einer hilflosen Position zu fixieren. Dies klappt am besten, indem das Kampfgewicht auf einer Seite so erhöht wird, dass der Ex-Partner in der Luft hilflos zappelnd hängen bleiben muss und dem anderen immer wieder ausgeliefert ist. Um die Macht (das Gewicht) zu erhöhen, sitzen auf dieser „Schaukel“ hinter dem jeweiligen Ex-Partner die instrumentalisierten Kinder, der neue, den Kampf unterstützende Partner, das Geld, die Emotionen, die Rache, die Rationalität und Logik, die eigenen Eltern, die aufgeteilten Freunde, die Gewalt, das Jugendamt, „das Kindeswohl“, die An-wälte und Gutachter. Diese „Kampfgefährten“ im Hintergrund erhöhen vermeintlich die Chancen, den Krieg zu gewinnen.

Die Sättigung der Kränkung

Verletzungen und Kränkungen sind durch einen negativen Ausgleich nicht gutzumachen - Rache ist nicht wirklich süß, sondern bitter - auch in der Rückwirkung auf den, der sie ausübt. „Wenn du zum Rächen ausziehst, nimm zwei Särge mit“, lautet ein chinesisches Sprichwort. Jeder der Beteiligten kann sich entscheiden, ob und welchen Preis er für die Weiterführung des Rosenkriegs bereit ist zu zahlen. Es zahlt niemals nur einer. Der Grad des Hasses und der Heimtücke ist Ausdruck der Tiefe der Gekränktheit und hält die Beziehung umso lebendiger und aufrecht. Das versteckte Ziel des Rosenkriegs, die Sättigung der Kränkung, wird in seiner fatalen Art auf diese problematische Weise nicht erreicht.

Bei lang andauernden Paarkonflikten geht es im Besonderen um das Aufspüren der „offenen Rechnungen“ in der Beziehung, mit dem Ziel: das abzuschließen, was offen ist. Die wichtigste Frage dabei lautet: „Welche Bedürfnisse wurden nicht befriedigt?“

Häufig gibt es, damit verknüpft, lange bis in die Herkunftsfamilie zurückreichende, unbewusste Bedürfnisse, die von den Eltern nicht bedient wurden.

Paare ziehen sich auch über die Muster ihrer unerfüllten Bedürfnisse an. Diese sind meist in der Kindheit begründet. Defiziterfahrungen und Kränkungen waren in dieser frühen Zeit des Lebens der Auslöser für einen Hunger, der dann in der Beziehungsgegenwart vom Partner gestillt werden soll. Dieser „alte Hunger" kann jedoch nicht auf der Ebene einer Beziehung im Erwachsenenleben gestillt werden. „Der in der Vergangenheit erlittene Hunger kann durch ‚Nachessen' in der aktuellen Beziehung nicht kompensiert werden." (Ilse Gschwend)

Der Ausgleich von Nehmen und Geben ist ein elementarer Teil des Fundaments einer Beziehung, er kann die Zukunft des Paares nachhaltig absichern oder, wenn dieser nicht erlebt wird, gefährden.

2.15. Die drei Komponenten der Liebe

Laut dem US-amerikanischen Psychologen Robert J. Sternberg besteht die Liebe (ich setze anschließend den Begriff der „Paarbeziehung" bedeutungsgleich ein) aus drei Komponenten. Dazu nachstehende Grafik zur Veranschaulichung:[42]

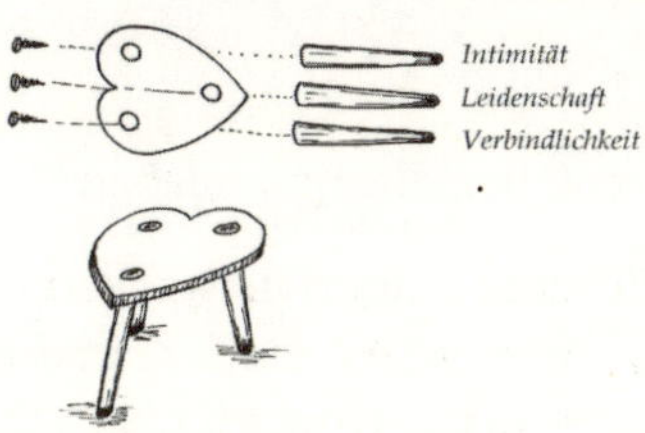

Abb. 5: Grafik „Die drei Komponenten der Liebe" nach Robert. J. Sternberg

Die 3 Komponenten im Detail nach Sternberg:

1. Intimität:

- Emotionale Nähe - sich gegenseitig öffnen und austauschen
- Geistige Intimität - Austausch über Ideen und Pläne
- Spirituelle Intimität - über Werte und Visionen reden und über das, was die Beziehung jenseits ihrer körperlichen Existenz bedeuten kann

2. Leidenschaft/Begehren:

- Erotische, sexuelle Anziehung
- Streben nach Vereinigung mit der anderen Person
- Bedürfnis nach Wertschätzung, Fürsorge, Dominanz/Unterwerfung
- Asexuelles Begehren, sich im Glanz des anderen spüren, sich bestätigen
- Sehnsucht nach Selbstüberschreitung

3. Verbindlichkeit:

- Entscheidung, eine Beziehung zu leben
- Entscheidung für eine längerfristige Verbindlichkeit, diese Beziehung aufrechtzuerhalten, in diese zu investieren, Verantwortung zu übernehmen und diese im Beziehungsalltag zu leben

Das 3-Komponenten-Modell der Liebe/Paarbeziehung bietet Paaren eine vergleichende Gesamtschau auf ihre Beziehung. Jeder Leser oder das Paar gemeinsam, kann sich durch Einschätzung mit Hilfe des nachstehenden Tests, selbst die Antwort geben. Eine prozentuelle Aufteilung, wobei alle drei Komponenten zusammen hundert Prozent bilden, ist die Methode dazu.

Es ist sinnvoll, wenn das Paar den Test gemeinsam macht, wobei dieser verdeckt ausgefüllt werden soll, damit der eine sich nicht nach dem Ergebnis des anderen richtet. Anschließend findet dann das gemeinsame Outing statt.

Gesamte Komponenten 100%			
Aufteilung in %	Intimität	Leidenschaft/ Begehren	Verbindlichkeit
Wie ich es erlebe			
Wie ich es mir wünsche			

Abb. 6: Tabelle „Selbsteinschätzung der Verteilung der ‚3 Komponenten der Liebe' in der eigenen Beziehung", G. Kühbauer

2.16. Spielarten der Liebe

In der nachfolgenden Tabelle wird in einer Übersicht die „Liebe" in verschiedenen Vollzügen dargestellt. Dabei kann man sich fragen, ob solche Festlegungen, die durch nichts objektivierbar sind, überhaupt Sinn ergeben. Trotz aller Subjektivität über das Phänomen „Liebe" sind Differenzierungen hilfreich. Der Leser kann dabei seinen Standort selbst überprüfen. Es ist ja nie zu spät, die Liebesform zu finden, in der es sich am besten lebt. Astrid Riehl Emde bemerkt dazu: „Man kann auch annehmen, dass die Liebesstile nicht nur von der jeweiligen Paarbeziehung abhängig sind, sondern im Verlauf einer Paarbeziehung wechseln, zum Beispiel von romantischer Liebe zu Beginn der Beziehung hin zu pragmatischer und freundschaftlicher Liebe in deren Verlauf.“ [43]

Komponenten			
Spielarten der Liebe	Intimität	Leidenschaft/ Begehren	Verbindlichkeit
Keine Liebe	-	-	-
Zuneigung	+	-	-
Liebe auf den ersten Blick	-	+	-
Leere Liebe	-	-	+
Romantische Liebe	+	+	-
Kameradschaftliche Liebe	+	-	+
Launenhafte Liebe	-	+	+
Erfüllte Liebe	+	+	+

Abb. 7: Tabelle „Spielarten der Liebe“ nach Sternberg [44]

Beschreibung der Spielarten der Liebe nach Sternberg:

Liebe auf den ersten Blick

Vernarrtheit, die ausschließlich auf Leidenschaft basiert. Hohe emotionale und körperliche Erregung. Diese Liebe vergeht ebenso rasch, wie sie entstanden ist.

Die leere Liebe

Diese Liebe entsteht aufgrund einer Entscheidung füreinander und aufgrund der Verbindlichkeit, zu dieser Entscheidung zu stehen, obwohl Intimität und Leidenschaft fehlen. Sie wirkt ohne echte emotionale Beziehung substanzlos. Ihr Wesen liegt in der Erfüllung von gesellschaftlichen Erwartungen. Diese Art der Liebe charakterisiert oftmals das Stadium vor einer Trennung langjähriger Beziehungen, wenn sich die Partner emotional längst voneinander verabschiedet haben, aber noch durch Verpflichtungen zusammengehalten werden. In Gesellschaften, in denen Ehen durch die Eltern arrangiert werden, kann die leere Liebe hingegen das Anfangsstadium der Beziehung charakterisieren.

Die romantische Liebe

Die Partner sind nicht nur körperlich, sondern auch emotional miteinander verbunden. Das Vorhandensein von Intimität und emotionaler Liebe unterscheidet in diesem Modell zwischen der Liebe auf den ersten Blick und der romantischen Liebe. Die romantische Liebe ist die Form der Liebe, die besonders ersehnt und hoch bewertet wird. Ihr fehlt meist die Verbindlichkeit, etwa bei einer Außenbeziehung.

Die kameradschaftliche Liebe

Liebe als Resultat einer oft engen Freundschaft, ohne dass sehr intensive Liebesgefühle und Begehren vorherrschen. Eine Beziehungsform, aus der mit hohen unbewussten Anteilen eine verbindliche Paarbeziehung entstanden ist. Gemeinsame Aktivitäten stehen im Vordergrund. Sie leidet unter fehlenden Paarzielen, bis zu einer (fast) nicht vorhandenen gemeinsamen Sexualität.

Die launenhafte Liebe

Kombination aus Leidenschaft und Verbindlichkeit, allerdings in Abwesenheit der Komponente Intimität. Diese Art der Liebe wird mit so genannten Hollywood-Ehen assoziiert, mit Konstellationen, in denen sich ein Paar an einem bestimmten Tag kennenlernt, zwei Wochen später verlobt und im nächsten Monat heiratet. Diese Liebe ist insofern von einer Laune abhängig, weil die Entscheidung füreinander auf der Basis der Leidenschaft getroffen wird, ohne dass sich stabilisierende Elemente der emotionalen Verbundenheit entwickeln können. Diese würde einen viel längeren zeitlichen Prozess für ihre Entstehung benötigen, als die, sich plötzlich entzündende Leidenschaft.

Die erfüllte Liebe

Sie ist erkennbar an der Aktivierung und Potenzierung menschlicher Eigenkräfte. Sie ist „ Eins-Sein“ unter der Bedingung, die eigene Integrität und Unabhängigkeit zu wahren (Fromm). In ihr darf „beides“ sein: Individualität und gemeinsame Schnittmenge. Erfüllte Liebe setzt die Klarheit der Grenzen voraus. Grenzen erschaffen Unterschiede. Bert Hellinger führt dazu aus: „Zwar kann man diese Grenzen überschreiten, vor allem bei der Liebe zwischen Mann und Frau, aber nur für kurze Zeit. Danach kehren beide wieder an ihren Platz zurück.“ [45]

Liebe braucht die Vielfalt und das Lebendige. Sie liebt das Fließgleichgewicht. Wer die Liebe wie einen Steinbruch ansieht, aus dem man nur bestimmte Blöcke herausholt und beliebig zusammensetzt, der wird in ihr auch nur Steine finden.

2.17. Der Jolly Joker „Intimität"

Michele Scheinkman, Psychotherapeutin aus New York, schreibt in ihrem Artikel „Über das Trauma der Untreue hinaus" sinngemäß dazu: Intimität kann als „das Privateste und Persönlichste" oder das „sehr Enge und Vertraute" definiert werden. Je nachdem, welcher Mensch gefragt wird, hat „Intimität" unterschiedliche Bedeutungsebenen. Unterschiedliche Kulturen und Subkulturen und sogar unterschiedliche Paare können ganz eigene Vorstellungen davon haben, was „das Persönlichste und Privateste" ist.[46] Intimität ist eine subjektive Beziehungserfahrung, die auf verbale und nonverbale Weise zustande kommt und viele verschiedene emotionale Schauplätze haben kann. Während sich ein Paar vielleicht über gemeinsame intellektuelle Aufgaben verbunden fühlt, speist sich die Intimität eines anderen aus der Sexualität, aus den gemeinsamen Erfahrungen der Kindererziehung, aus der Erschaffung einer gemeinsamen Firma oder aus dem Austausch des eigenen seelischen Erlebens.

Der Intimität sind keine Grenzen gesetzt, da man den anderen nie ganz kennenlernen kann. Dieser wird im Strom seiner Entwicklung ständig ein anderer, durch alle Lebensphasen hindurch. Es gibt bei ihm immer wieder etwas Neues zu entdecken oder auszuhalten und er kann sich immer wieder von einer neuen Seite zeigen. Der Rohstoff des ständig sich erneuerten Seinszustands geht nie aus. Jeden Morgen, beim Öffnen der Augen, ist das ganze Menü serviert.

Der Schauplatz der Intimität ändert sich auch mit der jeweiligen Lebensphase des Paares. Intimität - das Intime - zwischen

Menschen ist Nachsicht, Duldung, Zuflucht und Raum für die Eigenheiten beider Partner. Der andere bietet mir dafür Schutz in tiefer Vertrautheit.

Der psychoanalytisch-systemische Therapeut und Autor Tom Levold aus Köln hat ein Konzept über „Intimität" entwickelt, das den so undifferenzierten Begriff „Intimität" klarer macht. Er behauptet, dass alles, was das Paar festigt, mit Intimität zu tun hat. Intimität ist für ihn ein Zustand tiefster Vertrautheit. Intimität herrscht in der Intimsphäre, einem persönlichen Bereich, der durch die Anwesenheit ausschließlich ganz bestimmter oder keiner weiteren Personen definiert ist und Außenstehende nicht betrifft. Intimität dient dem Ausdruck der Sympathie und der Empathie zwischen zwei Menschen. In ihr findet die Vermittlung subjektiver Erfahrungen und Gefühle statt.[47] Dies ist ein Akt des Sich-erkennen-Lassens und des Erkennens, wie die Etymologie des Wortes - Intimität = Intimara = Erkennen - bezeugt.

Keith Sherwood, der amerikanische spirituelle Lehrer und international bekannte Buchautor, geht noch ein Stück weiter. Laut ihm ist Intimität ein essentieller Bestandteil der Existenz des Menschen und seiner Beziehungen. In diesen Zustand der Intimität wird das Kind hineingeboren. Und mit fortschreitendem Alter ist es die Sehnsucht nach Intimität, die einen dazu veranlasst, die Beschränkungen zu transzendieren, die vom Schicksal geschaffen wurden. Intimität ist für Sherwood eine Form der Einheit, in der Trennung zumindest zeitweise ausgelöscht ist.[48] Intimität hat für ihn zwar durchaus eine Beziehung zu menschlicher Liebe, aber sie ist weit mehr als das. Es ist das, was sich die getrennten „Kugelmenschen" am Anfang des Buches so leidenschaftlich ersehnten.

Die verschiedenen Gesichter der Intimität

Intimität hat noch andere Formen: Intimität ist die direkte Erfahrung dessen, was wahrgenommen wird und im Augenblick in einem selbst authentisch ist. Intimität kann aus einer gegenseitigen Liebe hervorgehen aber auch aus Situationen, in denen sich Menschen durch besondere Ereignisse sehr nahe waren. Diese können angenehmer Natur sein, wenn eine Gruppe von Menschen etwas Schönes teilt. Es können aber auch Situationen der Angst und der Bedrohung sein, wie z.B. Kriegserfahrungen oder Naturkatastrophen, die zu einer geteilten Intimität im Schrecklichen führen. Diese intensiven Erlebnisse, positive wie negative, führen zur Erfahrung von Substanziellem.

Ohne die Möglichkeit der Intimität wäre das Leben, in der immer größer werdenden Welt des Scheins, wahrscheinlich für viele Menschen unerträglich.

Es kann angenommen werden, dass die Sehnsucht nach Intimität die Liebe, die Kreativität und das Streben nach Wissen aufrechterhält. Und es ist fast immer das Verlangen nach Intimität, das einen Menschen dazu veranlasst, eine Beziehung mit einem anderen Partner einzugehen oder ihn, wenn er Intimität vermisst, zu verlassen. Wenn manche Menschen über längere Zeit nicht intim sein können, entsteht in ihnen eine Sehnsucht und sie hungern nach etwas, das sie verloren haben. Angesichts der vielfältigen Möglichkeiten, intim zu sein, ist es für Paare wichtig, verschiedene Bereiche der Intimität einzurichten, um diese gemeinsam aufsuchen zu können. Wenn dies gelingt, wird die Intimität zum Jolly Joker der Paarbeziehung. Tom Levold stellt die Dimensionen der Intimität für Paare sehr konkret dar. Er unterteilt sie in mehrere Bereiche, in denen Paare sie im Alltag (er) leben können.

Bereiche der Intimität

Emotionale Intimität

Hier spricht Levold sinngemäß vom Gefühl des Einander-Naheseins: dem Anteilnehmenlassen des anderen an den persönlichen Lebensthemen. Die Gefühle des einen, der mit seinen Lebensthemen emotional verbunden ist, werden dann für den anderen miterlebbar. Durch diese kurzzeitige, wechselseitige Anteilnahme an den Emotionen und Gefühlen des anderen können positive gemeinsame Affekte und Gefühle verstärkt werden. Teilen und Austausch in tiefer Bezogenheit wird erlebbar. Dazu eine Klientengeschichte.

> *Frau S.: „Wir wissen sehr viel voneinander, aber ich glaube, trotzdem nicht alles. Mein Mann ist sehr offen in dieser Weise. Wenn bei uns wieder einmal innere Veränderungen angesagt sind … das ist eigentlich eh immer, erzählen wir uns gegenseitig davon. Es geht da nicht darum, dass wir da unbedingt gleich Hilfe beim anderen suchen, alleine das Erzählenkönnen ist schon hilfreich. Wissen Sie, es zwingt mich, die verworrenen Gedanken irgendwie zu ordnen. Ja, und wenn es besonders traurig oder schwierig ist, tut es einfach gut, die Sorgen teilen zu können.“*

Um sich emotional nahe fühlen zu können, braucht es nicht unbedingt immer einen sprachlichen Austausch dafür. Manchmal genügt die gemeinsame Anwesenheit in einer Wohlfühl-Atmosphäre, oder das Sich-nahe-fühlen in freier Natur (je nach Vorlieben der Partner). Auch gemeinsame Stille schadet nicht. Das Teilen von ähnlich empfundener Kunst, Musik und Filmen, kann ein Erlebnis von Intimität beinhalten.

Sexuelle Intimität

Hier geht es in die Vertiefungen der körperlich-erotisch sexuellen Interaktion, in den schon benannten Schmelztiegel-Bereich der Partner. Dieser emotionale Behälter kann durchglühen, wenn er nicht mit Mut und Selbstbewusstsein ausgestattet ist. Zärtlichkeit, Leidenschaft und Begehren, Verführen und Sichverführenlassen sind die Ausdrucksformen der Intimität und Hingabe an den anderen. Die sexuelle Intimität steht unter der Vorbedingung der grundsätzlichen Anerkennung des anderen, einem grundsätzlichen Ja zur Gewordenheit des Partners, ansonsten kann nur ein Teil von ihm geliebt und begehrt werden.

Paare leiden häufig darunter, dass im Bereich der sexuellen Intimität nur auf ein paar wenigen Tasten des erotischen Klaviers gespielt wird, obwohl eine ganze Klaviatur mit verschiedenen Oktaven und eine Anzahl von Ganz- und Halbtönen körperlich und emotional zur Verfügung stehen. Bei diesem, auf ein paar Quadratzentimeter eingeschränkten, sexuellen Ideenreichtum wird so getan, als ob es nur die Möglichkeiten des Geschlechtsverkehrs oder „gar nichts" gäbe. Durch das Spielen am ganzen Klavier kann die sexuelle Intimität abenteuerlich erweitert und ein höherer Spannungsbogen aufgebaut werden.

Intellektuelle Intimität

Wenn Paare in diesem Bereich der Intimität ihre Ideen und Überzeugungen gut teilen können, wird die Paarintimität verstärkt. Die mit dem Partner geteilte Botschaft an sich selbst heißt: „*Wir sehen die Welt auf gleiche Weise und das unterscheidet uns von anderen.*" Die Gesprächsbasis auf Augenhöhe macht einen interessanten Austausch zu verschiedenen Themen des Lebens möglich. Die Welt wird dabei für das Paar größer und reicher.

Soziale Intimität

Hier ist entscheidend, ob das Paar sich in gemeinsamen Auftritten erleben kann, wo und wie es von anderen wahrgenommen wird und woran es dies merkt, und welche Geschichten über es erzählt werden. Dies ist wichtig für die gefühlte Exklusivität der Beziehung. Das Paar kann dabei sein In-Beziehung-Sein nach außen zeigen. Etwa durch gemeinsames Teilhaben an den sozialen Netzwerken und Freundeskreisen beider sowie durch die Abgrenzung zur Ursprungsfamilie und Verwandten hin, kann soziale Intimität ausgebildet werden.

Ästhetische Intimität

Sie bedeutet, wie die Person, sich selbst und zueinander gewandt, ihre Welt einrichtet: z.B. Wohnung, Kleidung, Reisestil, Körperkult (FKK, Piercing, Tätowierungen usw.), gemeinsamer Geschmack oder Stile, aber auch gemeinsames Kunst-, Musik- und Kulturerleben.

Spirituelle/religiöse Intimität

Hier ist vor allem die Übereinstimmung bezüglich religiöser und spiritueller Überzeugungen gemeint, gemeinsamer Glaube an eine höhere Macht, einen letzten Lebenssinn oder andere existentielle Belange. Dieser Intimitätsbereich ist besonders erfüllend für ältere Paare, die nun die „Früchte der späteren Jahre" ernten können.

Dem Lebensalter nach jüngere Paare haben hier Nachteile, da ihr Leben noch nicht von den Erfahrungen eines langen Lebens angereichert ist, und sie das Geschenk der Gesamtschau des Lebens noch nicht erfahren können. Wenn sich jedoch jüngere Paare auf diese Dimension der Intimität miteinander einlassen, kann ihnen daraus der Vorteil einer früheren Reife erwachsen, der ihnen dann mehr Möglichkeiten zum gemeinsamen, spirituellen Teilen gibt.

Freizeitbezogene Intimität

Gerade im stressigen Alltag der Hochleistungsgesellschaft und bei Doppelkarriere-Paaren ist die Ausübung gemeinsamer Hobbys und Freizeitinteressen eine Möglichkeit für Paare, abseits der Pflichtfiguren im Alltag, gemeinsam Vergnügen zu erleben. Im geteilten Vergnügen mit anderen beim Sport, beim Ausgehen oder Reisen usw. kann das Paar die Grenzen der Zweierbeziehung lockern und in der Gruppe als Paar vorübergehend aufgehen. Nicht selten ist ein gemeinsames Hobby die Basis einer Partnerwahl und somit ein identitätsstiftendes Element, das großen Einfluss auf die Zeitgestaltung des Paares hat.

> *Herr S.: „Wir haben uns beim Marathonlaufen kennen gelernt. Es hat gleich gefunkt, als wir so nebeneinander hergetrabt sind. Laufen ist unsere große Leidenschaft. Wir versuchen seit Jahren bei allen großen, internationalen Marathons dabei zu sein. So lernen wir die ganze Welt kennen und haben schon viele internationale Freunde gefunden, mit denen wir auch privat, neben dem Laufen, in Kontakt sind.“*

Angesichts der zahlreichen möglichen Ausführungen von Intimität in einer Paarbeziehung, kann diese die ewige Bühne im Paarleben sein, auf der das Paar tanzt. Ob in Genusszeiten oder in Krisenzeiten, ob im jungen oder späteren Lebensalter, es ist nie zu spät, miteinander intim zu werden, und dies jenseits von Leistungsvermögen, persönlicher Performance und sexueller Potenz. Intimität kann sich jeder Lebensphase anpassen und ist unabhängig von Gesundheit oder Krankheit des Partners. Gerade Krankheit und Leiden bieten ein großes Tor in das Land der Intimität.

Intimität - Psychoterror?

Kommen Paare in Beratung, ist oft für einen von beiden die fehlende Intimität das Hauptproblem. Nicht selten erlebt ein Partner den Wunsch des anderen nach mehr Intimität als andauernden Psychoterror oder Seelenspionage. Die menschliche Anlage zeigt verschieden ausgeprägte Bedürfnisse nach und Fähigkeit zu Intimität. Menschen mit Anlageschwerpunkt im Verstandesmäßigen und Mentalen erleben Intimität bevorzugt durch Kommunikation, durchaus auch über rein alltägliche Belange.

- Andere wieder empfinden und verstehen sich am besten in ihrer Körperlichkeit. Diese Menschen erleben Intimität eher durch sportliche Aktivitäten, Wellness, Sex und Sinnlichkeit.
- Es gibt auch Menschen, die Intimität durch gemeinsames, gesellschaftliches Engagement erfahren. Dazu braucht es nicht unbedingt körperliche und seelische Nähe.
- Menschen, die von ihrer Anlage her wenig Abgrenzung zum „Du“ besitzen, leiden und fühlen schnell mit anderen mit. Entweder haben sie ein großes Bedürfnis nach Einheit mit der anderen Person oder sie vermeiden Nähe aus Angst, „aufgesogen“ zu werden.
- Schließlich gibt es jene, für die seelische Nähe in einer Partnerschaft nicht von so großer Bedeutung ist, weil ihre Interessen sich auf viele Menschen erstrecken. Sie erleben Intimität in größeren Gruppen. Diese Menschen verfolgen

oft eine Idee, eine Vision, die sie mit anderen teilen wollen. In diesen (Gruppen-)Situationen empfinden sie Intimität und Nähe.

- Menschen mit seelischem Schwerpunkt brauchen die, vorher ausführlich beschriebene, Intimität. Durch diese Art der Intimität kommen sie sich selbst nahe, sie erleben sich selbst. Das Fehlen dieser Form von Nahe-Sein erfahren viele Menschen als besonders schmerzlichen Mangel; dieser Mangel ist dann häufig zentrales Thema in ihren Auseinandersetzungen.

Intimität - „Darf's ein bisschen weniger sein?"

Intimität ist ihrem Wesen nach eine Fähigkeit/Funktion der menschlichen Psyche; sie entspringt möglicherweise der, dem Menschen innewohnenden, Sehnsucht nach überpersönlicher Einheit, nach Aufgehobensein in etwas Größerem. Zusammenfassend kann gesagt werden, dass nicht jeder Mensch einen ungehinderten Zugang zu dieser (seelisch erlebbaren) Intimität hat. Mögliche Ursachen können z.B. sein, dass diese Form seelischer Nähe in ihrer Herkunft nicht praktiziert oder erfahren werden konnte oder seelische Verletzungen bzw. erlebte Traumata die seelische Öffnung anderen gegenüber verhindern.

Aber auch wenn diese Einschränkungen nicht in der Biographie eines Menschen zu finden sind, ist zu beobachten, dass die Fähigkeit, seelische Intimität zu geben und zu empfangen, nicht zur seelischen Ausstattung eines jeden Menschen gehört. Jener selbst wird darunter kaum leiden, kann aber sehr wohl durch die Bedürfnisse seines Partners überfordert sein.

In diesem Fall steht dem Partner die Möglichkeit offen, den

anderen in seiner Art zu akzeptieren, ihn anzunehmen mit seinem Charakter. Zustimmung macht am meisten Veränderung. Öfter als gedacht, sind dann für den anderen durchaus kleine Schritte zu einer größeren Öffnung möglich. Jedoch, bei anhaltender tiefgehender Frustration des eigenen Intimitätsbedürfnisses - was einer Nicht-Beantwortung des eigenen Wesens entspricht - bleibt letztendlich nur die Entscheidungsfrage: Kann ich, will ich mit diesem Verzicht auf Dauer leben oder verhindere ich damit mein inneres Werden? Darauf gibt es meist keine rasche und einfache Antwort, doch sie kann gefunden werden, wenn die Person sich die Zeit gibt und sich ihrem inneren Wesenskern zuwendet.

2.18. Begehren – „Darf's ein bisschen mehr sein?"

„Frauen und Männer wollen nur das eine!" Das Wunschziel hinter dem begehrlichen Tun zwischen Mann und Frau ist für Spaßvögel und Zyniker schon lange klar. Einige meinen: Männer wollen vor allem gute Gespräche mit Frauen führen. Andere meinen, Männer reden mit Frauen, um mit ihnen schlafen zu können und Frauen schlafen mit Männern, um mit ihnen reden zu können. Unabhängig von diesen pointierten, tiefgründigen Sichtweisen kann man auch anderes spekulieren. Vielleicht geht es hinter der Lust bzw. der Absicht zur Lust ebenfalls immer um das Gleiche: um Nähe, Begegnung und Zugehörigkeitsgefühl.

Leidenschaft und Begehren sind der Ursprung erlebter Vitalität, sexueller Wollust, Möglichkeit zur Scham, von traumatischen Erlebnissen, Dominanz und Unterwerfung, sintflutartiger Liebesbestätigungen, spiritueller Anknüpfung, verhandelbarer Tauschmasse und gestiegener Weltbevölkerung. Wenn die Hormone hochkochen, steht die Nichtbeantwortung des sexuellen Begehrens eines Partners oft unausgesprochen im Hintergrund von Auseinandersetzungen im Beziehungsalltag.

Wenn das Begehren fehlt (oder zumindest so getan wird), wird das oft auch als schlechtes Omen für die gesamte Beziehung bzw. als Abwesenheit von Liebe gesehen. Fehlende oder zu geringe Sexualität in der Beziehung hat eine logische Verknotung mit einer negativen Einschätzung der Gesamtbeziehung.

Astrid Riehl Emde führt dazu aus: „*Die enge Verbindung von leidenschaftlicher Sexualität und Liebe lässt mindestens zweierlei außer Acht. Zum einen lässt sich Sexualität nicht nur als eine Funktion der Beziehung verstehen, zum anderen folgt die Leidenschaft eigenen Gesetzmäßigkeiten, und häufig bleibt die Realität hinter dem Ideal des Fortbestehens der sexuellen Leidenschaft zurück. (…) Sexualität ist also nicht gleichbedeutend mit partnerschaftlicher Sexualität. Selbst wenn Liebe und Sexualität im subjektiven Erleben oft miteinander verquickt sind, lässt die enge Verbindung außer Acht, dass Liebe und Sexualität nicht zwangsläufig miteinander verbunden sind, weshalb es auch Liebesbeziehungen gibt, in denen die Sexualität keine oder nur eine untergeordnete Rolle spielt. Es gibt sexuelles Verlangen ohne den Wunsch nach Liebe, und umgekehrt auch Liebe ohne sexuelles Verlangen.*“ [49]

Die sexuelle Lebendigkeit als Teil einer größeren Lebendigkeit hat häufig unterschiedliche Ausprägungen bei den Partnern. Sie richtet sich nach der individuellen Befindlichkeit in der aktuellen Lebens- und Paarphase, nach der Art der Persönlichkeit und den körperlichen Bedürfnissen. Doch was ist mit dem heißblütigen Begriff des „Begehrens“ eigentlich gemeint? Im überwiegenden Ausmaß ist immer das sexuelle Begehren damit angesprochen. Der Sexualtherapeut Ulrich Clement bemerkt dazu: „*Das Begehren ist nicht auf die sexuelle Interaktion begrenzt, sondern geht darüber hinaus. Meinen Partner zu begehren kann heißen, dass ich scharf darauf bin, Sex mit ihm zu haben, aber auch, dass ich fasziniert davon bin, wie er/sie sich in einer Auseinandersetzung mit anderen verhält, sich in der Öffentlichkeit bewegt, seine Pläne verfolgt usw.*“ [50]

Paare bestehen aus zwei Einzelwesen, wo jeder für sich, eine individuelle, nicht vergleichbare sexuelle Vielfalt hat. Diese ist von ihren Anlagen und Prägungen her sehr verschieden. Die Unterschiede speisen sich aus dem Unterschied zwischen Mann und Frau, den ungleichen Sexualbiografien, der sexuellen Bedürfnisse und dem, was die Person darüber denkt.

Aus diesem sexuellen Reichtum ergibt sich die Chance, neue Seiten des Partners kennenzulernen. Das kann sehr lustvoll sein, aber auch Angst auslösen. Dabei sollte das dem Partner Zugemutete mindestens so groß sein, dass der Reiz des Neuen auflebt und andererseits maximal so groß sein, dass die gefühlte Integrität (Unversehrtheit/Selbstwert der Person) nicht gefährdet ist.

Die Kommunikation über die sexuelle Vielfalt der Partner und ihre Begehrlichkeiten, kann das „Salz in der Suppe" der wieder oder neu entdeckten gemeinsamen Leidenschaft sein. Grundsätzlich kann angenommen werden, dass zwei Partner sexuell nicht nicht kommunizieren können. Allerdings können sie bestimmte Elemente aus der Kommunikation ausschließen.

Clement führt dazu aus: „ *(...) Intime Partnerschaft erzeugt eine Systemgrenze, die definiert, was in die sexuelle Kommunikation eingeschlossen und was ausgeschlossen (also heimlich, verschwiegen, fremd, nicht gewusst) ist. Diese Tatsache kann folgenlos bleiben, kann aber äußerst heikle Konsequenzen haben. Denn das Ausgeschlossene kann als reizvoll empfunden werden und Neugier erzeugen, es kann aber auch von einem oder beiden Partnern als sehr bedrohlich und ängstigend erlebt werden. Sexuelle Phantasien, sofern sie überhaupt mitgeteilt werden, kann der Partner als belebende Inspiration oder aber als schwer nachvollziehbare und fremde Eigenwelt sehen.*" [51]

Der dunkle, unbekannte Raum

Neue Aspekte aus der sexuellen Vielfalt des anderen Partners kennenzulernen, kann zu mehr Begehren in der Beziehung führen. Allerdings sollten beide Partner dazu bereit sein, sich einer gewissen Spannung und Nähe hinzugeben und sich nicht mehr mit dem kleinsten gemeinsamen erotischen Nenner zufriedengeben. Neugierde am anderen und die Bereitschaft, sich selbst von einer neuen Seite zu zeigen, können eine frische erotische Paarkultur ergeben. Dabei sind häufig Ängste zu überwinden. Diese können, eventuell mit externer Hilfe, durch Entschlossenheit gesichtet, verabschiedet, abtrainiert und hinter sich gelassen werden. Es ist nie zu spät, es sich als sexuelles Wesen gut gehen zu lassen.

Doch Vorsicht. Bei dieser neuen Ausrichtung im erotischen Bezirk der Beziehung empfiehlt es sich, sich nicht innerlich zu verbiegen. Eine zu große Orientierung nur an den Bedürfnissen des anderen macht nicht sexy, auch wenn die versexualisierte Moderne anderes suggeriert. Sexuelles Aufrüsten durch Einkaufs-Shopping in der Sexworld des Gewerbeparks garantiert noch kein befriedigendes Liebesleben. Nichts muss sein, auch Begehren und Leidenschaft muss nicht (mehr) sein, wenn sie nicht der aktuellen Bedürfnislage der Person entspricht oder diese zu stark gefährden würde. Die einschlägigen Bedürfnisse dürfen auch (episodisch) trockengelegt sein. Alternativ zur Anklage des Partners oder einem schlechten Gewissen, kann man innehalten und über den tieferen Sinn für die sexuelle Entsagung nachdenken.

Vielleicht fällt es der abstinenten Person durch den Gewinn des Bewahrens ihrer Authentizität leichter, mit den Auswirkungen ihrer sexuellen Abstinenz in der Beziehung zurecht zu kommen. Letztlich sind - wie bereits bemerkt - sexuelles Begehren und Leidenschaft nicht verhandelbar. Und wir brauchen Sexualität nicht nur für die Lust oder die Fortpflanzung, sondern auch dazu, um Angenommen-Sein durch den anderen zu erfahren.

Wird Sexualität im Tauschhandel erworben (im Austausch von Sozialem und Materiellem) - zu Hause oder bei sexuellen Dienstleistern - macht dies meist wegen der fehlenden Intimität auch nicht glücklich, wie Klienten berichten zu wissen. Zärtlichkeit und Liebe gibt es nicht für Geld.

2.19. Verrat – Affäre & Außenbeziehung

> *Frau M. „Ich habe diese Trutschn (die Geliebte des Mannes) von einem Detektiv beobachten lassen. Ich wollte ein Feindbild haben."*

Den Anspruch auf sexuelle Freiheit gibt es erst seit circa hundert Jahren. Wikipedia gibt darüber folgende Auskunft: *„Liebesbeziehungen gab es zu jeder Zeit in der Geschichte, allerdings oft außerhalb der Institution Ehe. Zumindest den Männern wurde in fast allen Kulturen das Recht zugestanden, voreheliche oder außereheliche Verhältnisse zu haben. Im 20. Jahrhundert sind die Rollenmuster des 19. Jahrhunderts verstärkt aufgebrochen worden. Insbesondere seit den 1970er Jahren (siehe auch 68er-Bewegung, Antibabypille) werden Ehe, Familie und Liebesbeziehungen in vielfältigen, neuen Arten gelebt. Mehrmals wurden die Gesetze der geänderten gesellschaftlichen Situation angepasst, etwa im Bereich der Gleichbehandlung der Geschlechter (durch das Gleichbehandlungsgesetz), des vorehelichen und außerehelichen Geschlechtsverkehrs, der Ehescheidung, der Homosexualität und des Namensrechts."* [52]

Ulrich Clement hat das heiße Thema Fremdgehen, Außenbeziehungen, Affären, in seinem Buch „Wenn die Liebe fremdgeht - Vom richtigen Umgang mit Affären" sehr differenziert beleuchtet. Er führt darin sinngemäß aus: Anders als mit Verrat kann eine Affäre nicht beginnen. Verrat ist mehr als Enttäuschung. Enttäuschung reklamiert keine Rechte, der Verrat schon. Paarbeziehung basiert auf einem Beziehungsvertrag (auch bei nicht verheirateten Paaren). Dieser ist der Beliebigkeit des momentanen Empfindens entgegengesetzt. Er ist für schlechte Zeiten vorgesehen. Er meint weiter, gute Zeiten brauchen keinen Vertrag. Der Vertrag fordert und bietet Loyalität, das Einstehen füreinander im Ernstfall, dies aber nur für die Dauer, solange die Liebe vorhanden ist. Dies ist sein heikelster Punkt. Wenn der Vertrag geschlossen wird, gehen beide Liebenden von unbeschränkter Gültigkeit aus. Liebe will Ewigkeit, postuliert Clement.

In einem Bündnis sichert Loyalität den Schwächeren ab. Diese Loyalität hat weniger Kraft, weil sie auf die relevanten Gefühle keinen Einfluss nehmen kann. Sie ist legitim, auf der emotionalen Ebene aber wirkungslos. „*Wer liebt, hat recht.*" Clement meint weiter: „*Während die sexuelle Kränkung wieder heilen kann, wenn man die Wunden nicht wieder neu aufreißt, hinterlässt der Verrat einen Riss in der Beziehung, auch wenn die Außenbeziehung beendet ist. Die Illoyalität lauert ab jetzt als bedrohlich-reale Gefahr. Der Verräter verdient – aus Sicht des Verratenen – kein Vertrauen mehr.*" [53]

Die vier Formen der Untreue

Laut Clement lassen sich vier Formen partnerschaftlicher Untreue unterscheiden:

- gelegenheitsbezogene Untreue
- gewohnheitsmäßige Untreue
- romantische Affären und

- Untreue im Kontext eines partnerschaftlichen Arrangements

Er meint weiter zum Thema „soziale Verletzung bei Affäre oder Außenbeziehung": Jede Affäre, die auch anderen (z.B. dem Freundeskreis) bekannt wird, beinhaltet eine soziale Verletzung, die als Demütigung erlebt wird. Die bloßgestellte Person fühlt sich blamiert vor den anderen. Der Betrogene fühlt sich bloßgestellt, sieht die bewertenden Blicke der Zeugen seiner gefährdeten Ehre. Ein besonderer Härtefall von Kränkung ist die Untreue im sozialen Umfeld, wenn Primärpartner und Affärenpartner aus demselben Freundeskreis kommen oder selbst direkt befreundet sind.[54] Dazu ein Klientenbeispiel aus der Praxis:

> *Frau P.: „Sie waren mit uns befreundet. Stellen Sie sich vor, wir waren sogar auf Urlaub miteinander und die Kinder sind dicke Freunde. Es ist ein Wahnsinn, sie hat mir ins Gesicht hinein schön getan und mit meinem Mann eine Beziehung gehabt … ihr Mann wusste auch nichts, aber dem ist es eigentlich egal, die Ehe ist schon lange am Anschlag, wahrscheinlich hat er auch eine …, ich könnte ihr die Augen auskratzen!"*

Wovon kommt die Tiefe der Verletzung beim betrogenen Partner, was nimmt ihm den Atem und löst existentielle Ängste aus? Es scheint als würde die Welt für ihn zusammenstürzen, als gäbe es keinen Fixpunkt mehr, als wäre alles in Frage gestellt. Clement beschreibt diesen inneren Prozess der verletzten Person wie folgt:

„Die tiefste Gefühlsebene, die das Fremdgehen berühren kann, ist die Einsamkeit. Mit ihr kann der Betrogene auf eine sehr existentielle Weise in Kontakt kommen. Der Mensch ist zur Freiheit verurteilt, niemand und auch keine höhere Instanz, auch kein Partner nehmen ihm die Entscheidung und deren Konsequenzen ab. (…) Liebesbeziehungen sind

ein großes Ablenkungsmanöver von der Einsamkeit, der jeder Mensch ausgesetzt ist. Mit Einsamkeit ist das existentielle Verwiesensein auf sich selbst, aus dem einen keine sinnstiftende Instanz erlöst, gemeint. Aus diesem Grund erleben Menschen sich im Falle von Außenbeziehungen und drohenden Trennungen so existentiell alarmiert. (...) Das Leiden an der Partnerschaft - und dazu gehört auch das Leiden am Betrug des Partners - ist eine verdecktes Leiden an der Unerfüllbarkeit der Liebessehnsucht." [55]

Lügen - schlimmer als Untreue?

Sehr häufig wird das Lügen schlimmer erlebt als die sexuelle Untreue. Dabei ist Heimlichkeit das Signal für: „Ich bleibe!" Die belogene Person sieht die Loyalität in Frage gestellt. Diese baut aber auf Vertrauen, also auf die gefühlte Gewissheit, dass der andere die Beziehung nicht verlässt, nichts gegen den Partner unternimmt und zu diesem hält. Dazu ein besonders prägnantes Beispiel:

Frau R. 35 J. verh., 2 Kinder, mit ihrem Mann in der Paarsitzung:

> *„Hm, wenn er sich das wo anders, in einem ‚Studio' holen würde, da bekommt er sein SM (Sadomasochismus, Anm. des Autors) sicher, er soll halt dafür zahlen, mit dem könnte ich leben ... hmm ... aber mit dieser Tussi seit zehn Jahren ... da geht es doch nicht nur um SM, da muss doch noch mehr sein. Und wenn ich nicht drauf gekommen wäre, er hätte mir das nicht gesagt, dass das schon so lange geht, er hat mich nur angelogen, jahrelang..."*

Der „Spielraum", den hier Frau R. ihrem Mann zugestehen würde, geht sehr weit. Nicht die Sexualität mit einer anderen Frau, auch nicht die besondere Form des SM, sondern die möglichen Gefühle ihres Mannes zu einer Frau, mit der er seit zehn Jahren höchst intime Sexualität praktiziert, ist hier das emotionale Nadelöhr. Fr. R. hat Ängste, ihren Mann ganz zu verlieren, dass er sie verlassen würde, wenn er wegen ihr seiner SM-Neigung abschwören müsste? Oder geht es ihr weniger um die SM-Neigung, sondern um die intime Beziehung zur anderen Frau? Herr R. beteuert immer wieder, dass er seine Frau auf keinen Fall verlassen möchte, weil er sie noch immer sehr liebt und sich ihr durch all das, was sie im Leben gemeinsam erreicht haben, stark verbunden fühlt.

Der Haken liegt im Modell

Warum setzen Menschen, unabhängig welcher Gesellschaftsschicht sie entstammen oder welchem Glaubensbekenntnis sie angehören, Handlungen des Fremdgehens? Clement lässt bei dieser Frage nichts an Deutlichkeit vermissen:

„Keiner muss etwas falsch gemacht haben. Der Haken liegt nicht unbedingt nur bei den Personen, er liegt im Modell. Die meisten Paare wünschen sich eine romantische und zuverlässige Partnerschaft. Aber sie entkommen nicht der Paradoxie, dass mit dem Vertrauen die Sehnsucht schwindet. Was man hat, begehrt man nicht mehr. Und so bleibt die Frage offen: Wie finden wir einen Weg aus dem Dilemma, Bindung und Begehren mit derselben Person zu erfahren. Für viele ist sie nicht zu beantworten. Und so sucht sich der Wunsch nach Lebendigkeit oft eine heimliche Liebe, eine Affäre mit einem anderen Partner.“ [56]

Paare, die mit dieser Paradoxie konfrontiert sind, haben mehrere Möglichkeiten damit umzugehen. Die erste wäre zu versuchen, die widersprüchlichen Wünsche zu bejahen (dies ist noch kein Freibrief für Fremdgehen). Die große Herausforderung besteht laut Clement in der Beantwortung der Frage: „Kann ich mit dem Widerspruch leben, dass ich in derselben Beziehung sowohl

Sicherheit und Geborgenheit als auch Aufregung und Abenteuer suche? Und kann ich damit leben, dass mein Lebenspartner denselben Widerspruch erlebt?“ [57]

Monogamie – Die Praxis stört die Theorie

Die zweite Möglichkeit: Es gilt gleiches Recht für alle. „Auch mein Partner darf Bedürfnisse, wie ich sie erlebe, haben.“ Wenn Menschen mit diesem Widerspruch nicht zurechtkommen, steht ihnen als Lösungsmöglichkeit die Monogamie zur Verfügung. Sie versucht, den Widerspruch dadurch zu lösen, dass Prioritäten gesetzt werden und das Uneindeutige eindeutig gemacht wird: Sicherheit geht vor Abenteuer. Eine solche Entscheidung stabilisiert das Leben. Die Konsequenzen des Sicherheitsbedürfnisses werden sozial, kulturell und juristisch belohnt. Und auch emotional: Die Monogamie verspricht, das existentielle Gefühl von Heimat, von Zugehörigkeit, von Krisenfestigkeit zu gewährleisten. Und für viele Paare hält die Monogamie, was sie verspricht.

Was aber, wenn der Preis zu hoch ist? Wenn der Lohn der Sicherheit gleichzeitig als Stagnation erlebt wird? Was, wenn ich den Widerspruch nicht aushalten kann? Die bevorzugte Konsequenz für Menschen, die spüren, dass sie beide Wünsche nicht in einer Beziehung vereinen können, ist es, den Partner dafür verantwortlich zu machen. Clement führt dazu weiter sinngemäß aus: Ein ganz anderer Zugang erschließt sich, wenn die widersprüchlichen Wünsche weder dem Partner noch der partnerschaftlichen Passung angelastet werden, sondern dem Modell, das verspricht, in einem monogamen Rahmen leidenschaftliche Gefühle ein Leben lang zu ermöglichen.

Er meint weiter: Diese Sicht führt zu einer ganz anderen Konsequenz: Ich bejahe den Widerspruch und akzeptiere ihn ebenso, wie ich ein Naturgesetz nicht in Frage stelle. Deswegen brauche ich mich von meinem Partner nicht zu trennen. Die Trennung würde nichts am Widerspruch ändern. Und die beiden Partner haben die Chance, sich darüber zu verständigen, dass nicht der andere das Problem ist, sondern dass sie es beide mit einer Tatsache zu tun haben, mit der sie sich auch gemeinsam auseinandersetzen können. Das ist natürlich leichter gesagt als getan. Eindeutigkeit wirkt immer attraktiver als ein Widerspruch und die Suche nach unkonventionellen Lösungen, die ihm gerecht werden.[58]

Wenigen gelingt es, Seitensprünge und deren Auswirkungen mit Anstand, Würde und Stil zu leben. Statt Geständnis wäre Bekenntnis eine würdige Haltung, sich selbst und auch dem anderen gegenüber. „Welche Sehnsucht, welches Bedürfnis hat mich zum anderen hingezogen?" Ohne Tarnung, ohne Ausrede soll über diese und andere, die Gesamtbeziehung betreffende, Fragen geredet werden. Bagatellisierung, Selbsterniedrigung oder sich als Opfer darzustellen, ist ein unwürdiges Spiel und macht nicht attraktiv.

„Wie kann ich dir jemals wieder vertrauen?"

Nachdem eine Affäre oder Außenbeziehung (die nicht immer automatisch auch sexuell sein muss) bekannt wird, heißt das brisanteste Thema „Vertrauen". Jedoch: Vertrauen ist eine Leistung dessen, der vertraut und entsteht in der Person, die wieder vertrauen will. Sie kann sich nur selbst wieder ins Vertrauen bringen. Es kann aber nicht sein, dass nur der Verletzte dabei einen Job hat und der Verletzer sich gelassen zurücklehnen kann. Die Frage stellt sich: Was kann der, der das Vertrauen verletzt hat, tun? Dabei geht es nicht um schnelle Lösungen, sondern um Schadensbegrenzung. Dieser Partner sollte sich bemühen, ein Verhalten zu zeigen, dass dem verletzten Partner ermöglicht - trotz Bewusstsein, dass es keine hundertprozentige Sicherheit gibt - wieder Vertrauen zu fassen. Diesem Bemühen sind oft Grenzen gesetzt, weil es letztlich die Entscheidung der misstrauenden Person ist, ob sie wieder mehr vertrauen möchte. Es bleibt komplex. Das Vertrauen wird zusätzlich noch durch seinen paradoxen Charakter erschwert:

Denn:

- Wer nichts weiß, muss vertrauen
- Wer vertraut, weiß nichts
- Vertrauen = Nicht-Wissen
- Der Versuch, über Wissen das Vertrauen wieder herzustellen, gelingt nicht/selten/schwer

Das Paar sollte miteinander abklären, was das Vertrauen nährt, was derjenige, der es verletzt hat, tun kann, damit der Partner wieder zu vertrauen bereit ist und was, selbst wenn es nicht wirklich Vertrauen schafft, über das Wissen erreicht werden kann.

Direkter Ausgleich nicht möglich

Beim Fremdgehen ist direkter Ausgleich nicht möglich, da die Person aus einem tiefen, individuellen Bedürfnis heraus für sich etwas tun wollte. Sie hat sich im Augenblick der Entscheidung für sich und somit gegen bestimmte Werte oder den Partner entschieden. Die Schweizer Paar- u. Familientherapeutin Rosemarie Welter-Enderlin prägte den Satz: „Untreue ist die Treue zu sich selbst!“ Ise Gschwend meint dazu: „Außenbeziehungen und Internetsex sind Bypässe, um etwas durchzustehen.“

Untreue dem Partner gegenüber und Untreue sich selbst gegenüber bedingen in den allermeisten Fällen einen Preis. Der Partner, der untreu ist, sollte sich mit der Frage auseinandersetzen, wie seine Untreue sich auf die Beziehung und ihre Wesensart auswirkt. Diese unverwechselbare Wesensart kann der zentrale Bezugspunkt in einer Paarbeziehung sein, wenn sich das Paar dafür entscheidet, ihn als Qualitätskriterium und Sicherungsinstrument in ihrer Paarbeziehung einzusetzen.

Was ist unter Wesensart zu verstehen? Ist man Teil einer Paarbeziehung, gibt es nicht mehr nur zwei Einzelwesen, die bloß gewisse Dinge und Vorlieben miteinander teilen. Es gibt auch etwas „Drittes", das durch das Zusammenspiel beider entstanden ist. Dieses kann in seiner Einmaligkeit nur durch diese beiden Menschen und nicht durch andere entstehen und gelebt werden. Jede Beziehung hat einen „Charakter", eine Eigenart, bietet bestimmte Arten von Erfahrungen von Glück, von Liebe und von Schattenseiten, die nur zwischen diesen zwei Menschen so existieren.

Nach dem Ereignis der Untreue ist für das Paar Schadensbegrenzung möglich. Seelische Wunden haben Selbstheilungspotential, doch Zeit heilt nicht alle Wunden. Sie tut es aber eher, wenn sie sinnvoll genutzt wird und die Beteiligten mit den Wunden gut umgehen. Eine Affäre bedeutet oft, die Tür zu öffnen für eine lang vermiedene Zwischenbilanz der stagnierenden Beziehung. Einer Weiterentwicklung und dem Finden eines gemeinsamen, neuen Begehrens steht anschließend nichts mehr im Wege.

2.20. Immer-alles-wissen-Wollen

Hier gibt Ulrich Clement seinen ihm typischen Zugang zur Orientierung vor und führt dazu sinngemäß aus: Bedeutung und Bewertung von Ehrlichkeit, Transparenz und Untreue unterliegen der kulturspezifischen Auffassung der vorherrschenden Gesellschaft. In unserer westlichen Gesellschaft herrscht die Vorstellung, dass für Paare, und insbesondere für Frauen, Transparenz und Sicherheit unabdingbare Voraussetzungen für eine zufriedenstellende Beziehung sind. Er betont: Die Vorstellung, dass absolute Ehrlichkeit und Wahrhaftigkeit wesentliche Voraussetzungen für Intimität darstellen, führt zum Grundsatz, dass Paare, die ihre Beziehung aufrechterhalten wollen, in jedem Fall über ihre Affären sprechen müssen. Da aber offenbar Vertrauen nicht genügt, wird auf Wissen und Kontrolle gesetzt. „*Wenn ich dem Partner nicht vertraue, kann ich mich auf begrenztes Wissen nicht verlassen, sondern muss alles wissen (...) Es könnte ja immer noch ein unbekanntes Detail geben, das sich mir entzieht. Dieses Alles-voneinander-wissen-wollen kann destruktive Züge annehmen. (...) Dahinter steckt ein ganz archaischer Anspruch: Ich habe ein Recht auf dich, auf deinen Körper. Du gehörst mir. Ich darf deine Geheimnisse brechen. Dieser Anspruch kennt nur mehr ein undifferenziertes Wir, keine Grenzen zwischen Ich und Du, kennt keinen Respekt vor der Individualität und akzeptiert kein Recht auf Privatheit.*“ [59]

Wenn der Wunsch vorherrscht, den anderen völlig transparent machen zu wollen, geht das Gefühl für Grenzverletzungen und Übergriffe in der Beziehung immer mehr verloren. Dann sind der partnerschaftlichen NSA keine Grenzen mehr gesetzt. GPS-Software wird manchmal am Handy des Partners ohne sein Wissen installiert. Damit kann sein aktueller Aufenthaltsort permanent kontrolliert werden. Telefonische Anrufe mit der Frage: „Hallo Schatz, wo bist du denn gerade?“ werden als Tests eingebaut, um die Wahrhaftigkeit des Partners zu überprüfen. Ebenso wird auch manchmal Software für elektronische Bewegungsprofile im Netz am Laptop des Partners geheim installiert und protokolliert, Passwörter für die erotische Plattform, in der sich der Partner die Zeit vertreibt, werden geknackt. Dieser wird dann anonym angeschrieben und zu einem Date eingeladen, bei dem (im Falle der Ehefrau) diese mit ihrer besten Freundin aus sicherer Entfernung überprüft, ob der Mann tatsächlich zum Date kommt. Das Crash-Outing findet dann meist erst zu Hause statt. Oder auch nicht, weil man sich scheidungstaktische Vorteile dadurch verspricht.

Mit den Mitteln der IT herrscht dann - wenn ein Partner diese Grenze überschritten hat - radikale Cyber-Transparenz, von den bestellten Theaterkarten bis hin zur Terminvereinbarung für ein Massageservice bei den „Edel-Ladies". Diese heftigen, gerade angeführten Beispiele aus der Beratungspraxis, sind stark neurotisch geprägt; stellen allerdings nur die Spitze des Eisberges dar.

Warum alles offenlegen?

Der Anspruch des Alles-Offenlegens kann mehrere Motive im Hintergrund haben. Nicht immer ist die totale Transparenz Garant, dass es gut weitergeht. Die radikale Offenlegung ist durchaus differenziert zu betrachten. Die möglichen Auswirkungen und eigenen Motive sollten vor dem Outing selbstkritisch und einfühlsam für den anderen (betrogenen) Partner abgewogen werden.

Als Gegenmodell kann das Modell der „Wahrhaftigkeit" (das nachher noch ausgeführt wird) betrachtet werden. Nur so viel vorweg: Wahrhaftigkeit ist der Versuch des Partners, ganz in die Selbstverantwortung zu gehen und bedeutet auch Wahrhaftigkeit sich selbst gegenüber. Sich selbst etwas vorzumachen, oberflächig oder leichtfertig zu sein, ist sodann nicht mehr möglich. Der Partner ist dabei ganz alleine verantwortlich für die Verwaltung der Wahrhaftigkeit, der andere Partner wird dadurch entlastet, weil er die Verantwortung für die Wahrhaftigkeit des anderen diesem überlassen kann und sie nicht mehr stellvertretend für diesen verwalten muss. Was immer jeder Partner tut oder nicht tut, welchen Stellenwert er der Wahrhaftigkeit gibt und wie er sie handhabt, hat Auswirkungen auf die gemeinsame Beziehung des Paares, auf ihr Paarwesen.

Absolution

Die häufigste Motivation für ein Geständnis bei Affäre oder Außenbeziehung ist das Bedürfnis, das eigene Gewissen zu entlasten. Dem betrogenen Partner gegenüber ist das Schuldgeständnis ein zweischneidiges Entgegenkommen. Die „blinkende Laufschrift" hinter dem Schuldgeständnis ruft für ihn: „Schwamm darüber, es war eh nicht so wichtig, ich bereue es ja!" Dies ist dann das Gallen-Häubchen der Überforderung für den betrogenen Partner. Dieser muss sich nicht nur mit seiner Kränkung auseinandersetzen, er soll auch noch dem „geständigen Sünder" so schnell wie möglich die Last des schlechten Gewissens abnehmen und sein mea culpa würdigen.

Die emotionalen Kosten für den Gekränkten werden dadurch immer höher. Es stellt sich dabei auch die Frage „Was tut dem bereuenden Partner leid?" Seitens des untreuen Partners wird oft so getan, als würde ihm das, was er gelebt hat, leidtun. Dem ist oft nicht so, da das Erlebte Genuss, Lust und schöne Gefühle gebracht hat. Es wird jedoch so getan, als ob dies alles nicht so viel wert war; Bagatellisierung und Abwertung des Erlebten werden eingesetzt, in der Absicht, dass der verletzte Partner dadurch nicht so stark leidet und die eigenen Handlungen als nicht so groß (verletzend) erscheinen, damit man möglichst schnell wieder zur Tagesordnung übergehen kann.

Dies ist zugleich eine Loyalitätsverletzung auf der anderen Seite der Dreiecksgeschichte, dadurch wird der Außenbeziehungspartner abgewertet, ihm dabei oft noch die Verantwortung zugeschanzt, um selbst in der Rolle des Opfers, die Schuld als nicht so groß erscheinen zu lassen und auf Absolution hoffen zu können.

Geständnis oder Bekenntnis?

Was aufrechten Herzens, mit einer Haltung ohne Wenn und Aber, bereut werden kann, ist die Tatsache, den anderen verletzt zu haben, ihm seelische Schmerzen zugefügt zu haben (auch wenn dies nicht die Absicht war). Dies kann durch einfühlsames Zuhören und „Raum geben" gezeigt werden, damit der verletzte Partner seine Verletzungen immer wieder explorieren kann, als auch durch ehrliche Aufklärung über die Motive des eigenen Verhaltens. Dieses Verständnis für die Kränkung des Partners sollte der Verletzer klar und glaubhaft mitteilen. Das Bemühen um den verletzten Partner kann sich auch im Einsehen ausdrücken, der andere hätte unfreiwillig einen Preis für die eigenen Bedürfnisse mitgezahlt. In dieser Haltung wird die Mitteilung zur würdigen Form des Bekenntnisses. Der verletzte Partner wird durch die Zumutung des Bekenntnisses ernst genommen.

Individualität respektieren

Das heißt grundsätzlich, das Recht auf Intimsphäre und auf Privatheit anzuerkennen und davon auszugehen, dass mein Partner nicht ausschließlich nur in meinem Kosmos zu Hause ist. Er wird Teile seines Lebens auch mit anderen Menschen oder nur mit sich selbst teilen. Diese Haltung bedingt, dass man Unsicherheiten als zum Leben gehörig akzeptiert. Dass es keine Garantien - in und außerhalb der Beziehung - für immer und ewig gibt. Ulrich Clement meint dazu: „*... das ist viel verlangt. Es erfordert, dass man Unsicherheiten tolerieren kann, Bescheidenheit, Großzügigkeit und Mut. Nicht gerade wenig. Darunter geht es aber nicht. Billiger ist Freiheit nicht zu haben.*“ [60]

Die hier vorgestellte Denkweise über den Umgang mit Treue, Vertrauen, Außenbeziehung und Affärengeschehen, hat die Individualität als wichtigen Ausgangspunkt. Dieses Paradigma des ersten Ranges der Individualität (lat.: Ungeteiltheit) in Beziehungen, ist eine Kulturleistung der westlichen Welt und geht bis auf die Philosophie der Antike zurück. Sie beschreibt im weitesten Sinne die Tatsache, dass ein Mensch einzeln ist und sich von anderen Menschen unterscheidet. Dabei ist der Individualismus ein Gedanken- und Wertesystem, in dem die Freiheit des Individuums als höchster Wert gilt. Da dieses Buch und seine Leser im westlichen Kulturkreis beheimatet sind, kann es kein Thema sein, den Individualismus gegenüber anderen Denkarten, z.B. dem Kollektivismus des Ostens, in den philosophisch ersten Rang zu setzten. Dies heißt aber nicht, dass die Betonung der Individualität als höchsten Wert schon das Ende der geistigen Entwicklung ist. Von vielen renommierten (meist männlichen) Paartherapeuten der letzten Jahrzehnte wurde der Individualismus auf das Schild der höchsten Erkenntnis gehoben und ist somit auch stark ein Kind seiner Zeit.

2.21. „Drache“ Eifersucht

„Eifersucht ist der Drache, der die Liebe unter dem Vorwand erlegt, sie zu retten“ (Ellis Henry Havelock).[61]

Bei der Eifersucht gibt es geschlechtsspezifische Unterschiede. Frauen weinen, neigen dazu, sich zurückzuziehen, werden depressiv oder gehen in andauerndes Misstrauen und Vorhaltungen über. Männer flüchten aufgrund ihrer Ängste manchmal in psychische und physische Gewalthandlungen. Die alles entscheidende Frage bei eifersüchtigen Menschen ist: „Bin ich gut genug, wertvoll genug, dass der andere bei mir bleibt?“ Eifersucht ist meist ein Symbiose-Thema, wenn Kinder die familiäre Symbiose brauchen (bis 2. Lebensjahr), aber nicht hatten.

Es ergibt jedoch Sinn, zwischen begründeter und unbegründeter Eifersucht zu unterscheiden. Hilfreich ist für Betroffene dabei, einige Zeit eine „Eifersuchts-Statistik“ zu führen. Bei dieser sollte zwischen begründeter und unbegründeter Eifersucht unterschieden werden.

Datum/ Uhrzeit	Ereignis/Auslöser	Eifersucht begründet	Eifersucht unbegründet	weiß nicht

Abb. 8: Tabelle „Eifersuchts-Statistik“, G. Kühbauer

Unbegründete Eifersucht

Unbegründet eifersüchtig zu sein bedeutet, ständig, bis zu einer krankmachenden Dosis, nach Vertrauensbeweisen zu suchen, die nicht sättigen. Diese Suche verleiht eine Scheinsicherheit. Sie ermöglicht den Glauben, Betrug und Verlassenwerden durch Wissen ausschließen zu können. Es ergibt jedoch mehr Sinn, auf die Suche nach einem Hintergrund (Herkunftsfamilie, Beziehungsvergangenheit) zu gehen, nach den individuellen Auslösern zu suchen. Manchmal waren eifersüchtige Menschen Kinder, die im Spital nicht besucht wurden oder längere Zeit weggegeben wurden.

Was ist die Hintergrundmelodie der Eifersucht, was sagt sich die Person ständig, an welche Annahmen und Glaubenssätze glaubt sie und von wem oder wodurch hat sie diese übernommen? Ebenso wichtig ist es, nach dem Hintergrundthema des Partners zu schauen, der dauerhaft mitspielt und nicht aussteigt. Welches Lernthema, welche Motivation bringt dieser in die Beziehung mit, was ist sein heimlicher Problemgewinn? Oft ist es der Gewinn von Macht und Dominanz über den anderen, aber auch die Fütterung seines Selbstwertes. Bei diesem „Spiel" hat er den eifersüchtigen Partner im „Griff" (und der andere hat ihn „im Griff").

Es ist das Bedürfnis nach Sicherheit, nach Beheimatung im Leben. Im Hintergrund geht es um die Angst, den anderen als Ankerplatz und Heimathafen nicht mehr „garantiert" zu haben. Diese Angst nennen wir dann Eifersucht. Im „Brutkasten" dieser Verlustangst gibt es oft ein „Schlüssel-Schloss-Thema", deshalb sollten beide Partner ihre „Hausaufgaben" machen, damit der Schlüssel nicht mehr ins Schloss passt. Es sollte gemeinsame Anstrengungen geben, bei denen beide ihren Job haben. Eifersucht in der Beziehung bedeutet den gleichen Ausgangspunkt – beide leiden darunter, deshalb haben beide ein Problem.

Leidenschaft ist der Wunsch nach Exklusivität und Verbindlichkeit. Beides erfolgreich abzusichern, ist das primäre Bemühen der eifersüchtigen Person. Sie sollte aber überprüfen, ob die Eifersucht als Methode zur Absicherung Erfolg hat. Vom beeifersüchtigten Partner ist zu überprüfen, ob sein Verhalten, die Eifersucht des Partners herunterfahren zu wollen, ebenso erfolgreich ist. Die Erfolgs-Chancen gehen gegen Null, dass durch den Versuch der Verhinderung der Eifersucht des Partners etwas besser geworden ist. Beide könnten sich selbst ein Trainingsprogramm verordnen:

- Der eifersüchtige Partner bemüht sich, sich bei seinen Gedanken- u. Verhaltensexperimenten, nicht innerlich zu verbiegen und sich nur das zuzumuten, was ihm gerade noch erträglich erscheint. Die „Sprünge“ sollten dabei nicht zu groß sein. Er kann sich auch fragen, wie es weitergehen würde, wenn sein Partner es nicht schafft, ihm die Eifersucht zu nehmen.
- Der andere Partner übt, mit den Auswirkungen der Eifersucht so gut wie möglich zurecht zu kommen und sich ebenfalls nicht innerlich zu verbiegen. Dies bedeutet für diesen, dem anderen seine Authentizität und Wahrhaftigkeit zuzumuten und zwar in aufrechter Haltung. Viertel- u. Halbwahrheiten oder eine vorauseilende Schonhaltung halten den Partner schwach. Nimmt dieser Partner den Eifersüchtigen in dieser Weise ernst, kann dies als Ausdruck von gelebter Ebenbürtigkeit und Liebe gesehen werden.

Es geht darum, dass beide etwas tun. Und es geht darum, dass sie mit ihrem Verhalten die Eifersucht nicht mehr düngen. Der Eifersüchtige kann es auch so sehen, dass er seinen Anti-Eifersuchts-Trainer zu Hause hat.

Sinnvolle Eifersucht

Grundsätzlich kann Eifersucht als sinnvolles Gefühl gesehen werden. Sie ist eine Sicherheitseinrichtung meiner sozialen Wahrnehmung. Sie ist auch meist Ausdruck dafür, wie leicht es mir fällt, meine Bedürfnisse offen zu kommunizieren. Je eingeschränkter ich in meinen Bedürfnisäußerungen bin, umso mehr brauche ich die Eifersucht als wehrhafte Unterstützung in mir. „Wehret den Anfängen" ist nicht nur ein Slogan von Menschen mit antifaschistischer Grundhaltung, sondern auch von eifersuchtsaffinen Partnern. Ulrich Clement führt dazu aus: „*Mit Eifersucht zeigt man auch seinen Respekt vor dem Partner. Eifersucht heißt: Ich nehme ernst, dass mein Partner eigene Entscheidungen, genauer: eigene Beziehungsentscheidungen, trifft. Noch radikaler: Ich nehme ernst, dass mein Partner die Freiheit hat, von mir zu gehen.*" [62]

Begründete Eifersucht

Diese speist sich meist aus negativen Erfahrungen mit Untreue und Verrat in früheren Beziehungen. Diese müssen nicht immer gleich Paarbeziehungen betreffen. Auch Kränkungen aus Bevorzugungen anderer, in der Herkunftsfamilie oder anhaltende Benachteiligungen am Arbeitsplatz, können die Eifersucht fördern. Vor allem kann sie aus negativen Erfahrungen der aufrechten Beziehung kommen. Außenbeziehungen und Affären eines Partners sind der Garant für Eifersucht, wenn die, sich betrogen gefühlte Person, die schmerzhaften Ereignisse nicht vergessen kann. Wenn der Partner immer wieder Zeichen der Uneindeutigkeit, Unverbindlichkeit und des Herumlavierens setzt, anstatt sich wahrhaftig zu verhalten. Auch wenn er zu wenig oder halbherzig versucht, die Kränkung nach bestem Wissen und Gewissen auszugleichen. Dies ist der Dünger für das Gedeihen des Frühwarnsystems beim Partner.

Herrscht diese Kultur in einer Beziehung vor, sollte der, sich hintergangen geglaubte, Partner Klarheit über die realen Fakten verschaffen. Dies kann, bei Bestätigung des Verdachtes, zwar besonders schmerzen, verschafft aber danach erlösende Klarheit, für die nächsten, daraus sich aufdrängenden, Schritte. Die Person erhält so die Bestätigung ihrer Wahrnehmungsfähigkeit. Die verrückt machende Verunsicherung ist damit beendet.

Negative Ereignisse mit dem Partner führen jedoch nicht automatisch zu chronischer Eifersucht. Entscheidend ist, wie das Paar mit dem Thema Untreue und der daraus erwachsenen Krise umgegangen ist.

2.22. Verbindlichkeit – der sichere Hafen

Verbindlichkeit ist neben Intimität und Begehren die dritte mächtige Komponente der Paarbeziehung des von Sternberg entwickelten Modells. Sie ist der sichere Heimathafen, wo die schweren Winterstürme des Lebens überstanden werden können. Sie bedeutet, eine Entscheidung dafür getroffen zu haben, die Paarbeziehung abzusichern, sie langfristig zu gestalten, in sie zu investieren und Verantwortung für das Weiterbestehen zu übernehmen. Die Entscheidung für Verbindlichkeit bedeutet auch, ja zu sagen zum „Preis“, der dafür bezahlt werden muss.

Die vielen Möglichkeiten für ein Paar, in den verschiedensten Intimitätsbereichen (wie vorher ausgeführt) das gemeinsame Leben zu gestalten, bedeutet nicht, dass Beziehungsglück nur darin besteht, alles unter dem Dach der Intimität zu teilen. Dies würde ziemlich sicher die Beziehung zerstören. Individualität braucht genauso Raum wie die geteilte Schnittmenge. Verbindlichkeit ist dazu der sichere Rahmen, in dem zugleich Teilen und Individuum-Sein gut möglich sind.

Verbindlichkeit heißt, dass ich sicher sein kann, dass mir der Partner nicht leichtfertig abhandenkommt. Beide Partner wollen sich darauf verlassen können, dass der andere zu einem steht und die Herausforderungen des Alltags so gut wie möglich gemeinsam bewältigen will.

Wie drückt sich Verbindlichkeit im Alltag aus? Durch Zeichen der Bezogenheit. Dies können kleine Zeichen der Zärtlichkeit oder auch Entlastungs-Liebesdienste sein, indem einer etwas für den anderen tut, das ihm Mühe macht oder für ihn unangenehm ist. Hier sind der wohlgesonnenen oder von Liebe durchtränkten Kreativität keine Grenzen gesetzt. Verbindlichkeit drückt sich auch durch weitreichende strategische Fürsorge für den anderen in der Beziehung aus. Diese haben das Ziel, den wirtschaftlich schwächeren Partner (in den meisten Beziehungen ist dies der Fall) abzusichern und ihm die gleich guten Möglichkeiten für seine individuelle Entwicklung zu bieten und auch materielle Sicherheit für seine Zukunft zu gewährleisten. Dies besonders, wenn der Partner nicht mehr voll einsatzfähig ist oder für den Fall, wenn einer von beiden ablebt. Verbindlichkeit birgt die wohltuende Chance in sich, eine langfristige Perspektive im Leben sehen zu können.

Living-apart-together-Beziehungen

Für viele Liebende und/oder Partner ist eine längerfristige Beziehung ohne gemeinsames Wohnen nicht vorstellbar. Gerade das gemeinsame Wohnen wird als besonders starkes Zeichen der Verbindlichkeit gesehen. Living-apart-together-Vereinbarungen sind eher ein kurz- bis maximal mittelfristiges Konzept für (jüngere) Paare, die noch in der Anfangsphase der Beziehung sind.

Am gesellschaftlichen Trend ist jedoch abzulesen, dass es immer mehr Paare gibt, die diese Beziehungsform bevorzugen. Sie ist auch häufiger bei Paaren anzutreffen, die sich erst im fortgeschrittenen Alter nach einer erfolgten Trennung oder Scheidung kennengelernt haben und ihren gewohnten Claim nicht mehr verlassen wollen. Bei noch jüngeren Paaren bedeutet (zumindest für einen von ihnen) getrennt leben meist, dass die intensivere natürliche Lebensform des gemeinsamen Wohnens vermisst wird. Was ist daraus ableitbar? Liebe und Verbindlichkeit brauchen die Möglichkeit des Ausdrucks auch im gemeinsamen Alltag. Wird die Schaffung von mehr Verbindlichkeit längerfristig durch getrenntes Wohnen vom Paar versäumt oder durch einen der Partner abgelehnt, entstehen meist Kränkungen und Verletzungen.

Nicht-heiraten-wollen

Nicht nur getrenntes Wohnen sondern auch Nicht-heiraten-wollen ist manchmal ein Kennzeichen für den Willen zur Unverbindlichkeit.

> *Berater: „Was ist denn der Grund, dass Sie nach 16 Jahren Beziehung und zwei Kindern nicht verheiratet sind?"*
> *Die Frau: „Er hat mich ja nie gefragt!"*
> *Der Mann: „Ach ja …wissen Sie, ich brauche das nicht, wir waren uns doch einig, als wir zusammen gekommen sind. Diese staatlich oder sogar kirchlich abgesegneten Zwangs-Verbindungen sind nicht meines."*
> *Die Frau: „Tja, sehen sie, so ist halt mein Mann, er will sich nie festlegen, da fühlt er sich eingesperrt."*

Die Heirat ist, obwohl der liberale Zeitgeist andere Botschaften trommelt, für viele Menschen noch immer das Zeichen für

Verbindlichkeit. Allerdings gibt es in den letzten Jahren auch eine Retro-Bewegung hin zum Heiraten. Wer verheiratet ist, erhöht den Preis auf verschiedenen Ebenen im Falle einer Scheidung. Es ist dann nicht mehr so leicht, die Beziehung zu kündigen und den anderen schnell zu verabschieden. Die durch die Heirat verstärkte Bindung steht im Wege. Dazu noch ausführlich in einem nachfolgenden Kapitel.

2.23. Andere Anlässe für Paarbeziehungen

Die „3 Komponenten der Liebe“ stehen im energetischen Zentrum einer auf Dauer ausgerichteten Paarbeziehung. Seien sie unterschiedlich betont oder auch ausgewogen (was immer das für jeden Partner bedeutet), es geht meist um die substantiellen Werte, welche sie repräsentieren. Sie besitzen zueinander, wie kommunizierende Gefäße, oft unterschiedliche, wechselnde Pegelstände. Erhöht sich der Pegelstand in einer Komponente, sinkt er in den anderen ab.

Dessen ungeachtet gibt es neben diesem Beziehungs-Modell noch andere kunterbunte Gründe, warum sich Menschen in Beziehungen zusammenfinden und sich binden. Dabei ist wichtig zu sehen, dass jedes Motiv für eine Paarbeziehung - sei es noch so (für andere) „befremdlich“ oder nicht der „(Liebes-)Norm“ entsprechend - das Ergebnis von Bedürfnissen ist. Diese liegen nicht immer sichtbar am Tablett der Bewusstheit.

Handelt es sich um Beweggründe, die dem gesellschaftlich konditionierten Liebesideal bzw. der Liebesheirat nicht entsprechen, werden von Mitmenschen abwertende Urteile gefällt. Dabei ist wichtig zu bedenken, dass diese Wertungen aufgrund bestimmter Vorstellungen und sozialisierter Glaubenssätze über Liebe und Paarbeziehung entstanden sind.

Befreiungsaktion

Manchmal möchten sich junge Menschen unbewusst mit Hilfe des gewonnenen Partners aus der Welt einer belastenden Herkunftsfamilie befreien. Statt weiterem Heulen und Zähneknirschen winkt die glorreiche Zukunft in errungener Freiheit. Oft sind schwierige und konfliktäre Familienverhältnisse der Hintergrund für dieses Bestreben. Diese „Befreiung“ erzeugt dann hohe Verbindlichkeitsbedürfnisse im jungen Paar und führt nicht selten zu einer ungestümen Heirat in noch jungen Jahren. Willi bemerkt dazu treffend: „*Eine nicht gelöste Abhängigkeit von den Eltern sollte nicht durch Flucht in die erste Ehe bewältigt werden.*“ [63]

> *Herr K., 48 J..: „Wir sind zusammen, seit wir beide 17 Jahre waren, wir sind gleich alt. Unsere Beziehung war von Anfang an sehr intensiv, eng und ausschließlich. Wir wollten nichts wie weg aus dem Chaos. Damals waren wir noch halbe Kinder, die sich erst von den Eltern lösen mussten und starke Mängel in der Kindheit erlebt hatten, die wir auch gegenseitig in unserer Beziehung auszugleichen versuchten.“*

Diese Art der Beziehungsgründung führt in den fortgeschrittenen Jahren des Paares nicht selten zur Krise. Das subjektive Empfinden sagt dann: „Ich habe vieles im Leben durch die frühe Bindung versäumt - und das möchte ich jetzt nachholen.“

Kinderwunsch

Frauen und Männer haben Vorstellungen und Bilder darüber, was zu einem glücklichen Leben gehört. Kinder stehen archetypisch, neben dem Wunsch nach Sicherheit und Liebe, meist im 1. Rang der großen Lebenswünsche. „*Das Leben will weitergegeben werden*“

(Ilse Gschwend). Dieses Verlangen ist nicht automatisch mit Partnerliebe verwandt.

Immer wieder kämpfen Paare über lange Zeit in liebevoller Verbundenheit um ein erstes Kind. Sie muten sich mit den weit entwickelten Methoden der Reproduktionsmedizin große Belastungen selbst und gegenseitig zu. Diese körperliche und mentale Anstrengung beider bekommt häufig unweigerlich den Charakter eines Projekts, das mit großer Willenskraft vorangetrieben wird. Dies hat körperliche, emotionale, soziale und beziehungsdynamische Auswirkungen auf das Paar. Alle anderen Lebensbereiche und Bedürfnisse werden diesem großen Ziel untergeordnet. Laut österreichischer IFV-Gesellschaft liegt die Wahrscheinlichkeit einer Schwangerschaft im Fall einer IVF-Behandlung pro Zyklus durchschnittlich bei rund 25-30 %.[64]

Wenn dann der x-te Versuch gescheitert ist, lässt das Paar von seinem sehnlichen Wunsch langsam los und ergibt sich dem Schicksal, sofern es sich nicht für andere alternative Formen der Elternschaft entscheidet. Ab und zu kommt es bei diesen Paaren durch die Kraft des aufrecht bleibenden Kinderwunsches zur besonders schmerzhaften Trennung. Das geschlechtlich unterschiedliche Regulativ der biologischen Uhr findet hier einen harten Ausdruck. Männer haben wesentlich größere Zeiträume zur Verfügung als Frauen. Diese „biologische Ungerechtigkeit" führt dann zur besonders großen Kränkung, wenn der Partner sich wegen des offen gebliebenen Kinderwunsches trennt.

Manchmal wird „das ersehnte Kind" indirekt in einer nächsten Beziehung gefunden, wenn der neue Partner ein Kind aus einer früheren Beziehung mitbringt. Pachtwork-Elternschaft ist dann die gelebte Alternative. Auch wenn das Paar zusammen bleibt, belastet meist der gescheiterte Kinderwunsch die Beziehung noch längere Zeit, je nachdem, wem von den Partnern die „biologische Schuld“ zuweisbar ist.

Hin und wieder kommt es doch anders. Ist die Beziehung nicht mehr so „ergebnisfokussiert“, klappt es hier und da überraschend doch noch und aus dem Paar werden Eltern. Trotz beglückender „Zielerreichung“ klingt in so einem Fall die emotionale Anstrengung noch längere Zeit nach. Der oft jahrelange Willensakt im Bereich der Paarintimität lässt den ursprünglichen Beweggrund für die Beziehung – die gegenseitige Liebe und Zuneigung – in den Hintergrund treten. Tritt das Kind dann in das Leben des Paares, ist beziehungsbestätigendes Durchhaltevermögen angesagt, auch wenn die beiden emotional und körperlich von den Mühen des Weges erschöpft sind. Die Liebe muss sich erst wieder aus dem Hintergrund des Ereignisses „Kind“ nach vorne kämpfen.

Ein ähnliches problematisches Phänomen gibt es bei den meisten Paaren mit Kindern in der anstrengenden Kleinkindphase. Durch die kindabhängige, intensive Lebenssituation für beide Partner gerät die Paar-Beziehung in den Hintergrund, das Paar ist von den Überanstrengungen des Alltags erschöpft und hat keine Kapazitäten mehr, sich auf der Paarebene bewusst zu begegnen. In dieser Phase ist das Kleinkind momentan das wichtigste Abenteuer. Als Beispiel dazu, Herr L.:

> *„Wir haben das Kind ganz schnell gekriegt, damit haben wir nicht gerechnet, wir wollten uns Zeit lassen. Es war der Wahnsinn, wir haben nur geschaut, dass wir überleben, füreinander hatten wir überhaupt keine Zeit. Unser Sohn war ein Schreibaby. Sie können sich nicht vorstellen, was das bedeutet. Ich bin dann ins andere Zimmer gezogen, damit ich schlafen konnte, ich musste ja am nächsten Tag arbeiten gehen, meine Frau ist in der Nacht aufgestanden.*

Sie hat monatelang nicht durchgeschlafen, sie war völlig erschöpft. Ich wollte mich zu Hause engagieren, war aber am Wochenende durch die viele Arbeit auch fix und fertig, und wir hatten zu dieser Zeit auch noch zum Hausbauen angefangen. Sex hatten wir fast überhaupt keinen mehr. Wir haben deswegen immer wieder Konflikte gehabt, aber … ich kann ja verstehen, dass sie keine Lust hat, äh… gehabt hat. Irgendwie haben wir uns da verloren.“

Eltern ja, Paar sein nein

Es gibt Menschen, die zwar ein Kind, aber keine engere Partner-Beziehung haben wollen. In der Anfangsphase einer solchen Beziehung spielt die Liebe eine eher bescheidende Rolle im Paargeschehen. Der „Deal“ einer bewussten Zeugung eines gemeinsamen Kindes ist dabei durch klare Interessen beider Elternteile motiviert.

Ein Beispiel aus der Praxis: Ein Mann (von Beruf Landwirt, 50 Jahre) möchte durch eine Kinderzeugungs-Vereinbarung mit einer, ebenfalls schon lange ein Kind begehrenden, Frau einen stolzen Stammhalter lukrieren, welcher später für die Übernahme des Hofes vorgesehen ist. Auf der Seite der Kindesmutter - nach künstlicher Befruchtung (IVF) und neun Versuchen in zehn Jahren im Alter von 49 Jahren, gibt es dann doch noch den Lohn des glückseligen Empfindens im Sinne von: „Ich und mein Kind, ein Kosmos.“ Die Paarbeziehung stand dabei nie im Mittelpunkt und löste sich nach der Geburt in einer rudimentären elterlichen Gefährtenschaft auf. Die Enttäuschung war zu groß für den Erzeuger, der Stammhalter war ein Mädchen.

Es geht beim Entschluss, ein Kind zu wollen, üblicherweise nicht so sachlich-strategisch zu wie bei dem gerade beschriebenen Paar. Auch wenn die Partner einander Gefühle entgegenbringen und eine Paarbeziehung eindeutig angestrebt wird, steht zuweilen die Sehnsucht nach einem Kind doch im vordersten Rang und nicht die Liebe. Frauen wie Männer, ob in heterosexuellen oder in homosexuellen Beziehungen, gehen den dafür notwendigen Weg mit Entschlossenheit. Dies hat Auswirkungen auf das Wesen der Paarbeziehung.

Gründet sich eine Paarbeziehung primär auf einen Kinderwunsch, wird manchmal der Partner nicht „ganz genommen“. Die Gefühle zueinander erscheinen als ausreichend und stehen noch nicht am Teststand der Liebe. Wenn jedoch der eine dem anderen trotzdem beharrlich Liebesgefühle entgegenbringt, ist das Nicht-Erwidern kränkend und verletzend. Der, für die Verwirklichung des Kinderwunsches, ausgewählte Partner, ist dann jahrelang mit dem permanenten Scheitern seiner Bemühungen, die Liebe des anderen zu erlangen, beschäftigt. Dieser stand ursprünglich aber nicht wirklich für eine tiefgründige Liebesbeziehung zur Verfügung. Das bedeutet aber nicht, dass dem ausgewählten Partner Wertschätzung, Nähe und Wohlwollen sowie kameradschaftliche Liebe entgegengebracht wurden/werden.

> *Herr X.: „Ich habe mir jahrelang Mühe gegeben, ich hab sie schon sehr geliebt, ich liebe sie ja irgendwie noch immer. Sie war auch sehr lieb zu mir, aber so ganz tief habe ich mich nie von ihr geliebt gefühlt. Das war für mich viele Jahre total kränkend. Ich weiß, nach 4 Kindern und mit dem fünften Kind schwanger, klingt das irgendwie komisch... ja, und ich habe mir meine Auswege gesucht. Aber ich muss ja zugeben, ich habe das bekommen, was ich wollte, ich wollte immer 5 Kinder und sie ist die beste Mutter, die man sich vorstellen kann.“*

Frau X.: Ja, das stimmt, das muss ich zugeben, ich habe ihn sehr attraktiv und toll gefunden, aber wegen der großen Liebe sind wir nicht zusammengekommen. Unser Projekt war: Kinder, Leben mit der Natur, gesunde Ernährung, soziales Engagement usw. Jetzt, wo ich mit dem fünften Kind schwanger bin – es wird ein Bub (davor kamen vier Mädchen zur Welt) – habe ich gewusst, jetzt ist es ganz!"

„Es war ein Unfall!"

Paare werden manchmal überraschend schwanger und treffen die Entscheidung, das Kind zu bekommen und in Beziehung zu bleiben, auch wenn dies (noch) nicht ihre Absicht war.

Frau R.: „Es war nicht so ernst gemeint, wir haben dies nicht ausgemacht, wir wollten uns Zeit lassen und mal sehen, was daraus wird …"

Oft erfüllt sich bei überraschender Schwangerschaft und mit der Entscheidung, das Kind zu bekommen, die Frau einen Wunsch, der sich zwar zu früh verwirklicht hat, aber grundsätzlich im geplanten Lebensentwurf nicht ausgeschlossen war. Der Mann stimmt dem zu, auch wenn er mit der Tatsache der frühen Vaterschaft überfordert ist. Die Option, das Kind nicht zu bekommen, verbietet sich – je nach Wertesystem der Partner – meist von selbst. Würde die Entscheidung für einen Schwangerschaftsabbruch von einer Seite ernsthaft betrieben werden (mit unterschiedlichen Durchsetzungschancen), obwohl der andere Partner nicht zustimmt, könnte dies die Beziehung in Frage stellen oder sogar zerstören.

Dieser Art von definitiver Elternschaft fehlt auf der Paarebene die Möglichkeit, sich über Intimität und Begehren in der Zeit zu entwickeln. Das Paar kommt um die Möglichkeit, sich über einen längeren Zeitraum einander anzunähern und sich besser kennenlernen zu können. Der notwendige Entwicklungszeitraum für den Abgleich der Bedürfnisse und Persönlichkeiten bezüglich einer eventuellen gemeinsamen Zukunft steht nicht mehr zur Verfügung. Die Notwendigkeit, aufgrund der überraschenden Elternschaft schnell in einen Alltagsmodus überzugehen, bestimmt das Geschehen. Beruflich und karrieretechnisch befindet sich das junge Paar noch ganz am Anfang, ist aber gezwungen, weitreichende Entscheidungen über die Zukunft (z.B. heiraten oder nicht, weiterstudieren oder nicht, wohnen, Hausbau, Kredite, Nähe und Distanzregelung zu den Eltern hin usw.) zu treffen. Diese Fragen werden üblicherweise erst in einer bereits fortgeschrittenen Phase der Paarbeziehung entschieden.

Manchmal fühlen sich solche Paare, oft erst viele Jahre später, um die Genussmöglichkeiten dieser Lebensphase betrogen. Nach Spätpubertät klingende Forderungen wie: „Ich möchte frei sein!“ (und das bei bereits halbwüchsigen Kindern und nach vielen Beziehungsjahren), werden dann dem anderen in der Paarsitzung hinübergereicht. Das Bedürfnis, das nachzuholen, was in dieser Jung-Erwachsenenphase als versäumt gesehen wird, steht dabei im Mittelpunkt. Diese Problemkonstellation ist oft der „Stoff“, aus dem eine Trennung oder Scheidung kommt. Psychologen sprechen in diesem Zusammenhang von der „nachgezogenen Individuation.“ Die Person versucht, im Nachhinein das zu bekommen, was sie glaubt versäumt zu haben und in ihrer biografischen Rückschau bis jetzt fehlt.

„Weil es sich so ergab“

> *Frau U.: „Ich bin nach Wien gekommen und ich war ganz alleine. Er war einfach der Netteste zu mir!“*

Manche Paare haben in den jungen Jahren altersgemäße Lebensformen, welche sie in lockeren Beziehungen zusammenführen. Zweckgemeinschaften werden leicht und schnell begründet. Dabei ist es nicht so wichtig, wie wohlüberlegt das Handeln ist. Zusammenwohnen in alternativen Formen ist in diesen Jahren nicht nur praktisch, sondern auch Ausdruck des hippen Daseins. Studienplätze werden bezogen und gewechselt, das Notwendige mit dem Angenehmen verbunden. Nach einer gewissen Zeit verfestigt sich die Beziehung, obwohl sie am Anfang z.B. nur die Verbesserung der ökonomischen Rahmenbedingungen zum Ziel hatte.

Die Vorteile der geringeren Kosten bei der Miete, das Aufgehobensein im Nest eines teilweise gemeinsamen Alltags, geben der Beziehung immer mehr verbindlichen Charakter. Das junge Paar kommt sich näher. Aus den Freunden werden Weggefährten und aus diesen ein Paar, das gut miteinander kann und das luftige Begehren nach dem lebendigen Leben teilt. Die Jungen, sich Zugewandten, schmieden Pläne und treffen Vereinbarungen für die Zukunft, weil es sich so aufdrängt; Entscheidungen werden gefällt, wo die Reisen oder die Studienaufenthalte hingehen sollen, wer zuerst seine Ausbildung fertig macht, wer wen finanziell und im Alltag unterstützt und was der Unterstützer sich danach für einen Ausgleich erwarten darf.

Im Zentrum dieses Beziehungsmodells steht primär die gegenseitige Beihilfe und Ermöglichung individueller Entwicklungspläne. Der Partner ist praktische Ressource für die Entwicklung. Da diese Paare meistens noch kinderlos sind, sind ihre Möglichkeiten vielfältig und es kann, trotz begrenzter finanzieller Mittel, aus dem Lustvollem geschöpft werden. Wird dieses Paar schwanger, zeigen sich oft die ersten Unebenheiten auf dem gemeinsamen Pfad. Die erste Neuorganisation der Paarbeziehung ist angesagt.

Was kann das Problem dabei sein? Diese Art von Beziehungsgründung vermisst (wie die überraschend schwanger gewordenen Paare) das Erlebnis der konstituierenden Liebesgeschichte (Liebesmythos). Diese wird nicht erlebt, weil andere Bedürfnisse im Mittelpunkt standen. Es fehlt der Beziehung die emotionale Ressource, die meist so tragfähige Liebesgeschichte. Später, in den Tiefebenen des Beziehungsalltags, steht diese dann nicht zur Verfügung und kann deshalb in Krisenzeiten nicht „abgerufen" werden. Die Liebe war nie die entscheidende, sehnsuchtsbefriedigende Ur-Suppe in der Beziehung. Paare kommen dadurch in die Krise, weil das, was trägt, nicht ausreichend erscheint.

Die verhinderte Namensgebung:

Selten aber doch, bestimmen „Prägungswünsche" die Entscheidung, in einer Paarbeziehung zu bleiben.

> *Herr B.: „Wir haben uns nach 12 Jahren scheiden lassen, ich bin ja bei ihr gefühlsmäßig vertrocknet, wir sind aber zusammengeblieben und haben dann unseren Sohn gezeugt. Anschließend haben wir wieder geheiratet, ich wollte nicht, dass er den Namen von ihr trägt. Wenn wir nicht wieder geheiratet hätten, wäre sie nicht damit einverstanden gewesen, dass er meinen Namen bekommt.*

Zwei Wochen später habe ich meine jetzige Frau kennen gelernt. Ich bin dann mit meiner ersten Frau noch 6 Jahre verheiratet geblieben, die Frauen wussten voneinander, das war für meine zweite Frau nicht wirklich ein Problem, sie war sich damals noch nicht so sicher über die Beziehung.“

Für Herrn B. war offenbar die ausgewiesene „Vaterschaft“ die Hauptmotivation für das formale Aufrechterhalten der Paarbeziehung mit der Kindesmutter; eine Art archetypischer Anspruch auf Fortleben durch die Namens-Punze des Sohnes.

Nach diesen, so verschiedenen rationalen, Beweggründen und Motivationen für eine Paarbeziehung (jenseits der „großen Liebe“), soll auch das idealtypische Modell über „die perfekte Paarbeziehung“ dargestellt werden.

2.24. Das Objekt der Begierde

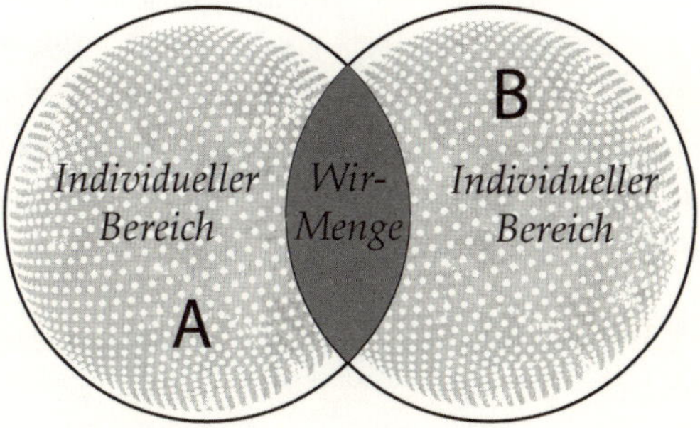

Abb. 9: Grafik „Schnittmengenmodell“, G. Kühbauer

Das Objekt der Begierde ist in den meisten Fällen die gemeinsame „Schnittmenge" des Paares, das, was das Paar vereint und es erst zum Paar macht. Nichts wird so sehr begehrt, wie eine so groß wie mögliche Vereinigungsmenge von Berührungspunkten und Gemeinsamkeiten in der Paarbeziehung. Zumindest von einem Partner. Wenn der andere keinen so großen Vereinigungsmix wünscht, ist dies meist die Eintrittskarte in Paarprobleme. Dieses Gemeinsame, ist in seiner Quantität und Qualität permanent in Veränderung begriffen; je nach Tagesverfassung, gelungenem Abend, tyrannischer Kinder, geglückter oder missglückter erotischer Annäherung, Arbeitsstress, Gesundheit, Urlaubssituation oder Totozwölfer. Das Gefühl, dass das Leben mit meinem Partner gerade wunderschön oder grottenschlecht ist, hängt entscheidend vom persönlichen Erleben und den äußeren Lebensbedingungen ab.

Das, was das Paar vereint, wird durch den Umstand, dass es zwei erlebende Wesen gibt, häufig sehr unterschiedlich wahrgenommen. Jedoch, die Chance lebt, es gibt die Möglichkeit über die eigene Zwischenbilanz mit dem anderen zu kommunizieren (häufigster Erkennungscode: „Wir müssen reden!") und die Zufriedenheitspegelstände abzugleichen. Nicht jeden Tag, aber hin und wieder. Eine persönliche Zwischenbilanz zu ziehen und diese dem anderen zugeneigt mitzuteilen, kann für die Beziehung - weil dies Klarheit und Gestaltungsmöglichkeiten bringt - eine bekömmliche Wirkung haben.

Gewaltfreie Kommunikation - Grundtool der Lösung:

Die achtungsvollste und verbal wirkungsstärkste Kommunikationsform besteht darin, in der Ich-Form über eigene Bedürfnisse zu reden und nicht mittels Vorwurfsformulierungen und Killerphrasen („du bist", „nie", „immer", „nur" usw.) über den anderen herzufallen. Der andere braucht sich dann nicht angegriffen zu fühlen (und somit auch nicht verteidigen), weil die Person nur über ihre eigenen Bedürfnisse, über das, was und wie sie was erlebt, spricht. Hinter jedem Appell, Vorwurf, Angriff usw. steht ein Bedürfnis der Person. Zum konstruktiven Anfangen genügt es, wenn eine Person sich bewusst Mühe gibt, nicht verbal gewalttätig zu formulieren, also über ihre Bedürfnisse redet und nicht so tut, als wären diese objektiv „das Richtige" schlechthin; der andere hat vielleicht andere Bedürfnisse. Dann fällt es dem anderen leichter, in die Auseinandersetzung über die unterschiedlichen Bedürfnisse (ebenso gewaltfrei) einzusteigen. Wer beginnt ist nicht entscheidend, Hauptsache es wird begonnen. Der Aktivere wird zum mutigen Lösungs-Täter. Er sorgt für sich besser (und auch für den anderen, falls ihn das nicht stört), als mit der zerstörenden Kraft des verbalen Zweihandschwertes. Gelingt dies, macht die Person im gewaltfreien Umgang mehr aus ihr als sie ist. Der eigenen Wesenskern wir dadurch - wieder ein Stück mehr - langsam freigelegt.

Etwas volkstümlicher ausgedrückt: Zum Streiten braucht es immer zwei, mit einer Hand kann man nicht klatschen. Der Lust zur Selbsterregung, bei der dem dramaturgischen Talent keine Grenzen gesetzt sind, ist dabei abzuschwören, sie ist nur Ersatzlust. Als idealtypisches Modell kann hier die Form der „Gewaltfreien Kommunikation" (GFK) nach Marshall B. Rosenberg dienen. Besonders sei hier sein Grundsatzwerk „Gewaltfreie Kommunikation" empfohlen.

Qualität und Quantität

Je qualitativ und quantitativ größer die Schnittmenge, umso größer ist der „Paar-Raum", in dem gemeinsam gelebtes Leben stattfindet. Die Quantität, aber vor allem die Qualität (Form), wie das „Gemeinsame“ gelebt wird, hat entscheidenden Einfluss auf den Zufriedenheitsgrad der Partner. Diese Zufriedenheit bestimmt entscheidend mit, wie stark oder schwach sich das Paar aneinander gebunden fühlt. Es gibt jedoch eine sensible Außengrenze für das Gesamtausmaß der Gemeinsamkeiten. Diese Grenze kann, wenn sie im Übermaß durch die hohe Dosis eines symbiotischen Verhaltens überschritten wird, als Verlust persönlicher Autonomie erlebt werden. Daraus können heftige „allergische“ Reaktionen folgen, weil die, sich „bedrängt“ fühlende Person, den Verlust ihrer Individualität befürchtet.

Warum dies? Die, sich ständig verändernde, Schnittmenge wird bei den Partnern von Gefühlen der Autonomie und Bindung begleitet. Erschwerend kommt dazu, dass oft ins Erwachsenenleben mitgebrachte unbewusste Lebensthemen aus früheren Zeiten über festgefahrene Verhaltenspolaritäten in der Beziehung fortgelebt werden. Dazu eine verkürzte Fallbeschreibung aus der Praxis:

> *Herr M. hat, durch die Abwesenheit seines Vaters, seiner überbordenden Mutter „gehört“ und dabei gelernt, bei Frauen besonders achtsam auf die Abgrenzung zu schauen. Dies zeigt sich durch eine emotionale Distanz zur Partnerin und dem ständigen Bestreben „unabhängig zu bleiben“, obwohl er mit ihr seit 14 Jahren verheiratet ist und 2 Kinder hat. Durch diese, in seiner Kindheit erlebte, „emotionale Geiselhaft“ hat er einen Nachholbedarf an Eigenbestimmtheit. Liebe aus Loyalität zu seiner Mutter hat ihn in seiner Kindheit dazu veranlasst, nicht auf sich zu schauen. Es scheint, als lebe er auch das damalige Distanz-Nähe-Thema des Vaters zur Mutter. Die zentrale Erfahrung von ihm war: Egal, was ich tue, ich bleibe in der Liebe der Mutter.*
>
> *Frau M. hat bei ihrer Großmutter Langmut gelernt. Die*

Großmutter, bei der sie aufgewachsen ist, war die prägende Frau in der Kindheit und Jugend. Diese großmütterliche Großzügigkeit bedingt, dass sie nicht gelernt hat, ausreichend auf ihre Bedürfnisse zu schauen.

Was wäre die unterschiedliche Lernaufgabe für beide? Herr M. müsste lernen, dass die Pubertät vorbei ist („Ich lass mich nicht einschränken“ ist ein pubertärer Satz). Frau M. müsste lernen, dass es, bei aller Liebe, Konsequenzen gibt. Beide haben einen Lernschritt zu tun: Sie muss sich von der erlernten Haltung der selbstschädigenden, alles verzeihenden Großzügigkeit der Großmutter und er sich von der Erfahrung der alles verzeihenden Mutter distanzieren.

Das soeben beschriebene Beispiel zeigt, wie sich (unbewusst) mitgebrachte Lebensthemen lange im Beziehungsleben auswirken können. Ideale „Ersatzbühnen“ für das Abarbeiten von mitgebrachtem Verhalten sind auch der Umgang mit Geld, Sex, und Qualitätsnormen in der Kindererziehung sowie in der Art der Haushaltsführung.

Die Schnittmenge ist *„das Land, über das (immer wieder) geredet werden muss*“, wenn die Paarbeziehung ihren Entwicklungsverlauf nehmen soll. In ihr zeigen sich die drei wichtigen Komponenten: Intimität, Leidenschaft und Verbindlichkeit, entweder in ihrer positiven Anwesenheit oder durch ihre negative Abwesenheit.

Paare können sich auf folgende Erfolgsformel einigen: *Beides darf sein* - Individualität für jeden Partner und gemeinsame Schnittmenge. Hier ein *Entweder - oder* als Lösung zu sehen, entspricht nicht dem Wesen des Menschen (zumindest in unserer westlichen Welt), da dieser willentlich beides sein will, Individuum und soziales Wesen.

Kann Partnerschaft allein genügen?

Viele Paare, die zur Beratung kommen, vermissen zumindest eine der drei Komponenten oder leiden unter einer krassen Unausgewogenheit. Viele Problembeschreibungen haben mit zu gering empfundener Intimität und Nähe zu tun. Dieses gefühlte Defizit ist von der betroffenen Person oft schwer in Worte zu fassen. Am ehesten wird das, was fehlt, als „Nähe" benannt, die nicht (mehr) erlebt wird. Die Begriffe: „Zärtlichkeit", „Freundlichkeit, „Wertschätzung", „Nett sein" usw. sind Umschreibungen von dem, was es nicht (mehr) ausreichend gibt.

Dem gegenüber steht oft die positive Bilanz einer gut gemanagten Elternschaft und Familie, die sich durch einen gemeinsam erarbeiteten, hohen Lebensstandard und prächtige Kinder auszeichnet. „Als Team sind wir perfekt", lautet die Bilanz über das, was gut funktioniert. Partnerschaftliche Grundprinzipien wie Gerechtigkeit, Ausgewogenheit und Flexibilität werden dabei von den Hochleistungs- und Doppelkarrierepaaren hoch gehalten und durch die Bewältigung der Alltagsroutine mit hohem Einsatz erkämpft. In der Phase von „Kinder, Karriere und Kapital" entfaltet sich die ganz Potenz und das Know-how eines Paares im leistungsfähigsten Alter.

Durch die abwesende Intimität und häufig auch des Begehrens entsteht auf beiden Seiten eine unbefriedigende Lebenssituation. Bis sie wahrgenommen wird, ist meist schon ein Problemzustand eingetreten; es knirscht bereits im „Fundament der Beziehung", erste Risse zeigen sich. Dann werden Durchhalteparolen an sich selbst und an den anderen ausgegeben. Der Liebesmythos (wenn vorhanden) ernährt noch lange in der dürren Landschaft dieser Beziehungsphase. Das Paar vergisst nicht, warum es die Beziehung begonnen hat.

Jedoch wird manchmal versucht, im Geheimen, durch andere Quellen der Befriedigung, die so magereren Zeiten, zumindest ein wenig, auszugleichen. Dies geschieht jedoch nicht in kränkender Absicht, sondern aus einer Bedürftigkeit heraus. Eine innere Parallelwelt kann entstehen. Zeitintensive Hobbys, nicht geteilte Freundeskreise und vor allem lustvolles Arbeiten in hoher Dosis, sind die Formen dieses inneren Sinn-Ausgleichs. Bisweilen gesellt sich dann noch die eine oder andere entspannungsorientierte Kurzzeitaffäre dazu (und sei es nur im Kopf oder am Bildschirm); nach dem Motto – „Man gönnt sich ja sonst nichts!"

Es geht um mehr

Die Erkenntnis, die daraus abgeleitet werden kann, lautet: „(Perfekte) Partnerschaft alleine genügt nicht." Der, sich daraus ergebende, ambitionierte Anspruch kann in jeder Beziehungsphase Unruhe erzeugen. Die gestiegenen Scheidungsraten der letzten Jahrzehnte bestätigen, dass das Erleben von Intimität, Begehren und Nähe in Beziehungen unabdingbarer geworden ist.

Die Familientherapeutin Gisela Hötker-Ponath führt dazu aus: *„Gerade, weil man die Hoffnung auf die Erfüllung dieser Bedürfnisse nicht aufgibt, löst man dann die gegebene Beziehung – wenn sie konfliktreich und unharmonisch ist – auf. Der zeitgeschichtliche Anstieg der Ehescheidungen (die Trennungen noch gar nicht mitgerechnet, Anmerkung des Autors) ist also kein Zeichen für einen ‚Verfall' oder eine ‚Krise' der Ehe, sondern für eine enorme psychische Bedeutung für den Einzelnen."* [65] Immer weniger sind partnerschaftliche Errungenschaften Grund genug, in einer Beziehung zu bleiben. Wenn Partnerschaft allein nicht mehr genügt, was ist dann der entscheidende Faktor für das doch häufige „Bleiben" in einer unbefriedigenden Beziehungssituation? Dieser Frage wird in den nachfolgenden Kapiteln über das Tetralemma ausführlich nachgegangen. Doch vorher noch zur tatsächlichen oder selbst gewählten Hilflosigkeit.

2.25. „Nicht-können“ oder „Nicht-wollen?“

Worum immer es in Beziehungen zwischen zwei Individuen geht, es findet in zwei möglichen Modi statt. Menschliches Tun und Streben stehen unter dem Diktat des „Wollens“ oder des „Könnens“. Dem Wollen, oder im Besonderen dem Nicht-wollen, wird oft eine egoistische Motivlage unterstellt. Dies ist für den „Täter“ schwer auszuhalten und löst Unwohlsein bei ihm aus, da er ja nicht (mehr) will.

Die umgekehrte Position ist angenehmer. Das Können, vor allem aber das Nicht-Können, hat die Unschuld gepachtet. Bestimmte Diagnosen erlauben es, kraftlos zu sein (Ilse Gschwend). Wer nicht kann, ist Opfer/Patient seines Nichtkönnens, er bleibt dadurch unschuldig und damit in der moralischen Komfortzone. Wer z.B. sexuell nicht kann, bei dem ist zwar der Geist willig, aber das Fleisch schwach. Hingegen, wer sich auf eine Affäre einlässt, weil sie ihn überfällt, für den ist offenbar das Fleisch willig, aber der Geist schwach.

> *Herr D.: „Ich wollte das gar nicht, es ist passiert ... am letzten Tag, wir hatten den ganzen Abend getrunken und uns gut unterhalten und sind an der Bar übergeblieben, dann bin ich irgendwie ... ich kann mich nicht mehr so genau erinnern, in ihrem Zimmer gelandet, aber es war überhaupt nichts Ernstes.“*

Bereits in die Erzählform dieses Mannes fließen die attraktiven Opfer-Zuschreibungen im Sinne „Ich konnte ja nicht anders“ mit ein. Grundsätzlich, bei fast allen Handlungen, die Menschen setzen, kann davon ausgegangen werden, dass ein bestimmtes Verhalten oder dessen Unterlassung, bei erwachsenen und geistig gesunden Menschen, vom Wollen bestimmt ist. Es ist somit beeinfluss- und entscheidbar.

Verantwortung, nein danke!

Eine generelle Herausforderung des Menschseins und nicht nur des Partner-Seins besteht in der freiwilligen Verantwortungsübernahme für das eigene Tun. Die eigene Zuschreibung von Nicht-Können gilt nur so lange, bis die Person sich nach bestem Wissen und Gewissen über alle Auswirkungen ihres (geplanten) Tuns klar geworden ist. Wird dieser Bewusstwerdungsprozess vorsätzlich verweigert, entsteht eine Täterschaft durch gewähltes Unwissen. Wir, und sonst niemand, sind dafür verantwortlich, uns zu ändern, wenn dies wegen Leidenszuständen, die wir uns selbst und anderen zufügen, angezeigt erscheint. Unter diesem Blickwinkel sind wir auch ein Stück weit dafür verantwortlich, uns in der Vergangenheit nicht geändert zu haben.

Bei jeglichem Tun befriedigt die handelnde Person ihre Bedürfnisse. Dafür kommt ihr hundert Prozent der Verantwortung zu, einerlei, wie stark eine andere Person dabei mitgewirkt hat. Eine durchaus menschlich erscheinende Bedürfnisbefriedigung reduziert nicht die Verantwortung für die Auswirkungen. Für die, von den Auswirkungen negativ betroffene, Person ist es von Vorteil, wenn sie den Blick auf ihre eigenen Bedürfnisse und Möglichkeiten richtet und sich nicht ausschließlich im Opfer-Dasein beheimatet. Solange sie den Fokus der Aufmerksamkeit nur darauf richtet, dass sich das Verhalten des Partners verändert, damit es einem selbst wieder besser geht, ist die Person vom Verhalten des anderen abhängig und unfrei.

Ab und zu ist es so, dass wer wirklich will, trotzdem nicht kann. Körperliche und psychische Krankheiten sowie Behinderung, beruflicher Stress und persönlicher Kummer können die Handlungsoptionen des Partners massiv einschränken. In diesem Fall gebühren der Person alle Unterstützungsmaßnahmen, die im jeweiligen Fall angezeigt erscheinen und die sie auch will. Nicht-wollen bedeutet die radikalste Form der menschlichen Freiheit. Wirkliches Nicht-können ist jedoch Schicksal.

2.26. Entscheidung zwischen mir und mir

Nicht-wollen ist bei den allermeisten Entscheidungen im Leben möglich. Die Entscheidung, aus der Beziehung zu gehen oder zu bleiben, ist eine Entscheidung „zwischen mir und mir" oder anders ausgedrückt: „Tue ich mir oder mir weh?" Es ist, als würden zwei Wesen in der Brust der betroffenen Person wohnen. Folgende Fragen stellen sich dabei im inneren Dialog:

„Welche Frau in mir möchte ich in Zukunft leben?" - die, welche sich als verantwortungsvolle und loyale Partnerin, Mutter und Gefährtin ihres Mannes sieht; die sich und anderen die leidigen Auswirkungen nicht zumuten will; die Frau, welche die Sicherheit einer langen Beziehung als einen hohen Wert ansieht; die Frau, welche die Früchte der späteren Jahre ernten will; die Frau, der der Erhalt des Familiengefüges wichtiger ist als die Erfüllung vager oder konkreter Sehnsüchte;

„Oder die andere Frau in mir?" - die aufgebrochen ist, sich von einer neuen Seite kennen zu lernen; die Unbescheidene, die sagt: „Jetzt komme ich!"; die dem noch unbekannten Preis zustimmt; die sich einen größeren Entwicklungsraum in ihrem Leben schaffen will; die in einem Akt der Selbstermächtigung ihrer Sehnsucht folgen will.

Oder: „Welchen Mann in mir möchte ich in Zukunft leben?“ – den, der nicht unbescheiden sein will und loyal dazu steht, was er vor langer Zeit versprochen hat; der weiterhin in seiner Fürsorge für die Familie seinen entscheidenden Beitrag sieht; der ein verantwortungsvoller Vater seiner Kinder sein will; der den Wert der familiären Heimat nicht aufgeben will.

„Oder den anderen Mann in mir?“ – der sich in einer neuen Lebendigkeit erleben will; der nochmals ganz von vorne anfangen möchte; der seinem Leben neuen Sinn geben will; der sich aus einengend empfundenen Strukturen befreien will; der dem Leben neue, lustvolle Seiten abgewinnen möchte.

Der persönliche Suchscheinwerfer kann bei der Frage stehenbleiben: Wie will ich in Zukunft leben, wie will ich lieben?

„Wohin soll ich mich wenden?“

Steht die Person bei der Überlegung, zu gehen oder zu bleiben, zwischen zwei möglichen Beziehungs-Partnern, ist es hilfreich, mit der inneren Aufmerksamkeit nicht ständig vergleichend hin und her zu pendeln wie der Zuschauer eines Tennismatches. Die Person hat die Möglichkeit, diesen Blick sich selbst zu verweigern. Der Blick sollte sich von außen, zu sich nach innen wenden und die Frage zulassen: „Für welches Leben will ich mich entscheiden?“ oder „Welche Frau oder welcher Mann in mir will gelebt werden?“

Partnerwahl ist auch eine Frage der Bedeutungsgebung („Was bekomme ich durch die eine oder durch die andere zur Auswahl stehende zukünftige Lebenssituation, was bekomme ich nicht?“). Nach einiger Zeit des Abwägens kann sich die suchende Person für eine bestimmte Bedeutung, die sie der einen oder der anderen Beziehung geben möchte, entschließen. Dies geht mit einem Willen zum Selbstwert einher. „Ich bin es mir wert, die Entscheidung so und nicht anders zu treffen." Dabei kann man für sich selbst postulieren: „Liebesfähigkeit ist auch Entscheidungsfähigkeit." Der Auftrag an sich selbst, sich zwischen zwei Möglichkeiten zu entscheiden, bedeutet, sich für sein eigenes Leben zu entscheiden. Dies kommt einer Erlösung gleich. Dann schwebt das „Damokles-Schwert der Entscheidung" nicht mehr bedrohlich über dem so wertvollen Haupt.

2.27. Beziehungsflucht – „Hinter mir die Sintflut"

Individuelle Bedürfnisse stehen an der Wiege von Verletzungen, die dem Partner zugefügt werden und sie haben manchmal nur teilweise mit diesem direkt zu tun. Umso ungerechter und traumatischer wird ein überraschendes Verlassen durch den anderen Partner empfunden. Wenn nach langer Beziehungsdauer einer den anderen überfallsartig verlässt, wird, abgesehen von der gewaltigen Kränkung und Verletzung, dies als besonders ungerecht erlebt. Der verlassene Partner fühlt sich meist um die möglichen Früchte der späteren Jahre betrogen. Er zahlt für das Handeln des anderen einen hohen Preis und weiß nicht, wie er dazu gekommen ist, was sein „Beitrag" dazu war. Die Folge daraus sind massive Selbstzweifel über die eigene Wahrnehmung, wie sich die Person im anderen so täuschen konnte.

Besonderes Leid kann zusätzlich entstehen, wenn die Beziehungsflucht in einer kalten und brutalen Art abgewickelt wird. Es stellt sich die Frage: Wie konnte es zu so einem trauma-auslösenden Abgang des Menschen kommen, mit dem man bis dahin vielleicht sein halbes Leben geteilt hat?

Manchmal keimen Trennungen über viele Jahre im Kopf der betroffenen Person. Diese errichtet ein gedankliches Doppelleben und lebt zwei emotionale Leben nebeneinander, ohne dass der andere es ahnt oder es mitgeteilt bekommt. Die Gründe für diese Entwicklung können vielfältig sein. Vor allem Scham vor dem Partner, den Kindern, Nachbarn, Freunden, Arbeitskollegen (über die eigene Illoyalität) und Scham vor sich selbst sind ausschlaggebend für den immer größer werdenden Geheimhaltungsgrad. Aber auch Wut auf die Lebenssituation (und damit den dazugehörigen Partner), welche die Person schon lange nicht mehr haben möchte, wirkt dabei im Hintergrund. Eine „innere Minus-Bilanz" wird im Bunker des Schweigens gepflegt und es wird eifrig zugebucht. Die Gründe für dieses unglückliche Leben werden dann häufig beim anderen gesehen, der einen dominieren und einschränken will. Der Wille zum Befreiungsschlag, der aus einer oft kommunikativen Unfähigkeit und möglicherweise auch aus der Feigheit der Person kommt, zeigt sich manchmal durch einen besonders brutal inszenierten Abgang. Dabei verhält sich der Wille zum Gefühl wie der Schmied zum Hammer.

Feigheit vor dem „Feind"

Der Abgang aus der Beziehung wird als Paukenschlag inszeniert, als traumatischer Schlussakkord, nach welchem es keine Töne mehr gibt - nur mehr dröhnende Stille. Mittels der erzwungenen Hilflosigkeit beim anderen wird quasi eine späte Rache für „erlittenes Leid" lukriert. Partner ziehen dabei von einem Tag auf den anderen mit Sack und Pack aus der gemeinsamen Wohnung aus oder verschwinden für längere Zeit unbekannten Aufenthalts. Nach dem Wieder-Auftauchen wird dem Partner dann konsequent die Kommunikation verweigert, jede Aufklärung der Hintergründe bleibt dem Verlassenen versagt. Es bleiben riesengroße Fragezeichen über die Hintergründe des Handelns des davongelaufen Partners. Die Regelungspunkte bezüglich der sich abzeichnenden oder schon beantragten Scheidungsklage, werden ausschließlich über die Anwälte abgehandelt.

Der verlassene Partner und die Kinder geraten bei einer solchem Abgang in einen traumatischen Schock-Zustand, ihre Welt bricht zusammen. Wenn eine Trennung besonders rücksichtslos und überfallsartig durchgezogen wird, hat das fast immer mit Vergangenem, mit einer großen „offenen Rechnung" zum anderen Partner hin, zu tun. Dies wäre aber für den verlassenen Partner, der keine Chance mehr hatte, den anderen zu halten, besonders wichtig zu verstehen, um das Unbegreifliche einordnen zu können. Unausweichlich erlebt die verlassene Person ein Stadium des Selbstzweifels und der Hoffnungslosigkeit. Sie traut ihrer eigenen Wahrnehmung nicht mehr. Klienten beschreiben dies wie ein Gefühl des Verrückt-werdens.

Für die Sehnsucht, seine Bedürfnisse erfüllen zu wollen, trägt der Täter keine Schuld. Jeder hat das gleiche Recht auf die Umsetzung seiner Sehnsucht. Sehr wohl hat er aber für das, was er anderen angetan hat und vor allem auch, wie er es getan hat, hundert Prozent der vollen Verantwortung zu tragen. Im Besonderen in so einem Fall, für die Art und Weise des Weggehens. Entscheidend für die Verantwortung ist: ob es zeitgerecht ein Bemühen gegeben hat, dem Partner die Beweggründe mitzuteilen, ihn darauf vorzubereiten. Diese Bringschuld ist in zwischenmenschlichen Beziehungen moralisch selbstverständlich.

Der Preis ist nicht zu vermeiden

Ein Beziehungsabbruch, bei dem jegliche Kommunikation über die Hintergründe verweigert wird, ist ein besonders grausames sadistisches Verhalten, da es für den anderen auch noch zusätzlich demütigend und entwürdigend ist. Eine Person, die sich so verhält, zahlt jedoch einen hohen Preis dafür, dass sie ihrer Sehnsucht in dieser besonders verletzenden Weise gefolgt ist. Dies schmälert den „Gewinn“ des Weggehens enorm, was immer dieser auch sein mag. Die Verletzung fällt auf den Verletzer zurück.

Für dieses Ausmaß einer Verletzung gibt es keinen Trost mehr. Diese Kränkung kann nicht mehr ausgeglichen werden. Wenn anschließend die juristische Scheidung mit Hängen und Würgen hinter sich gebracht wurde, heißt das nicht, dass sich die Ex-Partner von der Geschichte geschieden haben.

Eine „gute“ Integration der Ereignisse ins weitere Leben ist vermutlich nur nach langer Zeit möglich. Die Wut darüber, mit der die leidende Person versucht, den Schmerz zu ertragen, braucht sich nicht gegen die gemeinsame Beziehungsgeschichte und somit gegen sich selbst richten. Die gemeinsame Zeit bleibt Teil des Lebens und hatte auch ihr Gutes hervorgebracht, oft genug geliebte Kinder. Das Leben fließt weiter und kann sich später wieder einmal von seiner schönen Seite in einer neuen Lebensform zeigen. Entscheidend dafür ist, dass die verletzte Person sich ihres unanfechtbaren Wertes bewusst bleibt.

3. GEHEN ODER BLEIBEN? Vom Dilemma zum Tetralemma der zusätzlichen Möglichkeiten

3.1. Trennung/Scheidung - ein unmöglicher Gedanke

An Trennung oder Scheidung als einen Lösungsweg zu denken ist ein naheliegend erscheinender Ausweg. Er ist jedoch nur eine von mehreren Möglichkeiten aus einem Problemzustand herauszukommen. Betroffene stimmen erst nach einiger Zeit des inneren Widerstandes diesem Gedanken zu, vor allem dann, wenn die Alternativen dazu noch weniger attraktiv erscheinen. Der Gedanke an Trennung ist bei manchen am Beginn deshalb so „un-denkbar“ und extrem belastend, weil dieser Verlust im persönlichen Lebensentwurf „nicht vorgesehen war“ und als undenkbar erschien. „So etwas wie Heimat ist unersetzbar“, fühlen dabei die meisten Auseinander-driftenden. Es war nie die Intention des Paares, „so weit zu kommen.“ Das gemeinsame Leben wurde gelebt, eingebettet in den Alltagsfluss der beeinflussbaren und nicht beeinflussbaren Ereignisse, durch alle Lebensphasen hindurch. Umso ungeheuerlicher ist dann die Erkenntnis, dass dieses „Schicksal“ als nicht abwendbar erscheint. Die Zustimmung - trotz aller Bemühungen - zum letztendlichen Gescheitert-Sein ist notwendig. Dann kann die betroffene Person beginnen, sich mit diesem ernsthaften Ereignis und mit sich selbst zu versöhnen. So wie Frau L. zu ihrem Mann in der Beratung sagte:

> *Frau L.: „Wir haben es verbockt …und keiner ist wirklich schuld!“*

Wenn dies von beiden Partnern langsam akzeptiert werden kann, sind konstruktive Gespräche über die Regelungspunkte der Trennung oder Scheidung möglich. Problemeinsicht zu haben und anzuerkennen, dass es überhaupt ein gemeinsames Problem gibt, an dem beide beteiligt sind, ist bereits die „halbe Miete" auf dem Weg zur Veränderung. Das Paar kann sich vor einer Entscheidung vereint der Frage zuwenden: „*Wie soll es weitergehen, soll es überhaupt weitergehen: Wenn nein, wie gehen wir dann mit den Auswirkungen der Trennung/Scheidung um? Wenn ja, was ist auf beiden Seiten zu tun, alleine und gemeinsam, was ist der erste Schritt?*" Dies ist ein Entscheidungsprozess mit offenem Ausgang. Sich in dieser Phase dabei professionell unterstützen zu lassen, ergibt Sinn, da die Kommunikation zwischen den Partnern zu dieser Zeit von starken Emotionen beeinflusst wird, und es schnell zu problemverstärkenden Eskalationen kommen kann.

Milde ist angesagt. Frauen und Männer verlieben sich ineinander und werden ein Paar. Sie kommen wegen der Liebe zusammen und nicht, weil sie sich einmal trennen wollen. Es können ihnen grundsätzlich gute Absichten unterstellt werden. Sollten andere Motive als Liebe und Begehren für die Partnerwahl ausschlaggebend gewesen sein, geht die „Rechnung" im Zeitalter, in dem Liebe das entscheidende Kriterium ist, immer weniger auf. Wenn der Weg des Paares doch auseinander zu driften droht, ist ein klarer Blick für den Hintergrund - die Themen hinter dem Thema - empfehlenswert.

Paare oder Einzelpersonen, die sich mit der Frage „Gehen" oder „Bleiben" auseinandersetzen, erleben sich wie zwischen zwei magnetischen Polen, die konträrer nicht sein könnten. Wichtige Fragen dabei sind: „*Wo stehe ich? Ist es bei mir schon fünf nach zwölf, oder will ich, dass meine Beziehung doch noch gut weitergeht?*"

Diese Frage kann nur sinnvoll beantwortet werden, wenn der (vermutete) Gewinn und Preis für die jeweilige Variante bekannt ist. Die Person befindet sich mit dieser Fragestellung dabei nicht im Dilemma nur zweier Möglichkeiten, sondern zwischen mehreren Lösungsmöglichkeiten mit offenem Ausgang. Diese Möglichkeiten aufzuzeigen, ist mir ein großes Anliegen.

3.2. Tetralemma – Lösungssuche auf mehreren Wegen

Das Tetralemma ist eine von Insa Sparrer und Matthias Varga von Kibéd entwickelte Anpassung eines logischen Schemas aus der indischen Logik für die Anwendung im Bereich von systemischem Coaching, Beratung und Therapie und der systemischen Strukturaufstellung. Dabei soll der Entscheidungs- und Handlungsraum beim Vorliegen eines sogenannten „Dilemmas" erweitert werden. Das Tetralemma (*Sanskrit catuskoti;* vier Ecken im Sinne von vier Positionen oder Standpunkten) dient der Kategorisierung von Haltungen und Wahlmöglichkeiten. Es wurde im indischen Rechtswesen verwendet, damit ein Richter im Streitfall zwischen zwei Parteien, verschiedene Standpunkte einnehmen kann. Er kann der einen Partei recht geben, beiden (jeder hat recht) oder keiner von beiden.

Gerade bei schwierigen Entscheidungen, wie der Frage: „Soll ich aus der Beziehung gehen oder soll ich bleiben (entweder - oder)?" ist das Tetralemma eine möglichkeitserweiternde Form. Wie können nun diese vier Optionen auf die Entscheidungssituation vor einer möglichen Trennung oder Scheidung übertragen werden? Dazu nachstehend eine Grafik für den ersten Überblick:

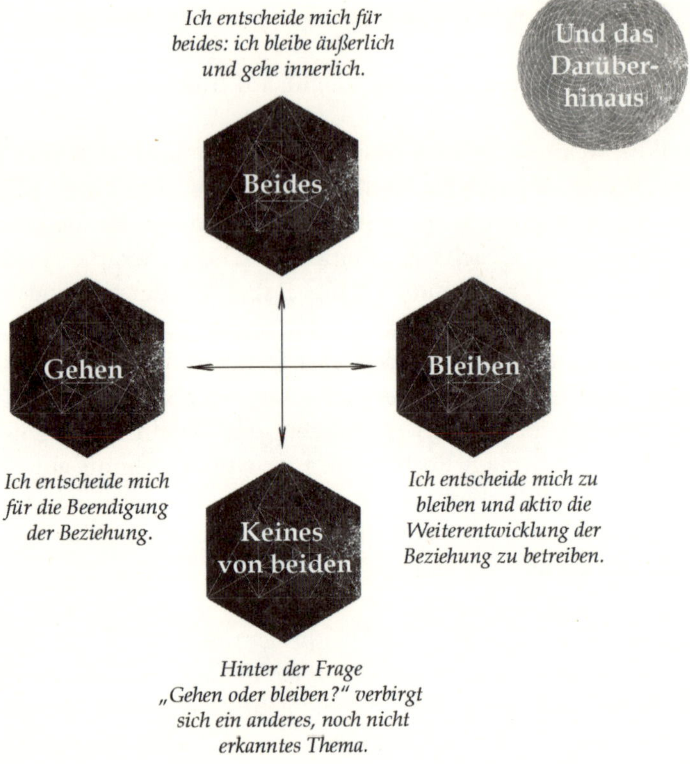

Abb. 10: Grafik „Tetralemma-Entscheidungs-Struktur vor Trennung oder Scheidung", G. Kühbauer

Hier nochmals die vier Optionen zur leichteren Übersicht:

- GEHEN – „*Ich entscheide mich für die Beendigung der Beziehung!*"
- BLEIBEN – „*Ich entscheide mich zu bleiben und aktiv die positive Weiterentwicklung der Beziehung zu betreiben!*"
- BEIDES – „*Ich entscheide mich für beides – ich bleibe äußerlich und gehe innerlich!*"
- KEINES VON BEIDEM – Es geht weder um Gehen noch um Bleiben noch um beides, es geht vielmehr um ein anderes Thema, das durch die bisherigen Betrachtungen im Verborgenen blieb.
- UND DAS DARÜBER-HINAUS

Alle vier Wege sind so gestimmt, dass die davor liegenden nicht von den danach kommenden Entscheidungsmöglichkeiten verdrängt werden, sondern – im Gegenteil – diese mit einbeziehen. Das heißt: In jeder weiteren Variante sind die vorherigen, die vielleicht gedanklich abgenützten, eingeschlossen. Dies hat den Effekt, dass der, auf der Lösungssuche Weitergewanderte, diese alten Lösungsvarianten ganz anders als zu einem früheren Zeitpunkt betrachten kann.

Gerade in dieser so engen Entscheidungssituation vor einer Trennung oder Scheidung ist es für die Betroffenen von Vorteil, mehrere Wahlmöglichkeiten sehen zu können bzw. noch zwei zusätzliche Optionen zu den zwei hinlänglich bekannten – „Gehen" oder „Bleiben"– zu erhalten.

> *Frau U.: „Seit unserer letzten Sitzung bin ich verwirrt … ja genau… Durch den neuen Gedanken über den Nutzen, den ich trotzdem in der Beziehung gehabt habe,*

bin ich irgendwie davon ganz weggekommen, dass er mich nie geliebt hat. Ich sehe jetzt auch, was er für mich getan hat, auch wenn ich es vor ihm nie zugeben würde. Eigentlich habe ich das früher schon gesehen, aber jetzt ist damit irgendetwas anders. Na ja, war mir sicher nicht so bewusst.“

Die Betrachtung des Tetralemmas kann auch verstanden werden als eine „gemeinsame Wanderung“ auf unterschiedlichen Wegen zum Ausloten der möglichen Auswirkungen und zum genaueren Kennenlernen der eigenen „Bedürfnislandschaft“. Gerade in einer schwierigen Entscheidungssituation ist es für die Betroffenen von Vorteil, mehrere Möglichkeiten zu haben. Die 5. Position, in der obenstehenden Grafik „Und das Darüber-hinaus“, ist eigentlich eine „Nichtposition“ und bleibt im Hintergrund, da die vier davorliegenden Varianten die Hauptwege für die Entscheidungsfindung sind.

Die 5. Position erschließt die Denkmöglichkeit, es ginge um gar nichts von all dem bisher Gedachten, und selbst, wenn wir eine Erklärung fänden, die diese 5. Position für uns plausibel machen würde, müssten wir sie gleich verwerfen, weil es auch das nicht ist. Denn möglicherweise gibt es sie selbst auch nicht. Die Benennung als „Und das Darüber-hinaus“ will erinnern, dass es vielleicht noch so viel mehr gibt, das uns nicht zugänglich ist, das in einer „unbekannten Wirklichkeit“ beheimatet ist. Dieses „Erkennen der menschlichen Begrenztheit“ kann in Problemsituationen lösend wirken, wir können dann eher damit zufrieden sein, dass wir unser „Möglichstes“ tun oder getan haben. Auf der Suche nach praktikablen Lösungen, die es in krisenhaften, oft bereits erschöpften Situationen braucht, bekommt diese 5. Position selten Kraft, obwohl sie attraktiv erscheint. Die Hauptlösungswege sind die vier davorliegenden Möglichkeiten.

3.3. GEHEN – „Ich entscheide mich für die Beendigung der Beziehung!“

Übersicht: Auswirkungen – „Gehen“

GEHEN	NUTZEN	PREIS
Ich entscheide mich für die Beendigung der Beziehung	Aktive Rolle: Die Person, die geht, bewältigt die Trennung/Scheidung leichter	Schlechtes Gewissen; Schuldgefühle; „Ich werde zum/zur Täter/Täterin“
	„Ich kann meiner Sehnsucht folgen“	Die Sehnsucht stirbt auf dem Weg zur Erfüllung
	„Ich erlange Freiheit und Handlungsspielraum, ich kann mich von einer neuen Seite erleben“	Mögliche Verluste: der Heimat, der Identität, von Freunden, der materiellen Sicherheit; bei Kindern: höhere Lebenserhaltungskosten
	Aufbruchsstimmung: „Jedem Anfang wohnt ein Zauber inne“; die Endlichkeit tritt in den Hintergrund, „ich bleibe jung“	Die Euphorie ist zeitlich begrenzt, „ich muss sie immer wieder erzeugen“; nach der Euphorie kommt das Verlorene in den Blick; Verlust einer bestimmten Ernte
	„Ich kann mich der/dem Geliebten zuwenden“	Alltagsstatus mit der/dem Geliebten; Die Vergleichsmöglichkeit, die Kompensation des Fehlenden geht verloren

Abb. 11: Tabelle „Übersichtstabelle ‚Gehen‘“, G. Kühbauer

Aktive Rolle

Jene Person, die aktiv aus der Beziehung geht, bewältigt die Trennung oder Scheidung meist leichter. Sie ist in ihrer emotionalen Ablösung bereits weiter. Sie hat sich - ohne dass der andere es wahrgenommen hat - vielleicht schon seit langem - mit den Szenarien des Weggehens beschäftigt. Diese Person ist dadurch vom anderen schon losgelöster, und das Scheitern der Beziehung verursacht bei ihr nicht mehr so starke Leidenszustände. Die immer klarer hervortretenden negativen Auswirkungen der beabsichtigten Trennung werden als Tatsache des Lebens - angesichts des verlockenden „Gewinns" - zur Kenntnis genommen. Der „Preis" scheint verkraftbarer.

Dieser Partner hat entweder bereits einen Teil der Trauerarbeit hinter sich oder aber verdrängt, z.B. mithilfe einer neuen Beziehung. Bilder eines anderen Lebens in der Zukunft haben sich breitgemacht und machen „Lust auf mehr", auch dann, wenn damit immer wieder große Ängste und schlechtes Gewissen verbunden sind. Die Gedanken kreisen bereits um lebenspraktische Dinge wie Existenzsicherung, Finanzplanung, zukünftige Organisation der Kinderbetreuung und Wohnfragen. Es gibt das Bedürfnis, schnell zur „Tagesordnung" einer nicht mehr aufreibenden Trennungs- oder Nach-Scheidungs-Zeit überzugehen. Partner die sich so entschieden haben und sich dabei sehr sicher sind, klingen dann so:

> *Frau S.: „Wissen Sie, ich habe mich entschieden…oh, ich bin mir sowas von sicher …"*

oder:

> *Herr L.: „Ich muss das jetzt tun, sonst komme ich nie weg, immer wieder ist es ihr gelungen, mich mit Versprechungen*

zurückzuhalten, immer wieder bin ich schwach geworden. Sie wird mir nicht glauben, dass ich es ernst meine. Ich habe bereits eine neue Wohnung unterschrieben … sie wird schauen!"

Sich mit Fragen der Vergangenheit, des „Warums" auseinanderzusetzen, wird von Weggehenden in dieser Phase häufig abgelehnt. Diese Nicht-Bereitschaft steht üblicherweise im eklatanten Widerspruch zu den Bedürfnissen des Partners, der die Beziehung noch retten will, dem jetzt (vielleicht erstmalig) die ganze Tragweite des Problems bewusst geworden ist. Dies wird von diesem wie ein Albtraum erlebt.

Schon lange andauernde fehlende Sensibilität über den hohen Grad der Unzufriedenheit beim Partner, kann manchmal als der Beitrag des „überraschten" Partners angesehen werden. Andererseits ist der Beitrag des wegstrebenden Partners häufig der, dass er den Ernst der Lage nicht deutlich genug oder nur verschlüsselt kommuniziert hat und dies auch dann, wenn er immer wieder drohte, die Beziehung aufzukündigen. Das oftmalige „Die-Rute-in-das-Fenster-Stellen" – die Androhung den Partner zu verlassen – wird nach inflationärem Gebrauch vom anderen bald nicht mehr ernst genommen.

Der Partner, der sich schon entschieden hat – auch wenn er es noch nicht klar zu erkennen gibt und „Vernebelungsaktionen" durch Beteuerungen der aufrechten Liebe zum anderen setzt – möchte sich auf einen gemeinsamen Prozess der Aufarbeitung nicht mehr einlassen, schon gar mehr nicht zur Rettung der Beziehung. Er möchte sein „Herz zumachen", damit er zur Ruhe kommen kann, und weil es einfacher ist.

Die Grazer Lehrtherapeutin Ilse Gschwend meint dazu: „Manchmal muss man sich getrennt verhalten, bevor man sich scheiden lässt!" Dem Partner, der diese Reise vor einiger Zeit angetreten hat, sei empfohlen, dem anderen, der (noch) nicht soweit ist, Zeit zum „Verdauen" zu lassen. Denn dieser wird zu einer „nicht gebuchten Reise" gezwungen und braucht emotionale Zeit, sich mit dieser Fremdbestimmung abzufinden. Eine „Brechstangen-Politik" im Weggehen zieht meist den Zusatzpreis des negativen Ausgleichs beim anderen nach sich. Dieser blockiert dann oft Vereinbarungen für die so notwendige kooperative Elternschaft nach einer Trennung oder Scheidung.

Hier Druck zu machen, munitioniert die (emotionale und ev. juristische) Auseinandersetzung auf. Der Partner, der sich schon mehr abgelöst hat und dem anderen Zeit für seinen emotionalen Verdauungsprozess zugesteht, kann sich sagen: „Ich mache es für mich und für den anderen, das bin ich ihm und uns schuldig!"

Es ist hilfreich, sich in diesem schwierigen Übergang professionell unterstützen zu lassen. Dies kann im Einzel- wie auch im Paarsetting geschehen. Eine professionelle Trennungs- oder Scheidungsbegleitung bzw. Mediation, ermöglicht häufig bessere emotionale Rahmenbedingungen für das Auseinandergehen und für die Zeit danach. Dies kommt, im Falle von Kindern, diesen zugute.

Schuldgefühle

Schuldgefühle kommen in den meisten Fällen bei dem Partner stärker auf, der die Trennung oder Scheidung aktiv(er) betreibt: „Ich werde zum/zur Täter/Täterin!" Die Familie zu verlassen, wird von den Betroffenen überwiegend als tiefe Schuld gegenüber den Kindern und anderen nahen Personen empfunden. Das Gefühl der Schuld entsteht aus einem, in jedem Menschen tief verwurzelten, Loyalitätsbedürfnis gegenüber der zugehörigen Gemeinschaft. Die Familientherapeutin Gisela Hötker-Ponath meint dazu: „Besonders gegenüber den Kindern wird der eigene Trennungsschritt als Verrat am eigenen Elternideal und die damit verbundene Loyalitätsverpflichtung, als Schuld empfunden.“ [66] Dies ist meist die schwerste und belastendste Auswirkung für denjenigen, der die Trennung aktiv(er) betreibt.

Diese Person versucht meist, innerlich wie auch äußerlich, die Verantwortung dafür zu minimieren. Die Verantwortung wird an andere delegiert, am besten auf den anderen Partner. Die Absicht ist: sich selbst und den im eigenen sozialen System wichtigen Personen zu beweisen, dass die Trennungsgründe nicht nur bei einem selbst liegen, sondern auch überwiegend oder sogar ganz vom Partner verursacht wurden. Diese menschliche Eigenschaft, sich von Verantwortung zu entlasten, stößt letztlich an Grenzen, sofern die Person dem eigenen Gewissen halbwegs zugänglich ist. Das eigene Bewusstsein erkennt, dass - trotz Recht auf eigene Bedürfnisse - auch unschuldige andere (z.B. die Kinder), den Preis mitbezahlen müssen.

Eine Verantwortungssuche nur im Sinne von Ursache und Wirkung ist zu billig, sie entspricht nicht der Komplexität des Lebens. Dieses Bedürfnis nach Eindeutigkeit beschreibt der Wiener Journalist und Literat der Jahrhundertwende Alfred Polgar sarkastisch:

> *„Sanft ruht es sich im Frieden der heiligen Allianz zwischen Ursache und Wirkung.“* [67]

Wenn Paare die Frage klären wollen „wer angefangen hat“, landen sie, wenn sie Durchhaltevermögen zeigen, beim Urknall. Denn es gibt immer eine Ur-sache, besser gesagt eine Bedingung für die nächste Wirkung, die als erzeugender Input der nächsten Wirkung vorausgeht. Alles, was geschieht, ist Ergebnis von Ursachen und Bedingungen. Der Wille, unschuldig zu bleiben, ist zwar eine zutiefst menschliche Regung, aber er greift zu kurz. Dazu ein Auszug aus dem „Scherben-Song"-Text:

> *„Es ist noch keinem gelungen, sich selbst zu entkommen.*
> *Doch naiv wie man ist, hat man angenommen:*
> *man kann erwachsen werden und dabei unschuldig bleiben*
> *oder irgendwas bedeuten ohne Flagge zu zeigen."* [68]

In der Scheidungsmediation, in der die Schuldfrage moralisch und durch den mitschwingenden juristischen Hintergrund besonders im Mittelpunkt steht, ist sie ein dauerverhandeltes Gut. Wie folgendes Fallbeispiel zeigt:

> *Hr. L. zu seiner Frau: „ Ich bin nicht bereit, die alleinige Schuld auf mich zu nehmen. Ich gehe deswegen, weil du mir seit Jahren die kalte Schulter gezeigt hast, und ich jahrelang um mehr Intimität und Sexualität gekämpft habe. Manchmal hatte dein Verhalten Belohnungs- oder Bestrafungscharakter; und ich unterschreibe – wenn überhaupt - nur formal die Schuld an der Zerrüttung der Ehe, damit du existentiell abgesichert bist. Ich möchte aber nicht, dass dieses … Schuldeingeständnis, vielleicht bei den Kindern dann gegen mich verwendet wird, sozusagen … da schaut her, hier hat er es sogar schriftlich eingestanden.'" Deshalb bin ich nur einverstanden, wenn du mir in einem Sideletter unterschreibst, dass auch du Schuld an der Scheidung hast."*

Grundsätzlich stellt Gisela Höther-Ponath zum Umgang mit der

Schuld fest: „*Die Anerkennung von Schuld oder eigenen Anteilen am Scheitern der Beziehung ist eine unausweichliche Bewältigungsaufgabe im Trennungsprozess. (...) Das Thema Schuld oder des eigenen Anteils am Scheitern der Beziehung wird wiederum von demjenigen, der ‚verlassen' wurde, eher vermieden (zumindest am Anfang), grundsätzlich ausgeblendet oder in Schuldvorwürfe umgewandelt. Aus seiner Sicht empfindet der ‚Verlassene', dass schlecht mit ihm umgegangen wurde, dass er als Person mit seinen Bedürfnissen missachtet wurde. Er erlebt es als Verrat an den eigenen und den gemeinsamen Lebensidealen. Im Unterschied zur ‚moralischen' Schuld, bei der wir absichtlich und gewollt handeln, geht es hier um eine ‚existenzielle' Schuld, der wir nicht ausweichen können. Diese Art existenzieller Schuld ist immer wechselseitig. In Beziehungen sind beide einander ‚Täter' und ‚Opfer'. Die erlebten Verletzungen verleiten zu einseitiger Schuldzuschreibung, gespeist aus dem Bedürfnis nach Ausgleich und Rache.*" [69]

Philosophisch betrachtet, können sich Menschen, bei allem was sie tun oder unterlassen, die Heimsuchung des Schuldigwerdens so erklären: „*Es kann im Leben nichts getan werden, ohne dass nicht auch ein Preis dafür bezahlt werden muss*"; und zum Trost: „Je höher der Preis, umso mehr wird das aufgewertet, für das i*ch mich entschieden habe.*" Es ist möglich, diese Sichtweise mit Haltung zu tragen und dabei nicht zu vergessen, dass auch andere den Preis für einen mitbezahlen. Diese Annahme bzw. Anerkennung der „unvermeidlichen Schuld" gibt der Person eine ihr eigene Würde. Dessen ungeachtet, ist der Versuch, den Preis so klein wie möglich zu halten, sehr menschlich, er kostet allerdings „Seelengröße" oder wie ein esoterisch orientierter Klient es einmal ausdrückte: „Das ist nicht gut fürs Karma." (Der Begriff „Karma" bezeichnet ein spirituelles Konzept, das besagt, dass jede Handlung, physisch wie geistig, unweigerlich eine Folge hat. Diese Folge muss nicht unbedingt im gegenwärtigen Leben wirksam werden, sondern manifestiert sich möglicherweise erst in einem zukünftigen.)

Letztendlich muss festgehalten werden, dass es auch absolute Schuld durch soziale, physische, psychische und sexuelle Gewalt gibt. Echte Schuld entsteht bei dem, der jemandem mit voller Absicht und Berechnung schadet. Gewalt und Niedertracht in Beziehungen, in denen die Integrität der Person gefährdet oder gar verletzt wird, darf keinen moralischen Ausweg für die schädigende Person haben. Dafür kommt dieser Person die volle Verantwortung zu. In so einem Fall sind alle angemessenen staatlichen und privaten Unterstützungs- und Schutzmaßnahmen für die gefährdete Person einzusetzen.

„Ich kann meiner Sehnsucht folgen"

Wohl kein Thema des Lebens, außer Liebe und Tod, ist so mit Gefühlen und Emotionen besetzt wie die menschliche Sehnsucht. Wir sehnen uns dabei oft nach dem, was wir uns nicht zutrauen oder nicht haben können. Wir sehnen uns nach dem Absoluten, dem Nicht-Relativem und dem Beständigem. Sehnsucht kann den Menschen dabei helfen, mit ihrem unvollkommenen Leben, der eigenen Unfertigkeit, den Verlusten und dem nicht perfekten Leben umzugehen. Beim Thema Trennung oder Scheidung ist die Sehnsucht in den meisten Fällen der „Reaktor" in uns, der uns antreibt. Sich zu trennen oder scheiden zu lassen, ohne sich der Sehnsucht, die einen dazu drängt, halbwegs bewusst zu sein, ist wie eine Mountain-Bike-Abfahrt ohne Lenkstange.

Zum Begriff der Sehnsucht: „Sehnsucht (mhd. „sensuht", als „Krankheit des schmerzlichen Verlangens") ist ein inniges Verlangen nach einer Person, einer Sache, einem Zustand oder einer Zeitspanne, die man liebt und begehrt. Sie ist mit dem schmerzhaften Gefühl verbunden, den Gegenstand der Sehnsucht nicht erreichen zu können.

„Alles beginnt mit der Sehnsucht.“ [70] Mit dieser Feststellung hat vor langer Zeit die Nobelpreisträgerin Nelly Sachs den Nagel auf den Kopf getroffen. Menschsein und Sehnsucht seien untrennbar miteinander verbunden, meinte sie. Die Geschichte der Menschheit sei eine Geschichte nie endender Sehnsucht. Von Hellmuth Gollwitzer, evangelischer Theologe und Schriftsteller, ist der Ausspruch überliefert: „Ist es nicht so, dass alles, was der Mensch im Laufe der Jahrhunderte an Schönem und Großem geschaffen hat, aus seiner Sehnsucht geboren wurde?“

Fritz Meier, der Autor einer evangelischen Website, bemerkt sinngemäß dazu: *So kann man es sehen. Aber nicht nur das Schöne und Große, auch alles Entsetzliche und Niederträchtige, das der Mensch gemacht hat, war Ergebnis seiner Sehnsucht. Unzählige Verbrechen sind aus Sehnsucht geschehen, z.B. aus Sehnsucht nach einer heilen Welt, dem Paradies, nach einer „So-und-so-Gesellschaft“. Die Sehnsucht nach der großen Liebe lässt Menschen zu Beziehungsbrechern, ja sogar zu Mördern werden. Sehnsucht macht Menschen zu Liebenden und zu Hassenden, zu Wohltätern und zu Terroristen. Alles beginnt mit der Sehnsucht.*

Er führt weiter aus: *Mit der Sehnsucht sei es sehr eigenartig. Sie scheint unstillbar. Es gäbe keine wirkliche „Endstation Sehnsucht“ (Tennessee Williams). Was immer aus Sehnsucht getan wird, wohin die Person in ihrer Sehnsucht auch geht, nie gäbe es eine letzte Erfüllung. Wenn ein Mensch sein Ziel erreicht, werden neue Ziele angepeilt, und die Sehnsucht lebt weiter. Vieles, was ein Mensch erlebt und bekommt, ist wunderschön und großartig. Aber es bringt ihn nicht ans Ziel seiner Träume. Selbst wenn alles erreicht wird, wonach man sich mit allen Fasern seines Herzens sehnt, bleibt der Mensch trotzdem ein Sehnender. Nichts stillt die Sehnsucht offenbar wirklich und bleibend. Es beginnt also nicht nur alles mit Sehnsucht, es endet auch alles mit Sehnsucht. Das Letzte ist immer die Sehnsucht und nie die Erfüllung.*[71]

Aus diesem Denken könnte gefolgert werden: „Genug ist nie genug." Dies kann durchaus als prekärer Lebensgrundsatz gesehen werden. Es klingt so, als wenn Menschen in einem „Sehnsuchtshamsterrad" wären und sie, auch wenn sie es nicht wollen, immerfort getrieben sind vom Joch der Unersättlichkeit.

Ich verrate das Geheimnis bereits hier: Die Sehnsucht stirbt auf dem Weg zur Erfüllung. Was ist noch zu wollen, wenn man es bekommen hat? Ich empfehle dabei folgendes Beurteilungskriterium: „Genug ist es dann, wenn das, was man erlebt, genügt." Das bedeutet ja nicht, dass das Leben danach zu Ende ist.

Der Schweizer Paartherapeut Jürg Willi schreibt über das Thema „Sehnsucht": *„Die tiefste Sehnsucht findet ihre Erfüllung in Momenten höchsten Glücks, in Momenten aufblitzenden Verliebtseins, welches sich oftmals eher ergibt zwischen Personen, die sich noch kaum kennen, also in Zuständen, wo das Lieben keinen anderen Zweck zu erfüllen hat als sich selbst. Dass dieses vollkommene Aufgehobensein in der Liebe auf Momente des Glücks beschränkt ist, sich aber nicht halten und bewahren lässt, ist vielleicht eine der schmerzlichsten Erfahrungen im Leben. Man kann diese Form von Liebe als symbiotisch etikettieren, man kann sie als narzisstisch pathologisieren (...), das ändert nichts an der Tatsache, dass in jedem Menschen wider alle Vernunft und Einsicht eine tiefe ungestillte Sehnsucht nach diesem fraglosen Aufgehobensein fortbesteht."* [72]

Bei Jürg Willi bekommt das große Lebensthema „Sehnsucht" zusätzlich noch eine spirituelle Dimension. Es geht nach ihm um die Auflösung und Wiedergeburt des Selbst in der Liebe.

Vieles, was er als sehnsuchtsvolle Zustände beschreibt, erleben Paare in ihren Hoch-Zeiten:

- Das Aufgehobensein im reinen Sein von: das Gefühl zu

erleben, bedingungslos angenommen zu sein; zu Hause sein, Geborgenheit, des Heimat-Habens im anderen und unbedingtes Miteinander-Vertraut-Sein

- Die Aufhebung alles Trennenden in der Liebe: persönliche, körperliche Auflösung in der Beziehung zum Geliebten. Den Zustand höchsten Glücks, jenseits der Struktur des Alltages, jenseits zeitlicher Begrenzung, in zeitloser Ewigkeit und raumloser Unendlichkeit, die Liebenden als Zentrum des Kosmos. Dieser Zustand als archaischer Charakter einer unio mystica (mystische Vereinigung)

- Diese Liebe entspricht der religiösen Vorstellung vom Himmel, als ein Anwesendsein in der glückseligen Anschauung Gottes (spirituell, religiöses Erlebnis) [73]

In der Sehnsucht nach der absoluten Liebe geht es laut Willi um die „Verwirklichung eines auf ein Du bezogenes Selbst über das Ich hinaus. Das Selbst findet seine Erfüllung nicht in sich selbst. Es entfaltet sich in einer wechselseitigen Anpassung der Liebenden mit der Entfaltung des Gegenübers.“[74] Was kann aus dieser tiefgehenden und hochgradigen Bedeutungsgebung über die Sehnsucht gefolgert werden?

Ist sie in der Paarbeziehung erlebbar, wird sie zum Geschenk. In dieser hohen Verdichtung des partnerbezogenen Seins - trotz bleibender Individualität - besteht die Möglichkeit der Anknüpfung an das, „was noch ist“. Ich empfehle Paaren, die dies erleben können, dass sie gut daran tun, dies in Dankbarkeit als besonderes Geschenk anzunehmen und es nicht als Dauer-Abo vom Leben einzufordern.

Die Sehnsucht stirbt auf dem Weg zur Erfüllung

Sehnsucht treibt immer zum Unbegrenzten. Sie ist eine ideale

Möglichkeit, die Begrenztheit des Lebens nicht spüren zu müssen. Die Sehnsucht ist Mittel zum Zweck, sie ist das Vehikel zu einem guten Leben. Wenn der getrennte Partner nach einer Trennung oder Scheidung am „Sehnsuchtsort“, z.B. in Gestalt eines neuen Partners, angekommen ist (sofern dieser die (Haupt)-Ursache für das Weggehen war), hat sich Befriedigung eingestellt. Außerdem hat die Person noch genug mit den Auswirkungen des Weggehens zu tun, und braucht Zeit „um die eigenen (auch manchmal unbewussten) Wunden zu lecken“; Zeit, um mit dem „Preis“, den sie bezahlt hat, zurecht zu kommen. Dabei tritt hin und wieder ein Gefühl der „besonnenen Leere“ auf, wie nach einer großen Anstrengung.

Die Sehnsucht ist am Ziel angekommen und hat sich in einem neuen Seins-Zustand aufgelöst. Sie ist am Weg zur Erfüllung gestorben, wie ein Samenkorn stirbt, wenn es sich in eine neue Pflanze verwandelt.

Apropos Beziehungswechsel: Es empfiehlt sich manchmal, eine Auszeit zwischen zwei Beziehungen zu nehmen, um sich selbst im Leben „neu aufzustellen“, sich von einer neuen Seite kennenzulernen. Eine Zeit mal alleine wohnen, eine eigene Residenz errichten, widerspricht nicht der Liebe zum neuen Partner, falls der schon ins neue Leben Einzug gehalten hat. Die betroffene Person hat dadurch mehr Zeit für einen bewussteren Übergang von einer Beziehung in eine andere und kann diese neue Lebensphase behutsamer aufbauen.

Zuweilen entsteht für den gegangenen, aber auch für den verlassenen, Partner ein ganz neues Lebensgefühl, wenn er eine Zeit alleine lebt. Besonders kommt diese „Auszeit“ denen zugute, die noch nie alleine gelebt haben. Dieses neue „Sein“ wurde noch nie erlebt, wenn die erste Beziehung dazumal nahtlos an „Hotel

Mama" angeschlossen hat. Auch dann nicht, wenn es weitere, knapp aufeinander folgende serielle Beziehungen gab. Nach vielen Jahren der Zweisamkeit kann erstmals Individualität in dieser neuen Form erlebt werden. Mit fliegenden Fahnen in die Komfortzone des neuen Partners überzulaufen, zeugt zuweilen nicht gerade von einer starken Performance oder manchmal sogar von einer schwachen Selbsterhaltungsfähigkeit.

Doch zurück zum Thema Sehnsucht: Die Sehnsucht wird stark bestimmt von der jeweiligen Lebensphase der Person und/oder des Paares. Die Person verändert sich und neue Bedürfnisse entstehen. Sie wird ein anderer. Der Altersforscher Paul Baltes hat sich mit dem Thema Sehnsucht aus einer entwicklungspsychologischen Perspektive beschäftigt. Die Suche nach einem glücklichen Leben erfährt im Lebenslauf jeweils altersbedingt verschiedene Inhalte, Formen und Ausprägungen und sie begleitet uns bis zum Tod und als paradiesische Sehnsucht noch darüber hinaus.[75]

Sehnsucht in der jeweilig aktuellen Lebensphase sollte so konkret wie möglich ausgerichtet sein und einer Realitätsprüfung standhalten. Das heißt, das Ersehnte sollte angesichts des Rahmens „Endlichkeit" erreichbar sein, auch, wenn es momentan, im Hier und Jetzt des aktuellen Lebens, utopisch erscheint.

Die Sehnsucht nach der Sehnsucht, die so oft als selig erlebt wird, boykottiert reales Leben in der Gegenwart. Es entstehen dann immer wieder neue Sehnsuchtsobjekte. Oft ist auch eine Person in eine andere verliebt, ohne dass diese Verbindung Chancen auf ein reales, gemeinsames Tun hat. Diese Verliebtheit hebt die Vorstellung auf das Podest und nicht das reale Leben und deren Möglichkeiten. So eine Sehnsucht entkoppelt vom Jetzt. Die bildhafte Vorstellung wird zum Ersatz für das nicht eintretende, vielleicht unrealistisch erscheinende Ereignis. Dennoch ist sie in

Bildern, Gefühlen und Handlungen präsent. Dies ist die paradoxe Kraft des Gefühls der Sehnsucht. Sie spürt durchaus, dass die begehrte Person nicht zur Verfügung steht, aber im Sehnen kann sie ihr nahe sein.

Die Person gibt der Geschichte, die sie sich erzählt, großen Raum in ihrem Leben. Diese Fixierung verbraucht dann emotionale Energie, die in einer realen Beziehung Früchte tragen könnte. Jürg Willi bemerkt dazu: Manche Menschen ziehen es vor, an der Unerfüllbarkeit des Absoluten zu leiden und sich die Großherzigkeit des Sehnens zu bewahren, als sich mit vernünftigen Halbheiten abzufinden.[76]

Dazu ein Fallbeispiel:

> *Herr V., 45 J. verliebt sich in eine um 20 Jahre jüngere Frau, die er im Zug, auf dem Weg zur Arbeit, täglich trifft. Diese sehnsuchtsvolle „Beziehung" dauert 10 Jahre lang, solange begegnen sie sich auf dem Weg zur Arbeit. Herr V. ist seit langem verheiratet und hat mit seiner Frau 3 halbwüchsige Kinder. Er hat in den zehn Jahren ein einziges Mal mit der jungen Frau im Abteil ein paar belanglose Worte gewechselt. Dabei hatte er den Eindruck, dass sie an einem Kontakt interessiert wäre. Herr V. wollte diesen aber nicht aktiv betreiben. Er weiß sonst nichts von seinem „Sehnsuchtsobjekt". Durch seine starke Gebundenheit an seine Familie sowie den großen Altersunterschied zur „Geliebten" war er voller Angst, Schritte zur Konkretisierung dieser Sehnsucht zu unternehmen. Nach zehn Jahren des „Un-Glücks" und einer immer mehr krisenhaften Ehe gelang es Herrn V., begleitet von einer neuen Beziehung und der Scheidung von seiner Frau, die illusionäre Sehnsucht aufzugeben.*

Herr V. hat über die Jahre sehr viel emotionale Energie für diese „Liebe" verbraucht. Diese wäre ihm vielleicht zugute gekommen, wenn er sie als Investition für die Beziehungsklärung zu seiner Frau genutzt hätte. Es hätte ihm vielleicht ermöglicht, die, sich problematisch entwickelnde, Beziehung zu seinen drei Kindern zu verhindern. Er hat es jedoch vorgezogen, sich lieber jahrelang mittels Ersatzsehnsucht nach einer Utopie zu verzehren, als seine Beziehungen zu dem ihm nahen Menschen weiterzuentwickeln.

Sich nach einem unerreichbaren Objekt zu sehnen bedeutet, die Sehnsucht in einen Bereich zu verbannen, in dem ihr Schicksal vorgezeichnet ist. Das Schicksal der nie real erlebenden Liebe. Unerwiderte Liebe ist schmerzhaft, aber nicht gefährlich. Am Beispiel des Herrn V. sehen wir, dass Sehnsucht immer da auftaucht, wo Menschen in unbefriedigenden Lebenssituationen Gegenwelten entwerfen.

Wenn der Wunsch sich erfüllt hat und die Sehnsucht gestillt ist, ist die Person gesättigt. Das heißt nicht, dass das Leben dann nicht spannend und abwechslungsreich bliebe. Erfüllbare Sehnsucht ist gebunden an die Lebenszeit. Gerade Menschen, die sich von ihrer Sehnsucht nach dem vollkommenen Partner immer von neuem weitertreiben lassen, bekommen nicht die Beheimatung, die sie sich so sehr wünschen. Denn dies würde bedeuten, zu bleiben und auf weitere „unbegrenzte" Wahlmöglichkeiten zu verzichten. Diese entschwinden dann in die Geborgenheit der unbegrenzten Möglichkeiten.

„Ich erlange Freiheit und Handlungsspielraum"

„Ich kann mich von einer neuen Seite erleben." Dies ist eine Erfahrung, die das Leben wieder spannender macht. Das Gefühl der Freiheit bringt Energie. Ein Phänomen, das ganz allgemein zu beobachten ist: Lebendigkeit im Leben wächst auch mit dem Ausmaß des Muts und des Risikos (z.B. bei Extremsportarten), dem sich die Person aussetzt. Die vielleicht seit langem gefühlten Fesseln des zu stark strukturierten Lebens „lösen sich" dabei. Die Person bekommt (wieder) ein verstärktes Gefühl der Lebendigkeit.

Zumindest einmal in der Vorstellung. Schon, „dass ich einen Spielraum habe, auch wenn ich ihn (momentan) nicht nutze", befriedigt das Bedürfnis nach Veränderung und Abwechslung. Menschen in dieser Phase wollen vieles radikal verändern. Nicht nur die Mühsal von Trennung oder Scheidung kündigt sich an, sondern auch die Möglichkeit von Erfahrungen, die sich bis jetzt von selbst ausgeschlossen haben; diese können in der neuen Lebenssituation, nachdem die Person wieder leichtfüßiger „mit weniger Gepäck" im Leben unterwegs ist, ausprobiert werden.

Praktische Fragen, wie z.B. „Wo und wie wohne ich in Zukunft? Wie bekomme ich die Trennung/Scheidung unter dem Gesichtspunkt der Schadensbegrenzung hin? Wie bringe ich meinen Partner dazu, ihr zuzustimmen? Wie mache ich es in Zukunft mit den Kindern?", stehen zu diesem Zeitpunkt noch nicht im ersten Rang der inneren Auseinandersetzung. Denn die betroffene Person erlebt sich in dieser Zeit von einer ganz anderen Seite. Von der Seite des Mutigen, eventuell des Geliebten, des Sexuellen, des Visionären, für den sich wieder (oder zum ersten Mal) eine große, weite Welt eröffnet. Dies ist überaus befriedigend, da es ein vitales Lebensgefühl möglich macht.

Auf der anderen Seite der Auswirkungen liegen die angedachten Kosten für diese große Veränderung im Leben der Person, obwohl diese zu diesem Zeitpunkt noch nicht im vollen Ausmaß zu spüren sind. Die mit dem Partner (erstmals) angesprochene Trennung oder Scheidung ist noch im Stadium der Vorausschau, sie hat noch nicht stattgefunden, und die alten eingefahrenen Strukturen entfalten noch immer ihre zusammenhaltende Wirkung. Es hat sich im Alltag noch nichts Entscheidendes verändert.

Konkretisierungsschritte wurden bis jetzt nicht gesetzt, obwohl erfahrungsgemäß jeder Partner eine erste psychosoziale und/ oder juristische Beratung für sich in Anspruch genommen hat. Die eingebrannte Routine in der (aufgekündigten) Beziehung ist zum größten Teil noch voll im Gange, als gäbe es kein Morgen. Die Büchse der Pandora ist geöffnet. Bedrohliche Ängste verdunkeln immer mehr den Beziehungshimmel. In dieser Phase wird - wenn der gekränkte Partner dazu bereit ist (was ihn nebenbei meist stark überfordert) - begonnen, über „Zwischen- oder Übergangsmodelle" erstmals zu reden. Eine durchaus auch öfters vorkommende Reaktion ist, dass die Auseinandersetzung über eine Trennung oder Scheidung vom anderen Partner konsequent verweigert wird. Oftmals auch dann noch, wenn die Partner zur Klärung der Situation gemeinsam eine Paarberatung oder Mediation in Anspruch nehmen.

Die Zustimmung zur Auseinandersetzung über anstehende Trennungsfragen würde ja bedeuten, dass der andere sein Einverständnis gäbe und zur Tagesordnung überzugehen bereit wäre. Dieser Gedanke würde noch mehr verletzen, denn damit würde anerkannt werden, dass es wirklich zu Ende geht. Dieser Realismus wird aber vom aus der Beziehung wegstrebenden Partner gewünscht und bedeutet dadurch wieder eine Kränkung für den verweigernden Partner.

Der „versöhnlich-tröstende“ Vorschlag vom wegstrebenden Partner, die Paarbeziehung doch in eine Freundschaft umzuwandeln, ist dann eine besonders gefühllose Variante von ihm und vergrößert weiter die Verletzungen beim anderen. Diese Idee kommt jedoch nicht aus der Absicht, den anderen kränken zu wollen, sondern meistens aus der Hilflosigkeit, sich nicht vorstellen zu können, wie die zukünftige Beziehung zum Ex-Partner gestaltet werden könnte. Weiters dient dieses „Beziehungsangebot“ der eigenen seelischen Entlastung, weil es ja bei einer „Freundschaft“ doch noch irgendwie mit dem Ex-Partner weitergeht, nach dem Motto: „Also, alles halb so schlimm!“

Mögliche Verluste

Diese gestalten sich nach dem Ausmaß der systemischen Verwobenheit des sich trennenden Paares. Die Auswirkungen sind vielfältig und können alle relevanten Ebenen des Lebens betreffen.

Verlust der Heimat: Dieser bedeutet weit mehr als den Verlust des Wohnortes. Heimat ist vertrautes Umfeld, wenn die Person die Straße, die Nachbarn, die Autos, die Gärten, die Landschaft, alles, was sie gut kennt, wahrnimmt, obwohl sie es lange nicht mehr bewusst wahrgenommen hat. Dabei fällt nicht ins Gewicht, ob diese Dinge bis zuletzt noch als übereinstimmend mit den eigenen Ansprüchen erlebt wurden. Sogar die hässliche Gegend, das hässliche Stiegenhaus wird nach einer Zeit zur „Heimat“. Heimat ist auch der bekannte Geruch, wenn man das eigene Haus, die eigene Wohnung betritt, wenn die bestätigende Geräuschkulisse im Hintergrund anschlägt und man weiß, dass man sich in der Haustüre nicht geirrt hat, die innere Stimme sagt dann: „*Ich bin zu Hause, so toben nur meine Kinder.*“

Verlust der Heimat ist weiters der Verzicht auf Gewohnheit und Routine. Ebenso der Auszug aus dem gemeinsamen Schlafzimmer - damit die noch nicht ganz vermeidbare körperliche Nähe irgendwie erträglicher wird - ist Heimatverlust.

Verlust eines Teils der Identität: Dieser Verlust wiegt besonders schwer. Er reduziert sich nicht dadurch, dass das Paar vielleicht schon längere, lieblose Zeiten hatte, sondern wird von der Summe aller gemeinsam geschaffenen, materiellen und immateriellen Werte bestimmt. Je größer das Geschaffene, desto gewichtiger die Beziehung und umso stärker die Bindung. Diese wächst auch mit der Länge der Beziehung. Der Partner ist (umso länger, umso mehr) „Teil des anderen" geworden.

Paare leben oft ein Leben, in dem der eine dem anderen zur Förderung seiner Karriere zuarbeitet. Dies oft Jahrzehnte lang. Der unterstützende Partner nimmt dabei Anteil am karrieremachenden Leben des anderen und erntet die Früchte mit, wie etwa den sozialen Status des Partners, die komfortablen finanziellen Möglichkeiten und den dadurch gehobenen Lebensstandard. Die „Frau Doktor" oder die „Frau Kommerzienrat" aus früheren Zeiten waren Ausdruck dieses Identitätszugewinns.

Wenn es anschließend zur Trennung oder Scheidung kommt, verliert der jahrelang unterstützende Partner seinen selbstverständlichen Anteil an diesen sozialen Errungenschaften, weil er nicht mehr am öffentlichen Leben des Partners teilnimmt und dessen Einkommen ihm nicht mehr (oder sehr eingeschränkt) zur Verfügung steht. Bisweilen auch dann, wenn ihm die Einwilligung zur Scheidung mit einer großzügigen finanziellen Regelung versüßt wurde. Es kommt zu einem Verlust des sozialen Status sowie des pekuniären Spielraums.

Verlust von Freunden: Dieser wird ebenfalls als sehr schmerzhaft erlebt. Freunde sind der gelebte Beziehungsausdruck der erweiterten Identität des Paares. Paare definieren sich auch darüber, wie sie von anderen gesehen werden, wie sie in der Öffentlichkeit auftreten und wahrgenommen werden. Dazu werden oft enorme Anpassungsleistungen vollbracht. Beide versuchen im Idealfall den jeweils anderen Partner in den schon lange bestehenden, eigenen Freundeskreis zu integrieren. Geschlechtsgleiche oder geschlechtsübergreifende Koalitionen (wobei Zweiteres meist heikler ist) mit anderen Paaren, werden gebildet.

Freundschaften bilden sich häufig über die neue Identität der Elternschaft oder einer neuen Nachbarschaft durch Wohnortwechsel. Die Bindung an Freunde, die sich in einer ähnlichen Lebensphase befinden, wiegt temporär manchmal stärker als die Bindung an die Herkunftsfamilie. Freunde sind oft genug die erste Anlaufstation, wenn es im Beziehungsgebälk knirscht. Der Trost der Freundin/des Freundes, durch das Gehörtwerden, ist sicher. Oft kann sich die in Turbulenzen befindliche Person, auch hundertprozentig auf den aufmunitionierenden Rat des Freundes/der Freundin verlassen.

Wenn Paare sich trennen oder scheiden lassen, bekommen ihre Freunde oft Loyalitätsprobleme. Aus dem Urgrund der Geschlechtergemeinschaft, erwacht die Idee der gleichgeschlechtlichen Solidarität. Schuld und Unschuld werden hinter vorgehaltener Hand diskutiert. Die Reaktion „Wenn das mir passieren würde, dann …“ spielt sich unausgesprochen im Kopf der Anteilnehmenden ab. Die Vorstellung, selbst in so eine Situation zu kommen, ist bedrohlich und macht Angst. Die Reihen werden in der eigenen Beziehung dann wieder geschlossen. Was lange Zeit als immer weniger akzeptabel erschien, wird angesichts des Desasters der besten Freundin/des besten Freundes wieder erträglicher. „Es ist also doch nicht so schlimm."

Manche Freunde brauchen Eindeutigkeit, wer Schuld hat und wer nicht. Das weitläufige Feld der Brechstangen-Psychologie steht da großzügig zur Verfügung. Frauen versuchen eher mit ihren erworbenen (fast angeborenen) psychologischen Kenntnissen zu helfen. Männer sind hier mehr pragmatisch orientiert.

Freunde fühlen sich plötzlich genötigt, gegen die Menschen, die ihnen (vermeintlich) nahe standen, Partei zu ergreifen. Der Hauptbeweggrund dabei ist das subjektive Gerechtigkeitsempfinden, das zur Loyalitätsfrage mutiert: „Zu wem soll ich halten; für wen soll ich Verständnis zeigen; wenn ich zu ihr/zu ihm halte, verletze ich die andere Person; ich kann doch jetzt nicht mit ihr/ihm so tun, als wäre nichts geschehen."

Der Charakter der individuellen Freundschaften zwischen den beteiligten Personen kommt auf den Prüfstand. Häufig ist der eine nur der „Beziehungsbeiwagen" des anderen (gewesen) und die Freundschaftsbeziehung hat, wenn das Verbindende wegfällt, keinen Gehalt mehr. Der Wegfall solcher „Freunde" ist leichter zu verkraften. Groß ist aber der Verlust, wenn der Ex-Partner sich als Einzelperson nicht mehr im ehemaligen Freundeskreis bewegen kann, weil er vor allem über den anderen integriert war und keine vertieften Beziehungen geknüpft hat. Er verliert dadurch diesen Teil der gemeinsamen Identität.

Verlust von materieller Sicherheit: Die materielle Sicherheit ist im überwiegenden Ausmaß der springende Punkt der Trennungs- oder Scheidungsverhandlungen. Sei es außergerichtlich, in einer Mediation oder bei Gericht. Diese Brisanz ist gut nachvollziehbar. Geht es doch um das existenzielle (wirtschaftliche) Überleben der Partner in der Zeit nach der Trennung oder Scheidung.

Sind Kinder vorhanden, werden durch die höheren Kosten Existenzängste noch verstärkt. Viele Eckpfeiler der lange nicht mehr wahrgenommenen Sicherheiten und alltäglichen Selbstverständlichkeiten poppen auf einmal als fraglich auf. Ein panikartiges Gefühlschaos wird ausgelöst. Es entsteht ein unbändiger Wille zur Schadensbegrenzung, der die größtmögliche materielle Sicherheit zum Ziel hat. Überzogene Maximalforderungen werden errichtet und einbetoniert. Hilfreiche, gladiatorenbewährte Anwälte werden dafür schnell gefunden. Der verletzte Partner will das Maximale herausholen.

Die emotionale Befindlichkeit oder das eigentliche Ereignis tritt dabei in den Hintergrund, da die Sorge um das wirtschaftliche Überleben tonangebend ist. Wut und Rache finden hier eine ideale Ausdrucksmöglichkeit. Emotionale Schmerzen und finanzielle Ansprüche vermischen sich in den Verhandlungen mittels aggressiver Angriffe und finanzieller (Über-)Forderung.

Nachdem sich der erste Sturm des Gefühlschaos gelegt hat, sind konsensorientierte Gespräche die Herausforderung. Ziel dieser Gespräche ist, z.B. in einer Mediation, dass die Eltern Vereinbarungen treffen, um nach dem Auseinandergehen wirtschaftlich bestmöglich überleben zu können. Die Arbeits- und Einkommensmöglichkeiten sowie ev. Kinderbetreuungspflichten geben dabei das Notwendige und Mögliche vor.

Mit Kindern erhöhen sich die Lebenshaltungskosten, gleichgültig welches Kinderbetreuungsmodell gewählt wird. Sind die neuen Wohnorte der Eltern noch relativ weit voneinander entfernt, schlägt dies zusätzlich zu Buche. Getrennte oder geschiedene Paare, denen keine oder nur wenig finanzielle Ressourcen zur Verfügung stehen, kommen hier immer wieder in eine existentielle Gefährdungslage.

Der Reiz des Neuen

Aufbruch ist reizvoll, vor allem, wenn er selbst gewählt wird. Durch die Aktivität im Aufbruchsprozess kommt das Hinter-sich-Gelassene (oft das Schwierige) aus dem Blickfeld. Die Person ist programmiert auf Organisieren, Planen und Tun. Sie erfindet sich neu. Dies dient der Verdrängung dessen, was unangenehm und schmerzhaft war/ist und lässt, durch den Aufbruch, auch die Endlichkeit des Lebens in den Hintergrund treten; man fühlt sich wieder jung. Wie es Andrè Heller und Wolfgang Ambros in ihrem bekannten Lied ausdrücken: „*Wenn du willst, wenn du wirklich, wirklich willst, bleibst für immer jung.*"

Dazu eine Fallbeschreibung. Herr Z,. 65 J., Uni-Professor, 36 Jahre verheiratet, zwei erwachsene Kinder, schlank, sportlich, dynamisch, sitzt aufgekratzt und mit roten Wangen, mit Händen und Füßen heftig gestikulierend, vor mir und erzählt:

> *„Es ist ein Wahnsinn, wie diese Frau (die Geliebte) mich liebt, Sie können sich nicht vorstellen, was die alles für mich tut. Sie ist so weich und liebevoll, sie geht so auf meine Wünsche ein … ich auch natürlich auf ihre, es ist ganz anders als mit meiner Frau. Wenn ich meiner Frau etwas gesagt habe, hat sie nur mit den Schultern gezuckt. Sie arbeitet immer nur, ist ständig besorgt, dass es mit dem Geschäft eh gut geht. Sogar jetzt wo ich die Scheidung angesprochen habe, hat sie nur gesagt: „Wenn du das brauchst, dann tue es."*
> *Die (die Geliebte) will dass ich bei ihr wohne. Nein … das wäre zu schnell, ich habe mir schon eine neue Wohnung gesucht, 130 Quadratmeter, super, ganz sonnig, ha … Hr. Kühbauer, keine Möbel, nur ein paar ganz erlesene Dinge hab ich bestellt, da tue ich nicht lange herum. Ich möchte sie*

meinen Kindern zeigen, glauben Sie, dass das gut ist? Ich brauche überhaupt nichts, ich verzichte auf alles! (bricht heftig gestikulierend in Tränen aus und wischt diese sofort weg). Ich gebe ihr auch meine Anteile am Geschäft, soll sie schauen, dass sie es alleine hinbekommt, na, die wird schauen, bisher habe ich alles organisiert, nein, ich helfe ihr natürlich weiterhin, wenn sie das will, es ist ja auch für unsere Kinder. Ha, ich lerne jetzt Französisch. Im Sommer werden wir einige Zeit in Frankreich verbringen, sie hat dort eine Wohnung. Und der Sex, was soll ich ihnen sagen… ha …!"

So geht die Erzählung in der zweiten Sitzung einige Zeit dahin. Herr Z. schwankt zwischen euphorischer Stimmung und tiefer Verzweiflung darüber, dass die Ehe nach so langer Zeit zu enden scheint, und er keinen Zugang zu seiner Frau mehr findet. Dabei ist er immer wieder von Weinattacken gebeutelt. Auf meine Frage hin, dass er im fortgeschrittenen Alter sei und was er denn mit dem Rest seines Lebens noch anfangen wolle, geht er nicht im Geringsten ein. Der gewaltige Aufbruch zu „später Stunde" hat ihn so stark euphorisiert, dass diese Frage für ihn momentan kein Thema zu sein scheint.

Die Euphorie ist zeitlich begrenzt

Das „Besondere" von früher wird dann zum „Normalen". Die unerfüllte Sehnsucht ist zur Erfüllung mutiert, sie hat ihr Kleid gewechselt. Diese Aufbruchsstimmung wird häufig in einer überschwänglichen Gemütsverfassung in Kombination mit großen Plänen und Zielen erlebt.

Dieser Stimmung sollte idealerweise eine Phase der Ruhe folgen. Das menschliche Leben, und darüber hinaus die ganze Natur mit all ihren Erscheinungen, ist auf Rhythmus ausgerichtet, sonst würde es kein Überleben geben. Verlieren z.B. die Jahreszeiten ihren Rhythmus, kommt es zu großen Naturkatastrophen. Menschen, die den Rhythmus zwischen Anspannung und Entspannung verlieren, werden krank, weil der physische und psychische Körper eine Daueranspannung oder eine dauerhafte Reizlosigkeit nicht aushält.

Paare, die sich in einem gehobenen Lebensgefühl größten Wohlbefindens erleben, brauchen wieder die Tal-Phase des Normalen. Ansonsten würden sie die Besonderheit ihres Beisammenseins nicht unterscheiden können. Die Polarität des Lebens, der Unterschied, würde wegfallen, alles wäre nur mehr eine graue Masse.

„Ich muss die Euphorie immer wieder erzeugen"

Diese fast verzweifelte Suche nach der Euphorie (Hochstimmung) birgt den reizorientierten Wunsch in sich, dass dies ein Dauerzustand sein sollte. Die Möglichkeit, beglückende und schöne Gefühle zu erleben, besteht immer. Sie ergibt sich für den Single wie auch für das Paar aus dem Umstand, dass, wenn gewünscht, Bezogen-Sein nicht verhindert werden kann. Das unerbittliche Leben bietet immer wieder schöne aber auch schwierige Ereignisse, es bleibt spannend. Wünsche zu verwirklichen, Pläne umzusetzen, Ziele zu erreichen, Probleme zu lösen, sind der Rohstoff für morgen, übermorgen, überübermorgen ... Denn: *„Wer seine Wünsche verwirklicht, dem gehen die Wünsche nicht aus."* (Ulrich Clement). Die dazwischenliegenden „normalen" Phasen der Unaufgeregtheit sind ein unverzichtbarer Teil menschlicher Entwicklungsprozesse.

Nach der Euphorie kommt das Verlorene in den Blick

Es werden die „Kosten“ der Veränderung spürbar, besonders, wenn liebgewordene Menschen und Lebenssituationen dabei verloren gegangen sind. Trauer ist hier der angemessene Weg, das Verlorene, so bewusst wie möglich, gut zu verabschieden, damit das Ereignis später, durch eine versöhnliche Rückschau, ins Leben integriert werden kann.

Nach langer Zeit oft, wenn der Sturm sich gelegt hat, und die Wellen schon lange verebbt sind, findet das Ex-Paar die Gelassenheit, sich den Verlust gegenseitig auch eingestehen zu können. In der Länge des Trauerprozesses drückt sich auch der Wert des Verlorenen aus. Neuen Partnern sei empfohlen, dem anderen Partner Raum für seine Trauer zu geben, damit er innerlich frei und dann wieder ganz zur Verfügung stehen kann. Ansonsten bleibt ein Teil des neuen Partners in der Vergangenheit gebunden und steht in der neuen Beziehung nicht zur Verfügung.

Verlust einer bestimmten Ernte

Das, was verloren wurde, besteht aus dem vermuteten Verlust einer bestimmten Ernte in der, nicht mehr möglichen, Zukunft des Paares. Die Möglichkeitsform ist hier der Pate der fiktiven Verlustrechnung. Es scheint so: Eine bestimmte Ernte genießt das Paar nur nach langer gemeinsamer Beziehungszeit. Die lange Dauer der Beziehung verleiht ihr ein besonderes Gewicht.

Die zumeist unbewusste Messlatte ist die Zeitspanne eines Erwachsenenlebens. Angesichts des gestiegenen durchschnittlichen Lebensalters (bei Geburt 2012) von Frauen (83,25 J.) und Männern (77,95 J.)[77], ist es etwas Besonderes, wenn zwei Menschen mehrere Jahrzehnte des Lebens miteinander verbringen. Dies sagt natürlich nichts über die Beziehungs-Qualität aus. Diese kann als beglückende Lebensbilanz, aber auch als der „Vorhof zur Hölle" erlebt werden. Viktor Frankl, der Begründer der Logotherapie und Existenzanalyse hat über die Bilanzschau im hohen Alter sehr berührend geschrieben:

> *„Der Mensch sieht meistens nur das Stoppelfeld der Vergänglichkeit, aber er übersieht die vollen Scheunen der Vergangenheit – er übersieht, was er alles ins Vergangensein hineingerettet hat, wo es nicht unwiederbringlich verloren ist, sondern unverlierbar geborgen bleibt."*
>
> *(Viktor Frankl)*[78]

„Ich kann mich der geliebten Person zuwenden"

Diese ist in ihrer Pracht nur aus der Distanz ganz wahrnehmbar und nicht mit beengtem „Tunnel-Blick." Das Zitat von Rainer Maria Rilke am Beginn des Buches beschreibt sehr schön diese bezogene Distanz. Das „wundervolle Nebeneinander" ist aus meiner Sicht die erreichbare Existenzform einer glückenden Paarbeziehung. Dazwischen können auch Augenblicke der „Verschmelzung" sein, diese sind aber nicht automatisch mitgebucht. Sie ergeben sich eher, als dass sie absichtsvoll erzeugt werden können.

Wenn ich mich dem anderen zuwende, ihn in „seinem Land" besuche, geschieht das durch ein „Inneres-hin-und-her-gehen": „Ganz beim anderen und ganz bei mir, ganz beim anderen und ganz bei mir …" Dieses ganz ist die schöne Herausforderung, es ist ein Augenblick der Selbstvergessenheit, wenn ich ganz beim anderen bin. Ich erlebe mich in und durch den anderen und uns in uns.

Am Weg dorthin gibt es trennende Zwischenräume, die, wenn

es sich schenkt, für kurze Augenblicke verschwinden. Hingegen riskiert das Paarkonzept, das auf übertriebene symbiotische Nähe aufbaut, die Einengung der Individualität. Die Wesenhaftigkeit der geliebten Person scheint nur aus einer gewissen Distanz wahrnehmbar zu sein.

Alltagsstatus mit der oder dem Geliebten

Was war das Ziel? Paare wollen zusammenleben, damit sie ihr Leben - im Gegensatz zum Single - miteinander teilen können. Die Vorstellung der dauerhaften Anwesenheit des anderen im meinem Leben ist für Liebende eine wunderbare Perspektive. Das alltägliche Zusammenleben mit dem neuen Partner wird meist zum Objekt der Begierde.

Dieses ist, wenn es stattfindet, natürlich nicht friktionsfrei, da die Rollen neu verteilt bzw. erst gefunden werden müssen. Sich als Paar im Alltag neu abzustimmen und daran zu gewöhnen, ist für dieses eine jungfräuliche Herausforderung. Denn das Paar hat mit dieser Lebensform zu Beginn noch (fast) keine Erfahrung, auch wenn es vielleicht bereits rudimentäre Zeiten des Zusammenlebens gegeben hat.

Bestehende Verpflichtungen aus der Vergangenheit jedes Partners (z.B. Obsorge für Kinder, finanzielle Pflichten, Beziehungspflege für Angehörige und Freunde, Arbeit und Einkommensbeschaffung) geben hier stark den Spielraum in der neuen Lebenssituation vor.

Dabei entsteht Routine, und dies ist auch sinnvoll, damit der Abstimmungsaufwand für immer wiederkehrende Notwendigkeiten gering gehalten werden kann. Es entsteht Alltag. Das Leben zu teilen, mag zwar über weite Strecken unspektakulär sein, ist aber ein förderlicher Rahmen für die meist ersehnte

Beziehungs-Intimität. Durch die jetzt vielfältigen Nähe-Möglichkeiten mit der geliebten Person zeigt sich der Gewinn. Das Paar braucht nur mehr miteinander zu sein.

Wenn das Paar im Alltagsmodus angekommen ist, verliert es jedoch auch die Vergleichsmöglichkeit zwischen gegebener und ersehnter Lebenssituation, zwischen Ist und Soll. Diese gab es durch den früheren Doppelstatus, als das Paar noch nicht so intensiv zusammen war. Zu dieser Zeit war auch der Verbindlichkeitscharakter der Beziehung noch nicht so hoch, wie anschließend im tatsächlichen Zusammenleben.

Dadurch geht auch die Kompensationsmöglichkeit des Fehlenden verloren. Die jetzt vereinten Partner müssen sich nicht mehr anstrengen, um miteinander sein zu können. Es braucht nicht mehr bedauert werden, dass gemeinsame Zeit fehlt. Das Fehlende muss nicht mehr ausgeglichen werden. Diese Tatsache wird oft als Abbau des Spannungsbogens in der neuen Beziehung erlebt. *„Es ist nicht mehr notwendig, zu kompensieren, sich zu freuen oder zu sehnen, man hat es ja jetzt.“*

3.4. BLEIBEN – „Ich entscheide mich zu bleiben und die positive Weiterentwicklung der Beziehung zu betreiben!“

Übersicht: Auswirkungen - „Bleiben“

BLEIBEN	NUTZEN	PREIS
Ich entscheide mich zu bleiben und aktiv die positive Weiterentwicklung der Beziehung zu betreiben	Aktive positive Rolle. „Ich werde nicht zum/zur Täter/ Täterin, ich verschulde nichts“; Ruhiges Leben, keine negativen Auswirkungen auf Kinder u. Angehörige; „Ich bekommen eine bestimmte Ernte“	„Ich werde nie erfahren, wie es hätte anders sein können“; Trauer über den Verlust der möglichen Erfahrung, Abschied von Vorstellungen und Sehnsüchten; „Ich bleibe der/die Gleiche wie bisher“
	Emotionale, materielle, soziale Sicherheit, Erhalt der Heimat, der Identität, der gemeinsamen Freunde	Beibehaltung des bürgerlichen Lebens
	Trost: der Verzicht auf das Ersehnte wertet das auf, wofür ich mich entschieden habe. Die Kraft des Nichtgewählten in das Gewählte fließen lassen	Neuer Einsatz ist notwendig, eine befriedigende Beziehung gibt es nicht gratis

	Sicherung der „sexuellen Grundversorgung“	Verlust oder Reduktion individueller Autonomie und Freiheit, „ich bleibe abhängig“
	Stärkung der Paarbeziehung; Chance, die „Beziehungsfestplatte“ neu aufzusetzen, eine neue befriedigenden „Schnittmenge“ zu entwickeln	„Auch ich kann nicht bei meinem bisherigen Verhalten bleiben“
	Vorteil im Geben: Ausgleichserwartung, „Ich möchte für die ‚Investition‘ vom anderen belohnt werden“	Kränkungspotential, wenn dies nicht (ausreichend) geschieht

Abb. 12: Tabelle „Übersichtstabelle ‚Bleiben‘“, G. Kühbauer

Aktive positive Rolle

Wenn beide Partner sich entschließen, in der Beziehung zu bleiben, wird das Tor zu einem weiteren gemeinsamen Leben aufgestoßen. Wie befriedigend dieses verlaufen wird, hängt von der Motivation und dem Engagement der Partner ab. Die verschiedenen Motive zu bleiben, haben unterschiedliches Unterstützungspotential für den weiteren positiven Verlauf der Beziehung.

Eines der tragfähigsten Motive scheint die bewusste Entscheidung für die Beziehung zu sein. Sie ist dann am stabilsten, wenn sie auch im Bewusstsein des möglichen „Preises“, welchen die Person für diese Entscheidung zahlt, getroffen wurde. Die Person stimmt ihm damit im Vorhinein zu.

Dem gegenüber steht der Gewinn oder Nutzen, den die Partner in allen Facetten auskosten können. Die Entscheidung für eine bestimmte Art des zukünftigen Lebens ist eine Entscheidung für sich selbst. „Ich entscheide mich für den Mann/für die Frau in mir, der/die gelebt werden will." Dies ist ein Akt der Selbstbefreiung vom Diktat der ‚unbegrenzten Möglichkeiten'.

Die Nachhaltigkeit der Entscheidung wird davon beeinflusst, wie aktiv das „Bleiben" angelegt wird. In Passivität zu bleiben und in die eigene „innere Welt" abzutauchen, genügt nicht und ist häufig ein Beitrag für den Anfang des Endes. Dieses Verhalten entspräche der problematischen Wahlmöglichkeit von „beides", *„Ich entscheide mich für beides – ich bleibe äußerlich und gehe innerlich!"* –, die im nächsten Kapitel beschrieben wird.

Partner, die sich in der Beziehung engagieren, leisten ihren Beitrag zur positiven Weiterentwicklung. Dieser selbstbestimmte Beitrag hat mehr Kraft als das teilmotivierte Bleiben. Wenn jeder Partner seinen Teil einbringt, ist nährende Lebendigkeit in der Beziehung garantiert. Das heißt natürlich nicht, dass damit alle Probleme zukünftig gelöst sind, da ja die Paarbeziehung immer von zahlreichen inneren und äußeren ineinander verschränkten Faktoren beeinflusst wird. Wenn das Bleiben aktiv angelegt wird, ist es für den anderen Partner gut wahrnehmbar. Meist wird dies (vielleicht schon lange) gewünscht und freudig goutiert.

Wenn der eine Partner das Engagement des anderen wahrnimmt, kann sich dieser nur schwerlich einem ebenfalls positiven Engagement verschließen (sofern er das überhaupt will). Sollten jedoch die Versuche des eines Partners vom anderen nicht nachhaltig erwidert werden, entsteht Klarheit über die Erfolgsaussichten der Beziehung. Dann wäre ein Festhalten an der Beziehung wie: Das Salz salzen. Dies ist meist der Anfang vom sicheren Ende.

„Ich werde nicht zum/Täter/zur Täterin, ich verschulde nichts"

Dies ist ein sehr verlockender Nutzen bei der Entscheidung, in der Beziehung zu bleiben. Selbstbewusst Täter oder Täterin zu sein, in dem die eigenen Bedürfnisse im Vordergrund stehen, ist eine belastende Rolle. Es erleichtert dagegen, sich durch Bleiben keine Schuld aufzuladen. Da das Leben von sich aus schon anstrengend genug ist, kann sich die Person damit präventiv selbst beistehen. Nicht schuldig zu werden, tut der Seele gut, in einer Welt voll Schuld.

Ruhiges Leben, keine negativen Auswirkungen auf Kinder und Angehörige

Die eigenen Kinder durch eine Trennung oder Scheidung leiden zu sehen, kann der höchste Preis für Trennungswillige sein. Wenn dieser vermieden wird, gehört dies eindeutig zum Gewinn und bietet Trost für das Verlorene. Im Kontakt zu den Kindern ist ihr unbelastetes Gemüt immer wieder ein flüchtiges Geschenk. Ihnen die Heimat zu erhalten und sie in dieser aufwachsen zu sehen, ist Lohn für die eigenen Mühen und Entbehrungen.

Ein ruhiges Familienleben hat besonders förderliche Auswirkungen auf Kleinkinder, Kinder und Jugendliche. Sind diese bereits junge Erwachsene und den ersten Dramen der Liebe anheimgefallen, werden Beziehungsschwierigkeiten bei den Eltern, bis hin zur Trennung oder Scheidung, eventuell leichter verarbeitet. Jedoch auch ältere Kinder können enorm darunter leiden.

Die Vermeidung des Image-Schadens und der Scham bei Verwandten und Freunden ist ebenfalls ein Teil des Nutzens der Entscheidung, zu bleiben. Sich die Heimat durch paarbezogene Freundschaften zu erhalten, ist zusätzlich ein stabilisierender Grundstein für ein selbstgenügsames Leben.

„Ich bekomme eine bestimmte Ernte"

Die längerfristige Ernte kann reichlich sein, auch wenn sie etwas kostet. Abgesehen davon: Menschen haben nicht die Wahl im Leben alles zu bekommen. Dem Leben sei Dank und was ist schon alles? Alles würde wieder die Chance zerstören, Unterschiede erleben zu können. Ohne Unterschiede hätte die Sehnsucht keine Existenzberechtigung. Sie würde, wie nach einer großen Erosion, zerbröseln.

„Ich werde nie erfahren, wie es hätte anders sein können"

Wehmut und Trauer über den Verlust möglicher neuer Erfahrungen, auf die bewusst verzichtet wird, wenn die Person bleibt, stellen sich dabei meist im Hintergrund der Entscheidung ein. Die nüchterne Lehre daraus ist: Wer sich für etwas entscheidet, entscheidet sich zur gleichen Zeit auch gegen etwas. Die Person „muss" dabei Abschied nehmen von Vorstellungen und Sehnsüchten, die oft schon sehr konkret waren. Sie sagt sich dabei vielleicht: „Ich bleibe der/die Gleiche wie bisher."

Möglicherweise doch nicht? Wer einen schweren Entscheidungsprozess hinter sich gebracht hat, ist nicht mehr derselbe wie vorher. Er hat sich durch die Erfahrungen verändert. Die Uhr kann nicht zurück gedreht werden. Die Person ist erfahrener und auch reicher an gelebtem Leben. Dieses Erfahrungswissen erhöht die Handlungsmöglichkeiten und die innere Weisheit der Person.

Emotionale, soziale und materielle Sicherheit:

Emotionale und soziale Sicherheit für Menschen speist sich vor allem aus dem Wissen, einen guten und angestammten Platz zu haben. An einem Ort zu sein, an dem meine Sinne wegen potenzieller Gefahren und Bedrohungen nicht eingeschaltet sein müssen. Diese Sicherheit fördert die körperliche und psychische Gesundheit, da Ängste schwächen und krank machen. Dazuzugehören ist ein wesentliches Bedürfnis von Menschen und betrifft immer mehrere Mitgliedschaften, in welche die Person eingetreten ist, etwa Familie, Freunde, Arbeitskollegen, Verein, Volksgruppe, religiöse Gemeinschaft, usw.

Soziale Sicherheit drückt sich als Schutz vor negativen Folgen möglicher Schicksalsschläge aus. Dieser Schutz kann sich auch materiell durch finanziellen Beistand ausdrücken, etwa bei Krankheit oder Arbeitslosigkeit eines Partners. Ebenso beim Älterwerden, das geprägt ist von schwindender Leistungsfähigkeit und Selbstversorgung ist; so auch bei tragischen Ereignissen wie Arbeitsunfall, Berufskrankheit und Berufsunfähigkeit. Ebenso auch bei junger Mutterschaft und auch danach, wo die Kindesmutter durch die Versorgung des Kindes besonders auf die Unterstützung des Partners im materiellen wie auch im alltagspraktischen Sinn angewiesen ist.

Nicht zuletzt steht die Sicherheit nach Ableben eines Partners besonders am Prüfstand. Der überlebende Partner sollte, wenn möglich, existentiell abgesichert sein, damit er weiterhin ein ihm gemäßes Dasein leben kann. Hier ist im Besonderen auch der Staat herausgefordert. Armutsfallen sollte durch sozial- und pensionsrechtliche Absicherung präventiv entgegengewirkt werden. Das ist nicht nur Privatangelegenheit.

All die aufgezählten Formen von Sicherheit werden, im Falle einer Trennung oder Scheidung, im unterschiedlichen Ausmaß durch Ängste berührt, je nach finanzieller Ausstattung des Paarsystems, das auseinander zu fallen droht. Bleibt es bestehen, bleibt auch die (relative) soziale Sicherheit lebenserleichternd erhalten.

Beibehaltung des „bürgerlichen" Lebens:

Falls die Form des „bürgerlichen Lebens" für einen der Partner überhaupt ein Problem war, zählt der Entschluss, zusammenzubleiben (von vielen wird das als die Beibehaltung des alten bürgerlichen Lebens erlebt) hin und wieder zum Preis. Der Tatsache, dass die überwiegende Mehrzahl der Menschen in Europa, USA und in Teilen anderer Kontinente ein sogenanntes „bürgerliches Leben" führt, kann nicht widersprochen werden.

„Bürgerliches Leben" ist bei einigen Menschen negativ besetzt. Es steht für: Neunzehntes Jahrhundert, konservativ, rückschrittlich, fad und einschränkend. Dessen ungeachtet ist das „bürgerliche Leben" heute noch die Lebensform unserer westlichen Industriegesellschaft. Hinter dieser kritischen Haltung steht wohl die Sehnsucht nach Abenteuer und Freiheit von Überregulation, Vorschriften und Gesetzen. Der Mythos des unbegrenzten, authentischen Lebens, das es angeblich einmal im Schoße der Natur gegeben hat, bestimmt das Sehnen nach einer anderen Lebensform.

Im Falle einer Trennung oder Scheidung verlässt der Partner nur kurz, wenn überhaupt, das bürgerliche Leben. Normalerweise wird dieses Lebensmodell mit dem neuen Partner gleich wieder neu errichtet. Nur Menschen mit ausgeprägtem Sinn für Abenteuer leben mehr oder weniger konsequent den Verzicht auf ein bürgerliches Leben. Es sind die Menschen, die die Freiheit von Grundversorgung und Sicherheit am besten aushalten. Doch auch sie sind von, zumindest geringen, regelmäßigen finanziellen Einnahmen (z.B. Mieteinnahmen in der fernen Heimat) abhängig. Das Überwintern auf dem Segelboot im fernen Asien kostet ebenso Geld.

Gelegentlich haben Künstler die Entscheidung getroffen „für die Kunst zu leben“ und kein bürgerliches Leben zu führen. Oft genug schafft dies jedoch prekäre Einkommensverhältnisse und eine Abhängigkeit vom Lebensgefährten. Die Beziehung erfährt dann dadurch eine Dauerbelastung, die sich durch ständige Konflikte über Geld und Ausgleich ausdrückt.

Ein Quantum Trost

Wie schon angemerkt, wertet der Verzicht auf das Ersehnte das auf, wofür ich mich entschieden habe. Es gibt immer einen Preis, der bezahlt werden muss, wie schon bemerkt wurde, gleichgültig was und wie im Leben getan wird. Wenn die Person sich entschieden hat, zu bleiben und aktiv die Weiterentwicklung der Beziehung zu betreiben, sollte sie daran denken, dass sie es primär aus keinem anderen Grund getan hat, als aus den eigenen Bedürfnissen heraus.

Ihre Entscheidung ist reiner Selbstzweck, weil für das weitere Leben andere Alternativen weniger attraktiv erschienen sind, sie (voraussichtlich) zu viel gekostet hätten. Diese Entscheidung sollte in aufrechter Haltung sich selbst gegenüber, und nicht klagend über das Verlorene, zur Kenntnis genommen werden.

Neuer Einsatz ist notwendig

Das Weitermachen braucht einen Einsatz, eine befriedigende Beziehung gibt es nicht zum Diskontpreis. Wenn etwas so Wichtiges keinen Einsatz bräuchte, dann wäre es leicht, sich zu trennen, weil der Wert des Verlorenen nur gering wäre. Eine lange, dauerhafte Bindung an einen Menschen durchzuhalten, ist durch die Persönlichkeitsunterschiede und die Dynamiken des Lebens ein herausforderndes Unterfangen.

Nach dem „Tal der Schmerzen“ durch das das Paar in der Krise gegangen ist, sind vertrauensbildende Maßnahmen notwendig. Durch diesen Einsatz erfahren die Partner wieder Wertschätzung durch den anderen. Die Botschaft dahinter, die gehört wird, lautet: „Du bist es mir wert!“ Das ist Labsal für die verletzte Seele, und der andere wird es einem hoffentlich danken, indem er sich ebenfalls (wieder) aktiv einbringt. Bei all diesem Bemühen, Kämpfen und Durchhaltevermögen kann sich das Paar dann anschauen und sagen: „Wir zwei!“

Sicherung der sexuellen Grundversorgung

Der Erhalt der sexuellen Heimat hat erhebliche Bedeutung. In diesem so vitalen Lebensbereich auf einen bestimmten Menschen bezogen zu sein, hält das Leben solide. Die bedürftige Person braucht keine realen oder virtuellen abenteuerlichen neuen Wege zu gehen, um sich die Befriedigung der sexuellen Bedürfnisse zu sichern.

Wenn Paare sich nach einer erfolgreich bewältigten Krise auf den Weg machen, befinden sie sich in einer sehr günstigen Ausgangslage. Die Krise hat oft im Fahrwasser der Veränderungen auch eine neue Kultur des sexuellen Umgangs miteinander gebracht.

Frühere Tabus wurden risikohaft thematisiert und vielleicht teilweise verändert. Das Paar hat sich in einen neuen „Zustand“ gebracht, in dem die alte Spielordnung nicht mehr ausschließlich gilt und eine Neue lustvoll entsteht. Die Hemmschwelle durch kommunizierte sexuelle Fantasien und Wünsche den anderen zu verunsichern oder gar zu verletzten, hat sich verringert. Die intimen Gespräche über das persönliche Begehren, führten zu einer Erhöhung des sexuellen Schmelzpunktes bei den Partnern.

Es herrscht wieder Mut zu Neuem, zum Experimentieren. Das Paar wagt sich heran, die sexuelle Hausordnung mehr oder weniger zu verabschieden. Mann und Frau riskieren (wieder) mehr, so wie es vielleicht am Anfang der Beziehung war. Beide frönen einer authentischeren Sexualität und Erotik, zumindest hin und wieder. Es schadet dabei nicht, wenn sich das Paar auf gemeinsame Verrücktheiten einlässt und das Leben nicht ganz so ernst nimmt, wie es scheint. Es ist nie zu spät, den Partner von einer anderen, bis jetzt im Dunkel gelegenen, Seite kennenzulernen.

Verlust individueller Autonomie

„Ich bleibe abhängig.“ Bestand vor der Krise eine materielle Abhängigkeit, wird durch das Bleiben die Reduktion der persönlichen Autonomie wieder erlebt. Dies steht dann im krassen Gegensatz, zu der, oft schon zu diesem Zeitpunkt, weit entwickelten gefühlten Autonomie, die mit einer Trennung oder Scheidung in Verbindung gebracht wird. Materielle Abhängigkeit kann als Dauerkränkung erlebt werden, wenn der schwächere Partner ein „Du bist mir nicht ebenbürtig“ dahinter vermittelt bekommt. Ist dies der Fall, kommt es zu zermürbenden, immer wiederkehrenden Konflikten zum Thema Geld. Dabei schwingt die emotionale Gerechtigkeitsfrage gewichtig mit.

Hier sind jedoch den positiven Veränderungsmöglichkeiten fast keine Grenzen gesetzt. Beide können, wenn sie das wollen, ausgleichende Vereinbarungen schließen, durch die sich die Abhängigkeit des einen vom anderen verringert oder sogar ganz auflöst. Etwa ein gemeinsamer Zugang auf die Konten; ausreichendes (wenn möglich) Familienbudget, das ausgabenseitig ab einer bestimmten Summe gemeinsam entschieden wird; hinreichendes, persönliches Etat für individuelle Bedürfnisse, ohne sich ständig dafür rechtfertigen zu müssen, gemeinsame Finanzplanung und Führen eines Kassabuchs.

Auch hat der abhängigere Partner meist, trotz oft schwieriger Ausgangsbedingungen, mehr Handlungsmöglichkeiten als angenommen, um seine Selbsterhaltungsfähigkeit zu vergrößern. Dabei dürfen alte, eingefahrene Modelle über Beziehungsgestaltung, Rollenverteilung und den Rang der eigenen beruflichen Tätigkeit im Gesamtleben in Frage gestellt werden.

Es gibt wesentlich mehr Formen als die, in der Vergangenheit eingefahrenen, traditionellen Vorstellungen über Geschlechterrollen, idealer Kinderbetreuung und die Rolle der Arbeit im persönlichen Leben. Ein Hinausdenken aus dem üblichen Wertesystem ist dabei sinnvoll und horizonterweiternd. Es könnte allerdings sein, dass der hinausdenkende Partner, sich dadurch in einer veränderten Wertehierarchie neu herausgefordert sieht. Das Hintergrundthema in diesem Bereich der Beziehung ist fast immer der Ausgleich von Nehmen und Geben zwischen den Partnern, egal ob es um finanzielle Mittel oder um Zeitressourcen geht. Durch einseitige Rollenfestlegung, etwa bei der Einkommensbeschaffung oder der Kinderbetreuung, entstehen Einschränkungen, die die Vielfalt des Lebens bei den Partnern verhindern.

Autonomie - eine Illusion?

Natürlich kann jedes Bleiben, jedes verstärkte Bezogensein auf einen anderen Menschen als Verlust von individueller Autonomie gesehen werden. Paarbeziehung und Liebe ist grundsätzlich ein Angriff auf die Autonomie. Nur wenn mir der andere egal ist, bin ich ihm gegenüber autonom. Geht man im Kontext einer Trennung oder Scheidung dem Thema Autonomie nach, erkennt man sehr schnell, dass Autonomieschritte fast immer auch neue Abhängigkeitsverhältnisse auslösen. Die Person ist dann wieder abhängig: vom neuen Partner, von der Arbeitsplatzsicherheit, dem Einkommen, der Wirtschaftslage, der Gesundheit, den Elternverpflichtungen, den Großeltern usw. Autonomiebedürfnisse können nur im Zusammenhang mit dem anderen Teil der Polarität - der Abhängigkeit - sinnvoll gelebt werden. Autonomie gibt es nur im Kontext der Bezogenheit. Weniger feinnervig könnte behauptet werden: „Nur wer nicht mehr auf dieser Welt weilt ist unabhängig!"

Stärkung der Paarbeziehung

Wenn es gut weitergeht, ist das Bedürfnis nach dem Weiterbestehen des Paares, bei beiden Partnern wieder zufrieden gestellt. Die Absicht war ja eine langfristige Beziehung zu haben und nicht Partner-Hopping zu betreiben. Diese hat sich sogar das Paar - um die Beziehung „wasserdicht" zu machen - per explizitem Vertrag (bei Heirat) gegenseitig versprochen. Dabei fällt nicht ins moralische Gewicht, ob das eine juristische Ehe oder „nur" ein Vertrag durch (konkludente) Handlungen (wie bei nichtverheirateten Paaren) war.

Nach einer gewissen Zeit (je länger umso mehr) bekommt die Beziehung moralischen Verbindlichkeitscharakter, einerlei ob verheiratet oder nicht. Erst in schlechten Zeiten wird die Verbindlichkeit in Frage gestellt. Nachdem das Paar die Krise hinter sich gelassen hat, sich neu erfunden hat, geht dieses gestärkt in seine nächste Phase.

Das Paar hat die Chance ergriffen, seine „Beziehungsfestplatte" neu aufzusetzen. Dies hat, im besten Fall, mehr Klarheit gebracht, besonders über die individuellen Bedürfnisse auf beiden Seiten. Über jene, die verhandelbar und jene, die nicht verhandelbar sind. Die akkordierte Einsicht, dass es beides gibt: nämlich Recht auf Individualität trotz Beziehung und Recht auf eine gemeinsame „Schnittmenge" trotz Individualität, hat einen Teil der Veränderung bewirkt. Das neue Motto des Paares lautet: „Beides darf sein!"

„Auch ich kann nicht bei meinem bisherigen Verhalten bleiben"

Die eigene Bereitschaft zu bleiben und aktiv die positive Weiterentwicklung der Beziehung zu betreiben, ringt der Person den Verzicht auf bestimmte, ihr bis jetzt eigene, Verhaltensweisen ab. Umso mehr auch deshalb, weil der Partner seine Verhaltensweisen und Ansprüche auch verändert hat. Die Bemühungen sind wahrnehmbar und werden als positiver Ausgleich erlebt.

Die Person, die ihr Verhalten verändert, sollte nicht vergessen, dass sie die Veränderung in erster Linie für sich selbst tut. Der spekulierte Gewinn, beim anderen dafür Lob, Anerkennung, Entgegenkommen und Hinwendung zu ernten, darf sein, sollte aber nicht das tragende Element der Anstrengungen sein.

Die beste Grundhaltung für die Person, die etwas gibt, ist die Haltung des Schenkens, die keine Ausgleichserwartung hat.

Auf diese selbstlose Haltung wird noch im Kapitel „Nährboden für die Zukunft“ eingegangen. Der Geschenkmodus scheint der erfolgreichste Modus des Austauschs in Liebesbeziehungen zu sein, er ergibt für beide Partner eine Win-Win-Situation, weil er die Partner nachhaltig nährt. Er sättigt und erweitert die Beziehung, kann jedoch auch an seine Grenzen stoßen.

Vorteil im Geben und Ausgleichserwartung

„Ich möchte für die Investition vom anderen belohnt werden.“ Dieser Gedanke ist (wieder) im Tauschmodus. Er hat jedoch seine Berechtigung, da auch eine Liebesbeziehung dem Ausgleich von Nehmen und Geben unterliegt.

Der Ausgleich, den die Person für ihre Gabe erwartet, kann ein bisschen geringer sein als das, was sie selbst gegeben hat. Dann kann der andere (freiwillig) ein bisschen mehr geben als er erhalten hat. Das macht eine gute Dynamik zwischen dem Paar. Wenn die erwartete Retour-Gabe jedoch im Vorhinein festgelegt wird, ist das Paar wieder im Geschäftsmodus der Partnerschaft, der mit Liebe oder Liebesbeziehung nichts zu tun hat.

Potentielles Kränkungspotential entsteht, wenn der Ausgleich für das Bleiben durch den Partner nicht ausreichend ist oder sogar verweigert wird. Wenn der andere keine Bemühungen zeigt, seinen Teil einzubringen. Solch eine Enttäuschung bildet den Dünger für die nächste Krise. Eine solche Entwicklung ist durch direkte Kommunikation mit dem Partner jedoch verhinderbar. Ziel dieser ist, dass kein neues inneres Minus-Konto eröffnet wird, auf das im Stillen wieder zugebucht wird. Die Partner sollen sich nicht wieder in den „Bunker des gekränkten Schweigens“ zurückziehen können.

3.5. BEIDES – „Ich entscheide mich für beides – ich bleibe äußerlich und gehe innerlich!“

Übersicht: Auswirkungen – „Beides“

BEIDES	NUTZEN	PREIS
Ich entscheide mich für beides - ich bleibe äußerlich und gehe innerlich	Komfortzone: Erhalt der Annehmlichkeiten beider Welten, z.B. bei Außenbeziehung: Abwechslung, Lustbefriedigung und Abenteuer; Erhalt der emotionalen, sozialen und materiellen Sicherheit	Zweiweltensituation, Doppelleben, Zerrissenheit, Stress, Gefährdung der emotionalen und körperlichen Gesundheit; Einsamkeit: „Nirgends bin ich ganz beheimatet“
	Rückzugsmöglichkeiten in: Hobbys, Konsumwelt, Aufgaben/Tätigkeiten, Enkelkinder, EDV/Internet, Cybersex; Mystifizierung; Sublimierungen;	Nebeneinander leben, Verlust der Selbstachtung, Kränkung anderer, Frust über sich selbst; Schuld-Gefühle; Anhäufung von Kränkungspotential; Ex-Kommunikation der eigenen Bedürfnisse

	Hoffnung: Vielleicht entscheidet der andere, dann ist er der Täter, ich bekomme die Trennung zum moralisch „günstigen Preis“	Verlängerung des Leidens; prolongierte zermürbende Konflikte; psychosomatische Auswirkungen; Beschädigung der Selbstachtung

Abb. 13: Tabelle „Übersichtstabelle ‚Beides‘“, G. Kühbauer

Die dritte Alternative in der Logik des Tetralemmas wird hier verstanden als das, wo „beides“ in einer Zwei-Welten-Situation erfahrungsgemäß problematisch aufeinander bezogen bleibt. Diese inhaltliche Einengung entspricht nicht der Vielfalt der Handlungsmöglichkeiten von „beides“ im klassischen Modell des Tetralemmas von Matthias Varga von Kibéd und Insa Sparrer und wurde von mir auf diese Weise verändert und dadurch stark begrenzt. Die von mir bewusst gewählte Reduktion auf diese einzige polare Variante der Beziehungsfortführung ist notwendig, da sie eine beliebte Form ist, die Paarbeziehung nach einer Krise doppelbödig und halbherzig weiterzuführen.

Wird diese Variante von einem oder beiden Partnern gewählt, ist es hilfreich, sich der möglichen Auswirkungen bewusst zu sein. Wird die Lösung „beides“ gewählt, um den Preis möglichst gering zu halten, hat sie wenig Kraft und beinhaltet of genug langfristiges Schadenspotenzial.

Grundsätzlich ist diese Variante nicht immer negativ. „Beides“ in dieser Form ist hier und da die einzige Möglichkeit, einen existentiellen Schaden zu verhindern, z.B. wenn sich ein Paar wegen chronisch knapper, finanzieller und sozialer Ressourcen im hohen Alter nicht mehr scheiden lassen will/kann. Armutsfalle, Isolation, zu wenig Unterstützung bei der Pflege, wären oftmals die prekären Auswirkungen. „Beides“ in dieser Form ist dann ein Lösungsweg.

Grundsätzliches zu dieser Variante

Dieser Weg klingt entweder nach Schlaraffenland oder nach überforderndem Chaos. Wie kommt es dazu? Auf dem Weg zu neuen Lösungsmöglichkeiten, bei drohender Trennung oder Scheidung, gibt es fast immer die Verlockung, beides zu bekommen, indem das, was zusätzlich begehrt wird weiterhin zur Verfügung steht und darüber hinaus soll der „Preis“ dafür so klein wie möglich gehalten werden. Dies wäre Komfortzone pur.

Was sind die Auswirkungen von „beides“ in dieser Form? Wer äußerlich bleibt, aber innerlich geht, kommt nicht mehr an eine bestimmte Intensität in der bestehenden Beziehung heran. Die Frage stellt sich, ob diese Intensität jemals in der Beziehung überhaupt vorhanden war und wenn ja, ob sie weiterhin/wieder gewünscht wird. Oft genug gibt es nach einer Krise, zumindest bei einem Partner, wegen der anhaltenden Kränkung keinen Wunsch mehr danach. Es gibt viele Menschen, die diese Form von intensivem Leben nicht brauchen, nicht ersehnen, deshalb haben sie auch keine diesbezüglichen Defiziterfahrungen.

Mitunter sind das Personen, deren Eltern sich zu ihrem Kind emotional sehr distanziert verhalten haben, wo körperliche, seelische Nähe und Zärtlichkeit dem Kind nicht entgegengebracht wurden. Diese so konditionierten, jetzt erwachsenen „Kinder“ brauchen deshalb grundlegend nicht so viel Emotionalität und Intimität. Der Gusto danach wurde nie geweckt, obwohl es vielleicht unbewusst eine verschüttete Sehnsucht danach gibt. Aber auch im umgekehrten Sinne, wenn Kinder sie emotional überfordernde Elternteile hatten, ist dann im Erwachsenenleben - durch die erlebte „emotionale Geiselhaft“ in der Kindheit - das Bedürfnis nach Intimität oft eingeschränkt. Es ist, als wäre es jetzt mehr von dem, was damals überfordert hat.

Es gibt Menschen, die sich nur bis zu einer gewissen Grenze emotional einlassen können und wollen, die aufgrund ihres Wesenskerns oder ihrer Geschichte Beziehungstiefe für sich in dieser Art so nicht wünschen. Beziehungstiefe ist dann wie etwas, von dem die Person keine Vorstellung hat und dadurch keine Lust auf mehr aufkommt. Diese Menschen sollten nicht pathologisiert werden. Der Wesenskern des Menschen liegt für niemanden seziert am Silbertablett der Tiefenpsychologie, er bleibt letztlich verborgen.

Aus dieser Perspektive ergibt sich für mich der Schluss, dass es für einen Außenstehenden unmöglich ist, einen direkten Zugang zum Erleben eines anderen Menschen zu erlangen. Diese Einschränkung gilt auch für alle Psycho-Professionalisten, egal welchen theoretischen und methodischen Couleurs. Was auch immer ein Außenstehender versucht, um herauszubekommen, wie ein anderer etwas „wirklich“ erlebt, er muss scheitern; denn es gibt keinen direkten Zugriff auf das erlebte Leben eines anderen Menschen. Die verbale, nonverbale und gefilterte Wiedergabe von Erlebtem, ist für den Zuhörer auf der anderen Seite - ebenfalls nur gefiltert durch die eigene Brille - wahrnehmbar. Ich behaupte, dies sei gut so, denn jeder Mensch habe ein Grundrecht darauf, seine verborgene Wesenhaftigkeit zu sein.

Es gibt jedoch Menschen, die Sehnsucht nach mehr Intimität und Nähe in der Beziehung haben. Wer sich entschließt, äußerlich zu bleiben aber innerlich zu gehen, bei dem kann Sehnsucht nach intimer Beheimatung vermutet werden. Innerlich zu gehen heißt erfahrungsgemäß, dass die Person sich eine alternative innere Heimat sucht. Dies bedeutet nicht unbedingt, dass eine Außenbeziehung gesucht wird. Zuweilen suchen Partner sich im Äußeren einen neuen, platonischen Bereich, in dem sie, ihrem Wesen gemäß, besser leben können. Dies kann durch ein intensives Hobby geschehen, durch neugefundene Interessen oder durch berufliches Engagement, wenn der Beruf als Berufung gelebt wird.

Komfortzone

Komfortzone bedeutet grundsätzlich den Erhalt der Annehmlichkeiten beider Welten. Da ist zum einen die Welt, in der die Person äußerlich präsent ist; wo sie eingebettet in ihrem Lebenskontext und in ihren Systemen tätig ist/lebt; wo sie mit all dem und denen verbunden ist, was sie nach außen hin aus der Sicht anderer ausmacht. Die Vorteile und Bedürfnisse nach emotionaler, sozialer und materieller Sicherheit bleiben zum größten Teil befriedigt. Zum anderen gibt es die innere Welt, in die sich die Person immer wieder zurückzieht, in der sie ihren Gedanken und ihrem Tun nachhängen kann, dies aber nicht zu teilen braucht. In der sie ganz Ihres macht.

Diese andere Welt kann Bedürfnisse befriedigen, die vom Partner in der Primärbeziehung nicht (mehr) abgedeckt werden oder noch nie abgedeckt wurden. Oft komm dieses Anliegen nach einem anderem Selbsterleben nicht aus einem Defizit – „weil der andere nicht so tut, wie ich will", sondern aus einer grundlegenden Andersartigkeit. Wenn dies zutrifft, wäre es hilfreich, diese Unterschiede gemeinsam zu betrachten und anzuerkennen.

Für die getrennte Befriedigung dieser Bedürfnisse können partnerschaftliche und familiengerechte Vereinbarungen über den Zeitpunkt der Verwirklichung und deren Intensitätsgrad getroffen werden. So macht sie ihren Damenurlaub etwa mit ihrer Freundin am Meer (was er nicht will), er macht seinen Bergurlaub (den sie nicht will) mit seinen Freunden und gemeinsamen Urlaub gibt es auch. Die Partner brauchen dann nicht mehr ihre Bedürfnisse im gekränkten Rückzug zu leben. Solche Vereinbarungen sind Ausdruck gegenseitig geachteter Individualität. Besonders beziehungsförderlich ist es, wenn versucht wird, die eigene Andersartigkeit dem Partner näher zu bringen, und dies auf Interesse bei ihm stößt. Dies fördert die Lust zum Teilen und neue gemeinsame Erfahrungen.

Spezialfall: Affäre oder Außenbeziehung

Eine Außenbeziehung, in welche nichtbefriedigte Bedürfnisse aus der Primärbeziehung ausgelagert werden, ist eine besondere Form der Komfortzone. Hier wird, wie auch bei der nicht partnerbezogenen Form des Rückzugs, ein eigener Kosmos errichtet und bewusst nicht geteilt. „Diese Welt gehört ganz alleine mir und geht sonst niemanden etwas an." Durch den häufig ausgleichenden Charakter einer Affäre oder Außenbeziehung, ermöglicht sich die Person, Bedürfnisse abzudecken, die in ihrer Paarbeziehung nicht (mehr) oder noch nie befriedigt wurden. Die felsenfeste Tatsache des Lebens, dass nie alle Bedürfnisse in einer Beziehung abgedeckt werden können, ist zwar der Person (theoretisch) einsichtig, kann aber in seinem lustfeindlich erscheinenden „Kleid", nicht für einen Verzicht motivieren. Nach dem Motto: „Es ist ja nur ein Spiel, ich hab das schon im Griff" werden dann mögliche Auswirkungen gering geschätzt. Die Person glaubt sich im Spielmodus, den sie ja unter Kontrolle hat, und nicht im Ernstmodus der Verletzbarkeit von Menschen.

Jeder andere Mensch bietet die Möglichkeit eines Neuerlebens. Diese Möglichkeit ergibt sich aus den unendlichen Unterschiedlichkeiten von Menschen. In diesem Sinne geht es meist bei einer Affäre oder Außenbeziehung nicht um „besser oder schlechter“, sondern um „anders“, sofern die Person nicht überhaupt vor hat, die bestehende Beziehung zu beenden. Der Gesamtgewinn einer Zweiweltensituation manifestiert sich dadurch, dass innerhalb der Primärbeziehung überwiegend soziale und materielle Bedürfnisse, und in der Außenbeziehung meist emotionale sowie sexuelle Bedürfnisse abgedeckt werden.

Der Preis für die Zweiweltensituation ist ein Gespalten-Sein in der Person. Sie ist nirgends wirklich ganz beheimatet. Sehr häufig wird diese Form des Beziehungslebens als durchgeplantes Doppelleben mit aufwendigem Geheimnismanagement inszeniert. Das Pendeln zwischen den zwei verschiedenen Welten wird, je länger, umso mehr, als emotionale Zerrissenheit erlebt. Sich daraus ergebender seelischer und körperlicher Stress gehört dann zum Preis. Latente Unzufriedenheit, Frust, Erschöpfung und andere Erscheinungsformen von Überlastung können ebenfalls eine negative Auswirkung des Doppellebens sein. Die Zweitbeziehung mutiert dabei zum Fast-schon-Alltag und verliert immer mehr ihren besonderen Charakter.

Auf das, was hauptsächlich vom fremdgehenden Partner geschaut werden muss, ist die Verteilung der Loyalität dem Partner in der Primärbeziehung gegenüber sowie auch dem Partner in der Sekundärbeziehung gegenüber. Beiden muss entsprochen werden. Einen gravierenden Unterschied macht es, ob der Geliebte ebenfalls in einer festen Beziehung (womöglich mit Kindern) gebunden ist und die Doppelloyalität bedienen muss. Ist dies der Fall, wird die Loyalitätsfrage leichter gemanagt, da beide nicht an einem Outing interessiert sind. In anderer Konstellation, wenn der Geliebte keine Primärbeziehung hat, leidet dieser oft in besonderer Weise. Wird dadurch - oft erst nach langem Leiden, wenn überhaupt - die Rangordnung: Primärpartner Nr. 1, Sekundärpartner Nr. 2 in Frage gestellt, droht der Showdown.

Die Kündigung des Geliebten-Status kann von beiden Seiten erfolgen, von dem Partner, der den Geliebten-Status immer mehr satt hat oder vom anderen, der den Stress der Zwei-Welten-Situation nicht mehr aushalten will. Hier sind den eskalierenden Ereignissen keine dramaturgischen Grenzen gesetzt. Kurzschlusshandlungen, Drohung, Erpressung, emotionale und körperliche Zusammenbrüche, sich auf andere Lebensbereiche auswirkende Zwangs-Outings, werden gegen den Ex-Geliebten aufgefahren; Ehepartner, Kinder, Freunde, Nachbarn und Arbeitskollegen erfahren dann das dunkle Geheimnis. Ab und zu wird sogar der Unternehmensvorstand unfreiwilliger Zeuge der Abrechnung.

Rückzugsbereiche

Lebt ein Partner in einer inneren Zwei-Welten-Situation, ohne dass es eine Außenbeziehung oder Affäre(n) gibt, ist der Druck, über den Fortbestand der Beziehung eine Entscheidung treffen zu müssen, meist geringer. Das Leben bietet unerschöpflich Möglichkeiten, je nach individueller Neigung und Eignung, Bedürfnisse die nicht befriedigt werden, zu kompensieren. Nicht immer muss es eine hochfrequenzige Affäre oder Außenbeziehung sein. Wenn diese Umformung von nicht erfüllten Wünschen einen anderen befriedigenden Ausdruck findet, wird dies meist als zufriedenstellend und die Beziehung stabilisierend erlebt. Jedoch kann der Unterschied zwischen Nutzen und „Preis" manchmal verschwimmen und sich sogar ins Gegenteil hin auswirken. Bevorzugte Formen dieser Art des Rückzugs in eine zweite Welt, können sein:

Hobbys

Sich mit einem (neuen) Hobby zeitintensiv zu beschäftigen bietet die Möglichkeit, sein Leben „durch die Welt des Hobbys“ zu erweitern. Dabei lernt der nach außen strebende Partner neue Facetten der noch fremden Welt kennen und gewinnt dem Leben eine neue, spannende Seite ab. Die Person ist z.B. künstlerisch-kreativ, kann sich durch ihr Talent handwerklich ausdrücken und erlebt dabei große Befriedigung; sie kann ihre Erzeugnisse eventuell potentiellen Kunden präsentieren, womöglich Geld dazuverdienen, neue Freundschaften mit Gleichgesinnten bilden und einen, an das Hobby gebundenen, Rhythmus im Jahresablauf finden (Vereinsleben, Verkaufsmärkte usw.).

Konsumwelt

Das Abtauchen eines Partners (oder gar beider) in das weite Land der infantilisierenden Konsumwelt, in die Kultur des Flüchtigen, in die blinkende Welt des Scheins, ist in unserer economic society eine sehr beliebte Form der Ablenkung. Es heißt: „Der Mensch ist ein Augen-Tier“, deshalb ist Sehen leichter als Denken. Durch die optischen und fast denkfreien Reize, bekommt dann das nahegelegene Einkaufszentrum oder das ausflugsermöglichende Designer-Outlet den Charakter einer eventorientierten Lustbefriedigungsstätte. In dieser kann die Person wöchentlich oder sogar täglich ihr Selbstwertgefühl durch neue Gewandung aufpolieren. Doch Schonung ist angesagt, jeder von uns hat seine eigene Art mit seinen Ängsten umzugehen.

Aufgaben/Tätigkeiten

Ebenso können auch neu gewonnene Aufgaben, die für die Person Sinn ergeben, befriedigen. Sich für andere Menschen sozial zu engagieren, kann als besondere Form von sinnvollem Leben erfahren werden. Dabei weitet sich die Welt, wenn die Person sich für den Lebensbereich einer neuen Menschengruppe interessiert (z.B. für die fremde Welt der Flüchtlinge, aus der sie kommen). Engagements in Non-Profit-Organisationen bieten ebenfalls gute Möglichkeiten für sinnvolle Tätigkeiten. Mitarbeit in Gemeinden, Pfarren, religiösen Vereinigungen, Caritas, Rettung und Feuerwehr, ist oft ein Ausdruck einer sinnvoll empfundenen Aufgabe im Leben. Hier kann, integriert in einen Kreis von Gleichgesinnten, alleine oder auch als Paar, Beheimatung erlebt werden.

Enkelkinder

Diese sind eine besonders beliebte Form der später wiedergefundenen schönen Aufgabe. Alleine schon durch die Existenz wie auch durch die Möglichkeit, für Enkel sorgen zu können, bestätigt sich der Sinn der Großelternschaft. Jedoch in der zeitlich „übersteigerten Form" der Verantwortungsübernahme, gebiert sich manchmal ein neues Paarproblem. Oft erleben gerade die Männer das Aufgehen der Partnerin in der Betreuung ihrer Enkelkinder als ein „Zurück-an-den-Start". Jetzt, nachdem das „Projekt Kinder" gut abgeschlossen ist, und Zeit wäre für gemeinsames Tun, ist wieder keine Zeit dafür. Die Möglichkeit, mit der Partnerin gemeinsam, dem Leben wieder Neues abzugewinnen, geht verloren. Pensionierung bedeutet häufig, reichlich Zeit zu haben und auch die materiellen Möglichkeiten unterstützen ein gemeinsames Aktivsein. Gemeinsames Reisen, Teilnahme am Kulturgeschehen, Sport und Hobbys bleiben dann unerfüllten Wünsche des Partners, wenn die Partnerin zu wenig Zeit und Muße dafür hat und sich in einer „neuen Mutterschaft" erleben kann. Dies soll aber nicht heißen, dass Großväter nicht auch diese Begeisterung für die Enkelbetreuung haben können.

EDV/Internet

Der Rückzug in den virtuellen Raum ist eine Möglichkeit, die sich erst in den letzten Jahrzehnten durch die rasante Entwicklung von IT-Systemen und Internet ergeben hat. Verstärkt Männer, aber auch Frauen, haben hier eine besondere Affinität, da die Welt der EDV oft mit ihrer beruflichen Welt stark verknüpft ist, und ohne diese Verbindung ihre Arbeit gar nicht mehr möglich wäre. Ist der berufliche Zusammenhang zur EDV nicht gegeben, kann trotzdem darin eine befriedigende Möglichkeit zur kontinuierlichen Beschäftigung mit ihr gefunden werden. Dem Angebot und Zusammenspiel der verschiedenen Digi-Welten wie Internet, Mail-Kommunikation, virtuelle Freundschaftssuche und Pflege, gambeln, bis der persönliche Level durch die Decke schießt, bloggen, twittern und facebooken und dabei der Welt in Echtzeit die gerade neueste vorüberziehende, emotionale Regung von sich mitzuteilen; Smart-Phonie, Appsonie, Fotografie und Film, YouTube, Musik in jeder Schattierung und der Möglichkeit zur privaten Haushaltsverwaltung & Dokumentation, sind keine Grenzen gesetzt. Welch eine Fülle des Lebens. Man fühlt sich zugehörig zur weltweiten Digi-Religionsgemeinschaft, in der man nie einsam ist.

Ein ehrgeiziger und dem Genre zugeneigter Partner findet immer einen guten Grund für das Werken am PC. Früher war es die materienstiftende Bastelwerkstätte im Keller (zumeist für Männer) , heute ist es die große, virtuelle Welt, für die auch in der kleinsten Hütte eine Steckdose gefunden wird. Bit und Bytes zu beherrschen ist ein lebenslanges Projekt und liefert, durch selbst auferlegtes Engagement, immer gute Gründe, gemeinsamen Aktivitäten mit dem Partner zu entkommen. „Ich muss das oder dieses noch machen“ ist fast selbsterklärend und kann argumentativ gut verteidigt werden, scheint es doch so harmlos. Kann der andere

Partner mit dieser Welt nichts anfangen, kann diese Lust nicht nachvollzogen werden. Noch ein zusätzliches Mysterium eröffnet sich für internetaffine Partner. Es ist das einzigartige Tor zur unbegrenzten Möglichkeit des Welt-Weiten-Lusterlebens (WWL).

Cyber-Sex

Das WWL oder die sexuelle Befriedigung durch Gedankensex ist in den meisten Haushalten Realität. Das Spektrum reicht von der reinen Betrachtung und begleitenden Masturbation beim Konsumieren pornographischer Bilder, über sexuell anzügliche Chats bis zum Austausch erotischer E-Mails und Bilder auf einer einschlägigen Plattform. Diese Art der Sexualität ist leicht verfügbar, sicher, anonym, nicht sehr teuer und bietet der Sexualität einen jederzeit abrufbaren Alltag.

Darüber hinaus macht die unendliche Verfügbarkeit neuer Sexualpartner bzw. sexueller Reize den virtuellen Sex so attraktiv. Außerdem muss man, wie es ein Klient formulierte: „*Danach nicht noch lieb sein und reden!*“ Diese Art von Rückzug in die innere, sexuelle Emigration ist eine beliebte Form der sexuellen Autonomie. Durch die anonyme Identität im Netz und das Fehlen des risikohaften physischen Kontaktes, sind dem sexuellen Genuss in der Einbildungskraft keine Grenzen gesetzt.

Diese Art der selbstbezogenen Sexualität („Selbstliebe“) ist eine Form der Sexualität. Sexuelle Lebendigkeit als Teil einer größeren Lebendigkeit drückt sich auch in dieser Form aus. Die Problematik, die sich bei gesteigertem Cyber-Sex-Konsum eines Partners dabei ergeben kann, ist die immer stärker werdende Isolation der Partner. Ist ein Partner nach wie vor an einer gemeinsamen Sexualität interessiert und wäre diese möglich, entgehen dem Paar durch das bevorzugte Interesse des anderen am Cyber-Sex, sexuelle Begegnungs- und Erlebnismöglichkeiten.

Der Rückzug in den Cyber-Sex hat oft eine, die Quantität steigernde, Dynamik. Das Kompensationsverhalten nimmt zu, da die gemeinsame Sexualität in der Beziehung immer mehr als kompliziert, risikoreich (Abweisung), unsicher und emotional aufwendig erlebt wird. Es entsteht ein Gefühl der Entfremdung bei den Partnern: Sie trauen sich nicht mehr zu, füreinander noch attraktiv zu sein, dem anderen als attraktiv genug zu begegnen, ihn zu befriedigen.

Dies hat auch manchmal für den anderen Partner einen Nutzen: Ist dieser nicht (mehr) so stark wie der andere an Sexualität interessiert, gesellt sich der Cyber-Sex des Partners stillschweigend zur „sexuellen Hausordnung“ dazu. Er bringt somit auch versteckten Gewinn für den sexuell abstinenten Partner. Distanzierung und Entfremdung werden dadurch gefördert.

Mystifizierung/Esoterik

Die in den letzten Jahrzehnten zunehmende Beschäftigung mit Esoterik deckt ein weit verbreitetes Bedürfnis nach Mystifizierung des Lebens in der Postmoderne ab. Esoterik wird vom altgriechischen esoterikós – ‚innerlich‘, dem inneren Bereich zugehörig, abgeleitet. Das den meisten Menschen innewohnende Bedürfnis, spirituelle oder religiöse Beheimatung im Leben zu finden, bedient die Esoterik in verschiedensten bunten Facetten. Menschen finden dabei ein weites Feld für die persönliche Sinnsuche. Manchmal entwickelt sich diese Welt bei einem der Partner zu seiner Hauptwelt.

Diese postmoderne Omnipräsenz der Sinnsuche lässt den Schluss zu, dass in den letzten Jahrzehnten, bezüglich persönlicher Sinnfindung ein allgemeines Vakuum entstanden ist. Dieses wird durch die erlebte Abwesenheit von seelisch-geistiger Intimität in der Beziehung noch verstärkt. Das Teilen dieser, oft nur einen Partner faszinierenden, mystischen Welt, ist oft schwierig, da sie zumeist für den anderen Partner, der innerlich nicht so ausgerichtet ist, exotisch bis absurd erscheint. Für den magisch nicht interessierten Partner bekommt diese Orientierung des anderen dann ein immer geheimnisvolleres und undurchschaubares Gepräge. Es kann in seiner starken Ausprägung immer mehr zum schwärmerischen, weltabgewandten, quasireligiösen, überhöhten Verhalten werden.

Die evangelischen Theologen und Autoren des Buches „Gott 9.0" finden hier sehr deutliche Worte. Sinngemäß meinen sie: „*Diese Menschen neigen dazu, das Vergangene zu verklären. Die Spiritualität der ursprünglichen Naturvölker steht dabei oft im Mittelpunkt. Die Buschmänner der Kalahari oder die Inuit am Polarkreis werden als zivilisatorisches Vorbild für die Seele des weißen Mannes gesehen, magisch-mythische Religiosität als besser und höher dargestellt.*" [79] Der spirituelle Geist der australischen Aborigines wird versucht, per Didgeridoo in die Schluchten der Fußgängerzonen zu tragen.

Sie schreiben weiter: Je höher das Irrationale ist, für umso spiritueller wird es von dem Glaubenswilligen gehalten. Sie führen dazu weiter aus: „*Prärationale Glaubensvorstellungen, spirituelle Halbwahrheiten und Aberglaube werden fälschlicherweise überhöht und als uraltes, nicht zu überbietendes, altes transrationales Wissen angepriesen.*" [80]

Es könnte vermutet werden, man kann sich beim Universum alles bestellen. Alles ist möglich - verwandeln wir Angst, Leid und Krebs mittels Gehirntuning in Lebensfreude. Denken, lieben, tanzen, meditieren, gärtnern wir uns einfach gesund. Auch die, mittels Affirmation, vorprogrammierte Parkplatzfindung wird so zum sicheren Erfolg.

Die Autoren stellen unter der Überschrift „Den Kinderglauben verteidigen“ fest, dass sich auch unter kirchlich geprägten Menschen diese unbewusste Verklärung des Magischen befindet. Der „Herr“ ist dann der „Hirte“ und die Menschen die „Schafe“. Mit infantilem Bewusstsein wird die Verklärung für das Kennzeichen der wahren Religion gehalten „wenn man glaubt, was man nicht versteht.“ [81]

Die wesentlich weniger aufwendige Glaubens-Variante im spirituellen Kuddelmuddel, die einem keine religiöse Konsequenz abringt, ist ebenso zu beobachten. Heerscharen von Gips-Engeln bevölkern die Wohnzimmer und schauen freundlich von den Bücherregalen herunter.

Gegenpol Rationalisierung

Diese nicht rationalisierenden Partner kämpfen gegen das vernünftige, differenzierte und rationale Denken. In diesen Be-ziehungen wird oftmals die „Vernunft“, ausgleichend vom anderen Partner, vertreten, sofern überhaupt noch darüber diskutiert wird. Dieser vertritt dann die rationale Ablehnung alles Spirituellen und Religiösen. Er glaubt von sich, dass er an der unüberbietbaren „Hochwassermarke“ der Evolution (Ken Wilber) angekommen ist, dass er die definitive Spitze der geistigen Fahnenstange erreicht hat. Das duale reduzierte Denken in 0 und 1, in Ursache und Wirkung, ist dann die allumfassende digi-religiöse Erkenntnislogik. Wer aus dieser Sicht spirituell oder religiös ist und an Gott glaubt, ist eben neurotisch, esoterisch, unaufgeklärt oder stecken geblieben in einer kindlich-naiven Regression.

Esoterisch orientierte Bedürfnisse bei Menschen erscheinen als Wunsch nach Kontrolle im Leben. Der Sinn steht nach Heimat, Sicherheit und Geborgenheit im Geiste, nach Antworten auf Sinnfragen. Diese Sehnsucht nach Sinn scheint eines der grundgelegten Bedürfnisse des Menschseins zu sein. Sie bedient sich in dieser Zeitepoche stark der Esoterik, weil die monotheistischen Religionen den Menschen keine Heimat mehr zu bieten scheinen und an Bedeutung verloren haben. Nichtsdestoweniger sind Religionen Ausdrucksformen und in Sinnmodelle eingegossene Spiritualität bzw. die Suche nach dieser. Die eigene Religion ist die gefundene, oft von anderen weitergegebene Antwort, die das Individuum glaubt.

Das Paar, bei dem einer die Mystifizierung des Lebens aktiv für seine Wohlbefindlichkeit einsetzt und der andere sie durch Rationalisierung (ebenso für seine Wohlbefindlichkeit) bekämpft, driftet dann im Bereich der seelisch-geistigen Intimität auseinander bzw. lässt sie erst gar nicht aufkommen. Hier liegt ein möglicher Intimitätsbereich brach, der vor allem in den späteren Lebensjahren tragen hätte können.

Sublimierung

Eine elegante und häufige Form der Verwandlung von nicht mehr aktuellen Bedürfnissen ist die Sublimierung. Dabei werden durch einen oder beide Partner Gegebenheiten des Lebens durch einen Veredelungsprozess auf eine höhere Stufe gebracht. Etwa wird die nachlassende Libido in der Beziehung in ein sozial nützliches Engagement, in eine geistige Leistung oder in eine kulturell anerkannte Verhaltensweise sublimiert (übergeführt).

Diese Art der Anpassung von Realitäten des Lebens findet häufig ihren Ausdruck in der Kunst, Musik und Wissenschaft.

Dadurch wird Lebensenergie umgewandelt und auf eine neue Art freigesetzt. Jegliche Form dieser Umwandlung steht für sich völlig wertfrei da. Das Aufgehen in einer Berufung (auch schon in jungen Jahren) ist so eine Form von gelenkter Energie. Um alle Sinne und Fähigkeiten auf eine Sache konzentrieren zu können, braucht es offenbar den Verzicht auf andere energieverbrauchende Bedürfnisse (z.B. bei künstlerisch Schaffenden). Dies auch, wenn sie in Beziehungen leben und Familie haben. Eine Klientin drückte es einmal so aus: „*Mein Mann ist mit seiner Musik verheiratet, wir führen eine Ehe zu dritt.*"

Die gemeinsame Verfeinerung von freigewordener Energie, kann jedoch, wenn beide Genuss darin finden, vom Paar gut geteilt werden. Viele Paare investieren dabei gerne Geld, Zeit, Liebe und Energie in Reisen, Kulinarik, Kunstschaffen oder Sprachen lernen. Das Engagement über diverse Mitgliedschaften bei Trachtenvereinen und Sportverbänden sowie ein ehrenamtliches Engagement in einer sozialen NGO sind ebenfalls manchmal ein Ausdruck dafür.

Sublimierung kann die Entwicklung eines Paares sehr stimmig ausdrücken. Angepasst an die Altersphasen des Lebens ist dies eine gemäße Form für Weiterentwicklung im fortschreitenden Alter des Paares. Das „Umgeformte", als neuer lebendiger Ausdruck der Beziehung zur Welt und in die Welt getragen, ist positiv bewältigte Anpassung an aktuelle Bedürfnisse. Entscheidend ist, ob authentische Bedürfnisse bedient werden oder, in einer negativen Form, das Neue der Person mehr abringt, als es ihr bringt.

Nebeneinander leben

Alle vorher angeführten Formen des Rückzugs bewirken, von der

Alternative „Sublimierung" mal abgesehen, meist eine stärkere Isolation zwischen den Partnern. Die eigenen Bedürfnisse werden immer mehr nach innen bzw. bei Extrovertiertheit, nach außen verlagert. „Beides", nämlich äußerlich zu bleiben, aber innerlich bevorzugt in eine eigene Welt zu gehen, trennt das Paar immer mehr. Je nach Art des Rückzugs wird bei beiden Partnern häufig Kränkung erzeugt. Insbesondere der Rückzug durch körperlich gezeigte Bedürfnislosigkeit lässt die Kränkung wachsen. Wenn die Beschäftigung mit den nur eigenen Genusswelten immer größeren Raum einnimmt, bekommt die Beziehung immer mehr den Charakter einer Service- bzw. Wohngemeinschaft.

Durch die eingetretene Beziehungsroutine bleibt das Paar jedoch beisammen. Emotional hingegen gehen beide Partner verstärkt in die Distanz. Es kommt, wenn die gemeinsame Intimität und Sexualität abgenommen hat oder ganz zum Stillstand gekommen ist, zu einer Art von „nachsexueller Gefährtenschaft". Sie wird dabei vorwiegend nur mehr als Tausch von Nützlichkeiten und nicht mehr als Ausdruck von Zuwendung erlebt. Oft ist die Sexualität dann nur mehr Tradition und Gewohnheit. Speziell bei Rückzug wegen einer geheimen Außenbeziehung bedeutet dies häufig auch die Beschädigung der Selbstachtung. Frust über sich selbst und über den Partner (per übertragener Schuld) ist der Preis für die so gewonnene Intensität im eigenen Leben. Eine starke Entfremdung auf der Mann-Frau-Ebene ist dann das Ende einer vielleicht ursprünglichen Liebesbeziehung.

Hoffnung – „Ich werde vielleicht entschieden"

Diese Hoffnung heißt: „Vielleicht entscheidet der andere, dann ist er der Täter und ich bekomme die Trennung oder Scheidung zum moralisch günstigen Preis." Häufig treffen Partner, die ihre Beziehung verlassen wollen, die Entscheidung, sich nicht zu entscheiden. Dies ist meist die Ausgangslage für diverse Rückzugsvarianten, die bereits angeführt wurden. Sich dafür zu entscheiden, sich nicht zu entscheiden, ist auch eine Entscheidung. Sie wird oft mittels Inaktivität aus Selbstschutz heraus getroffen. Sie blockiert größtenteils den Entwicklungsprozess, da der Preis der Offenlegung der eigenen Bedürfnisse nicht bezahlt werden will. Die Hoffnung, dass vielleicht der andere eine Entscheidung trifft -

> *Fr. O.: „Am idealsten wäre es, wenn er sich auch jemand anderen finden würde."*

- verspricht den moralischen Diskontpreis. Sie ist problematisch, da sie ein aktives Engagement für Veränderung (einerlei in welcher Richtung) verhindert. Der Einsatz, der für eine Klärung der Beziehung notwendig wäre, wird nicht geleistet.

Verlängerung des Leidens

Die aufgezeigte negative Variante von „beides - äußerlich zu bleiben, jedoch innerlich zu gehen", bedeutet häufig die Verlängerung des Leidens. Der Gewinn der pragmatischen Entscheidung zu bleiben, verbraucht sich langfristig durch die innere Gespaltenheit. Prolongierte, zermürbende Konflikte, Bitterkeit über den Lebensverlauf und das Hadern mit dem Schicksal führt zu reduzierter Lebensqualität. Damit nicht in Zusammenhang gebrachte psychosomatische Auswirkungen verschlechtern oft die Gesundheit.

Trotzdem ist ein neuer Trend abzusehen. Die, in den letzten Jahren verbesserten, gesellschaftlichen Rahmenbedingungen für Trennung oder Scheidung, diese auch im fortgeschrittenen Alter hinzubekommen, führen immer mehr zum späten Verlassen in

Beziehungen. Zuweilen jedoch führt erst das Ableben des Partners zu einem (wieder) befriedigenderen Leben.

3.6. KEINES VON BEIDEN – Hinter der Frage: „Gehen oder bleiben“ verbirgt sich ein noch nicht erkanntes Thema.

Übersicht: Auswirkungen – „Keines von beiden“

KEINES VON BEIDEN	NUTZEN	PREIS
Hinter der Frage: „Gehen oder bleiben“ verbirgt sich ein noch nicht erkanntes Thema Erkenntnismöglichkeit: „Ich will mich vielmehr von einem problematischen Zustand trennen“ Trennung oder Scheidung als Eintrittskarte in den ersehnten Zustand Umdenken als Lösungsansatz	Hinter dem Trennungsthema sind vielleicht andere Themen verborgen; „Ich kann zu Themen kommen, die weit über meine/unsere Beziehungsthemen hinausführen, zu Themen, die hinter den Beziehungsthemen verborgen sind, z.B. biografische Themen“; Verwirklichung von Entwicklungsbedürfnissen, die in der Beziehung nicht abdeckbar erscheinen; Schwebezustände können Lösungspotential freisetzen	Dass ich etwas mir Eigenes nicht erkenne, verabsäume; dass ich das eigentliche Thema „unangetastet lasse“

Abb. 14: Tabelle „Übersichtstabelle ‚Keines von Beiden‘“, G. Kühbauer

Achtung: Warnung vor den Nebenwirkungen! Auf den Erkenntniswegen von „Keines von beiden“ sowie dem anschließenden „Und das Darüber-hinaus“ kann eine Verwirrung entstehen, die dann nicht mehr reversibel ist. Diese Wege führen über die üblichen Grenzen hinaus. Das Ziel dieses Denkens ist die zeitweilige Überwindung aller bisherigen üblichen Denkansätze. Gelingt dies, werden das eigene Erleben und das daraus resultierende Verhalten beeinflusst.

Der Suchende stößt hier eventuell auf Verwirrendes, aber hoffentlich Brauchbares, das sich in den davorliegenden Entscheidungsvarianten als ausgeschlossen gezeigt hat. Auf diesem Weg kann sich die Person selbst fragen:

- „Wenn Gehen oder Bleiben für mich kein Thema ist, was käme dann auf mich zu?“
- „Wenn die gebundene Energie frei würde, was würde ich dadurch befeuern können?“
- „Wovon müsste ich mich trennen, wenn Gehen oder Bleiben kein Thema wäre?“
- „Von was müsste ich mich trennen, um mich nicht trennen zu müssen?“

Möglicherweise kommt es durch diese Fragestellungen zu einem Erkennen, dass es gar nicht um die Frage von „Gehen oder Bleiben“ geht, sondern um etwas ganz anderes.

Das Thema hinter dem Thema

Wenn z.B. eine Person ihr ganzes Leben darum bemüht ist, ihren Eltern gerecht zu werden und sich durch Leistung ihre Liebe und Anerkennung zu sichern, kann sie sich fragen:

- „Wie kam es dazu, dass ich immer davon besessen war, sowohl dem Vater als auch der Mutter gerecht werden zu wollen?"
- „Von welchem Thema, von welcher Idealvorstellung müsste ich mich trennen?"
- „Welche Erfahrungen von Nähe oder Distanz mit meinen Eltern haben mich geprägt?"
- „Welche Glaubenssätze habe ich aus meiner Herkunftsfamilie mitgenommen?"

Dilemmas stehen fast immer in Verbindung mit einem in der Person angelegten „blinden Fleck" (unbewusste Persönlichkeits- u. Verhaltensmerkmale). Ebenso selbstkritische Fragen könnten dafür sein:

- „Was in meiner gegenwärtigen Situation tue ich nicht, indem ich immer auf dieses Problem starre?"
- „Was verleiht meinem Dilemma Sinn?
- „Was ist der versteckte Gewinn hinter meinem Dilemma?"

„Keines von beiden" ist die vierte Lösungsmöglichkeit. Sie hat vermutlich nichts mit dem Partner zu tun. Es geht dabei um einen eigenen inneren Raum, der mit anderen Inhalten als Gehen oder Bleiben oder beides gefüllt ist. Dieser innere Raum kann von der betroffenen Person, die sich fragt, ob sie die Beziehung fortsetzen soll, besucht werden. Auch mit externer Unterstützung. Dies kommt einem Akt der Selbstermächtigung gleich. Mit dieser inneren Schau vermag sich das Paar gemeinsam auseinandersetzen, aber auch jeder einzelne Partner das Notwendige für sich alleine erledigen.

Biografische Themen

Zentrale Hypothese ist: Hinter dem Trennungsthema sind vielleicht andere Themen verborgen; wenn sich die Person dieser Auseinandersetzung stellt, kann sie zu Inhalten kommen, die weit über ihre Beziehungsthemen hinausführen. Diese sind oft biografische Themen aus der eigenen Herkunftsgeschichte, die manchmal generationsübergreifend ihre problematische Wirkung entfalten. Eine sehr gute Methode zur Sichtung dieser Hintergrundthemen sind z.B. Familienaufstellungen, wobei Repräsentanten aus der Gruppe Rollen für das Aufstellungsanliegen des jeweiligen Teilnehmers übernehmen. Die Person, die aufstellt, ist dabei Zeuge einer vergangenen oder auch aktuellen Familiendynamik, die ihre Wirkung auf ihr gegenwärtiges Leben hat. Dabei sind Erkenntnisse und Erlebnisse von seelischer Heilung möglich. Interessierte Personen sollten dabei auf die Seriosität und Qualifikation der Aufstellungsleitung schauen. Genaue Informationen über Methode, Wirkungsmöglichkeiten und Qualifikation der Aufsteller unter www.forum-systemaufstellungen.at

Entwicklungsraum gewinnen

Bisweilen geht es bei Trennung oder Scheidung für die Person, die gehen will, darum, mehr Entwicklungsraum für sich zu gewinnen und nicht um den Wechsel von „Schwarz“ zu „Blond“. Wie kommt das: Der Entwicklung im Leben entkommt man nicht, die Person, die wegstrebt, ist im Laufe der Zeit eine andere geworden. Die Lebenskraft, die sie in sich spürt, hat sich gewandelt. Ihre Sichtweisen über das Leben und die Beziehungsgestaltung haben sich verändert. Die Person fühlt sich von Bedürfnissen und Sehnsüchten bewegt, auf die sie eingehen will. Sie hofft(e) dabei, dass der Partner ihr dafür Resonanz entgegenbringt und sich mit ihr mitbewegt. Wenn Entwicklungsraum gesucht wird, und dieser nicht als ausreichend in der Beziehung erscheint, erlebt die Person den Beziehungs-Alltag immer mehr als einschränkend. Es entwickelt sich dann manchmal ein unbändiges Bedürfnis nach Freiheit, nach erweitertem Entwicklungs- und Experimentierraum. Ist dieser nicht möglich, wird das Zuhause zum „Gefängnis", die Einfriedung im Reihenhausdasein zur Einengung und der Garten zum maximalen jahreszeitlichen Abenteuer. Bestehende Verantwortungen und Pflichten rücken in diesem Zustand dabei in den Hintergrund. Trennung oder Scheidung wird dann als Trennung oder Scheidung von beschränkenden Strukturen gesehen; Entwicklungsraum durch eine, oftmals überschätzte, radikale Freiheit erwünscht.

Halbe Lösungen, die erst mühsam verhandelt werden müssen, scheinen der Person nicht mehr interessant genug. Oft genug steht im Hintergrund ein jahrelanger, mühevoller Prozess des Feilschens um individuelle Handlungsspielräume auf beiden Seiten der Partner.

Erkenntnis: Ich will mich vielmehr von einem problematischen Zustand trennen

Eine Erkenntnis, die aus einer Auseinandersetzung mit dem Thema hinter dem Thema gewonnen wird, kann sein: „Ich will mich vielmehr von einem problematischen Zustand trennen." Problematisch kann all das erscheinen, was der Person nicht (mehr) entspricht (sie nicht mehr befriedigt) oder nie wirklich stimmig für sie war. Trennung oder Scheidung wird dann zur erdachten Eintrittskarte in den ersehnten Zustand.

Das, von dem sich die Person in dieser Situation trennen will, kann vielfältig sein. Die ersehnten Entwicklungsräume des

Partners betreffen meist die wichtigen gemeinsamen Bereiche des Paares. Vieles kann dann vom Bedürfnis nach Freiraum betroffen sein und eine radikale, angstmachende Infragestellung auslösen. Von Alltagsmanagement über gemeinsame Sexualität bis hin zu neuen Lebenszielen für das weitere Leben. Manchmal gibt es auch ein Hinter-sich-lassen-wollen der bewusst gewordenen Wesensfremdheit des Partners.

Sich von einem problematischen Zustand in einer Beziehung trennen zu wollen ist abhängig vom Ausmaß der Bereitwilligkeit zur Veränderung beider Partner. Diese Anstrengung „schmeckt" oft nicht (mehr), vor allem dann, wenn bereits emotionale Erschöpfung eingetreten ist. Oft genug fehlen praktische Veränderungsideen, und/oder die Mühe des Prozesses wird gescheut. Dann ist es leichter, sich gleich von der Person zu trennen. Für jene Partner, die an so einer Weggabelung stehen, gibt es die Möglichkeit eines Gegenchecks, bevor sie in Richtung Trennung oder Scheidung weitergehen.

Sie lautet: „*Je größer die Sehnsucht, umso größer kann der Preis sein, den man vielleicht für sein Gehen bezahlen muss.*"

Ehrenrunden

Manchmal fällt die Person regelmäßig zurück in ihr altes problematisches Verhalten, in jenes Verhalten, das zu „Entweder - oder" gehört und abgelegt werden will. Diese „Ehrenrunden" sind für die Person fruchtbar, auch wenn sie ihr etwas abverlangen. Sie bewirken ein gesteigertes Bewusstsein gegenüber dem eigenen Verhalten. Die Person erkennt, dass sie etwas wiederholt, was sie nicht mehr möchte. Sie schaut sich sehenden Auges dabei selbst zu. Diese Fähigkeit kann bereits als großer Erfolg eingebucht werden. Die Person schafft es, sich mit innerer Distanz selbst zu beobachten (Hubschrauber-Position). Dieses Aus-sich-heraustreten (Dissoziation) und doch bei seinen Gefühlen bleiben können (Assoziation), ist die halbe Miete am Weg zur Veränderung. Portia Nelson beschreibt diesen Prozess in ihrem bekannten Gedicht so:

Autobiographie in 5 kurzen Kapiteln

1. Ich gehe die Straße hinunter.
Im Gehweg gibt es ein tiefes Loch.
Ich falle hinein.
Ich bin verloren... Ich bin verzweifelt.
Es ist nicht mein Fehler.
Es braucht ewig, den Weg hinaus zu finden.
2. Ich gehe dieselbe Straße hinunter.
Im Gehweg gibt es ein tiefes Loch.
Ich gebe vor, es nicht zu sehen.
Ich falle wieder hinein.
Ich kann nicht glauben, am gleichen Ort zu sein.
Aber es ist nicht mein Fehler.
Es braucht immer noch sehr lange, um hinauszufinden.
3. Ich gehe dieselbe Straße hinunter.
Im Gehweg gibt es ein tiefes Loch.
Ich sehe, dass es dort ist.
Ich falle wieder hinein... Es ist die Gewohnheit.
Meine Augen sind offen.
Ich weiß, wo ich bin.
Es ist mein Fehler.
Ich finde sofort hinaus.
4. Ich gehe dieselbe Straße hinunter.
Im Gehweg gibt es ein tiefes Loch.
Ich gehe herum.
5. Ich gehe eine andere Straße hinunter.[82]

„Dass ich etwas mir Eigenes nicht erkenne"

Wenn Menschen sich auf ein Hinausdenken aus ihrem imaginären Möglichkeitsrahmen (wie die Positionen „Keines von beiden" und „Und das Darüber-hinaus" aufzeigen) nicht einlassen wollen, verabsäumen sie vielleicht dahinter liegende Lösungsmöglichkeiten. Das, der Person Eigene, aus dem vielleicht eine Klärung kommen könnte, kann dann nicht erkannt werden. Dieses „Eigene" verweigert sich dem schnellen Blick. Es ist verborgen in der Person und zeigt sich meist erst dem offenen Geist.

Wenn das Potenzial eines Menschen keine Anregung erfährt, oder es dafür keinen Lebensraum gibt, bleibt es unentdeckt. Ungünstige Rahmenbedingungen des Lebens verhindern oft die Entfaltung. Menschen können in Beziehungen und Familien, die für sie nicht förderlich sind, ihre Eigenart nicht hervorbringen. Milieus, die dem eigenen Wesen der Person nicht entsprechen, bieten nur ein eingeschränktes Leben. Die Anlagen der Person, ihr Entwicklungspotenzial, ihre Eigenart, ihre Berufung liegen dann brach. Vor allem dort, wo sie andere dazu braucht, um sich in Resonanz zu entwickeln. Entwicklung ohne Widerhall ist nur schwer möglich.

Die Geschichte von Hans Christian Andersen „Das hässliche Entlein" ist ein treffendes Bild für so eine Lebenssituation. Ein junger Schwan, versehentlich in einem Entenhof geboren, hält sich für eine Ente, wird aber wegen seiner Andersartigkeit verspottet und gemieden. Erst als er sich entschließt, die vermeintliche Heimat zu verlassen, entdeckt er, wer er wirklich ist.

Umdenken als Lösungsansatz

Wenn über die vorgestellten, vorgegeben geglaubten Grenzen hinausgedacht wird, verändert das den Blick auf die bereits zu diesem Zeitpunkt angedachten Lösungsansätze. Die eigene „Logik“, die durch die feste Verknüpfung von Wahrnehmung, Beschreibung und Bewertungen im Kopf entsteht, wird verstört. Anderes Erleben, Denken und Verhalten wird dadurch verunmöglicht. Wenn sich eine Person etwa ihre Scheidung als unendliche Leidensgeschichte erzählt, in der sie nur Opferstatus hat, sich aber nach einiger Zeit doch über die freigewordenen Entwicklungsmöglichkeiten bewusst wird, kann es sein, dass sie das Gute im Schlimmen entdecken kann. Dadurch können in der Person neue befriedigende Lebensperspektiven entstehen.

Der Wert von Schwebezuständen

Entscheidungsprobleme ergeben sehr unangenehme Schwebezustände. Die Person will den unbehaglichen Zustand verlassen, andererseits ist sie aber noch nicht im neuen ersehnten Zustand angekommen. Die ambivalenten Gefühle sind schwer auszuhalten. Schwebezustände können kreatives Lösungspotential bei Menschen freisetzen, auch wenn der Aufenthalt im Niemandsland sehr belastend ist. Eine Trennung auf Zeit ist manchmal so ein Versuch, braucht aber klar vereinbarte Ziele und Regeln. Der Wert von Schwebezuständen besteht darin, dass dadurch neue Wege entdeckt werden können und auf schädliche überschnelle Urteile und blinden Aktionismus verzichtet wird.

3.7. Und das Darüber-hinaus

Der fünfte Weg - ein Weg ins Unbekannte

Der fünfte Weg ist ein Weg, der keine Vorstellungen mehr beinhaltet. Er scheint wie ein frei umherziehender Geist, der, wenn er weht, sich nicht festlegen lässt. Er ist ein schöpferischer Teil im Denken, der uns überwältigen kann, wenn wir dazu bereit sind. Er entzieht sich der Absicht. Er ist unkonditioniert und unbewusst. Es ist möglich, dass er sich durch eine innere Stimme zeigt oder durch Intuition oder ein Nicht-Anhaften an einer bestimmten Seins- oder Denkweise. Durch die Möglichkeit des fünften Weges werden die davor liegenden vier anderen nicht negiert, sondern, ganz im Gegenteil, erweitert.

Es kann nur vermutet werden: Der fünfte Weg ist gelebte Achtsamkeit, für sich selbst oder hin zu anderen; vielleicht ist er auch ein „Wunder-geschehen-lassen". Es ergeben sich dadurch ein neues Denken und Zulassen von bis dahin nicht Denkbarem. Die Autoren von „Gott 9.0" schreiben dazu: „*Die Ideen und Lösungen treten dabei gleichsam durch die Hintertür des Denkens in das Bewusstsein ein. Man kann sich mit der Zukunft verbinden, die gerade jetzt durch einen entstehen will. (...) Das Presencing-Feld ist auch der intersubjektive Ort der kollektiven Kreativität, in dem sich das Gefühl des Voneinandergetrenntseins aufhebt, sobald man den Mut hat, diese Schwelle zu überschreiten; ohne den Schritt über die Schwelle bin ich nicht in der Lage, dieses Ganze, dieses Wesen des Werdenden wahrzunehmen.*" [83]

Ich denke, wir sind mehr als unser Bewusstsein, wir sind auch die unbewussten Prozesse und das Kollektive. Diese Sichtweise ist kein Übermut oder keine Anmaßung von mir, sondern das Bedürfnis nach Teilhabe an etwas Reicherem und Komplexerem, als wir meistens zu wissen glauben.

Schicksalshaftigkeit

Der freie Geist des fünften Weges kann auch als die omnipräsente Schicksalshaftigkeit des Lebens gesehen werden; als der Teil im Leben, den wir, wenn er uns geschieht, nicht mehr steuern können, den wir nicht mehr kontrollieren oder bewusst lenken können, dem wir ausgeliefert sind, gegenüber dem, was eine unbekannte Macht für uns vorgesehen hat und auch dem, was irreversibel, un-umkehrbar, nicht mehr veränderbar ist. Wir können uns dann nur mehr in Demut vor ihm beugen.

Jedoch, Demut kann noch als etwas anderes als die Bereitschaft, etwas als gegeben hinzunehmen, gesehen werden. Der niederländische Philosoph Baruch de Spinoza (1632 - 1677) sagt in seinem 4. Buch über die Ethik: „Demut ist keine Tugend, sie ist eine Trauer, die aus der Ohnmacht entspringt." Vielleicht ist die wirkliche Anerkennung der Ohnmacht erst der eigentliche Akt der Demut.

Der fünfte Weg kann auch als die Dimension des Schicksals benannt werden, welche sich dem Wollen entzieht, das uns - im besten Fall - als Geschenk zufällt. Barbara Pachl-Eberhart, die ihren Mann und ihre zwei Kinder durch einen schrecklichen Unfall auf einem Bahnübergang verloren hat, beschreibt in ihrem Buch „Vier minus drei" ihr unbegreifliches Lebensereignis zu einem Zeitpunkt, als sie noch nicht wusste, was für ein Unglück genau passiert ist, so:

> *„Jemand ist tot.*
> *Eine Flut von Bildern bricht über mich herein. Mein Kopf ist ein Fernsehgerät, das sieben Programme gleichzeitig überträgt, und auf jedem Sender läuft ein Katastrophenfilm. Heli (ihr Mann) ist tot. Heli hat einen Menschen tot-*

gefahren. Heli ist unschuldig getötet. Thimo (ihr Sohn) ist tot und Heli ist schuld. Fini (die Tochter) ist tot. Heli ist tot und die Kinder stehen allein auf der Straße. Heli lebt, die Kinder sind tot.
Seltsam. Ich rechne mit allem, nur mit einem nicht.
Alle sind tot.
Daran denke ich keine Sekunde." [84]

Dieses Buch macht nachdenklich und sei denen empfohlen, die sich von der Ungeheuerlichkeit des Schicksals anderer berühren lassen wollen, um ihre eigenen seelischen Räume, zumindest in der Vorstellung, besser kennenzulernen.

Auch in Fällen von Krankheiten erleben wir Machtlosigkeit. Wer nie ernsthaft krank war, hat nicht die schicksalhafte Hilflosigkeit kennengelernt, das Ausgeliefertsein an einen Zustand, den der Kranke zutiefst ablehnt, die Angst vor dem Sterben oder vor dem dauerhaften Verlust an Lebensqualität. Ein schweres Schicksal kann jeden treffen - persönlich, ganz individuell und unabänderlich.

Dies ist etwas, was alle Menschen in Hilflosigkeit miteinander verbindet. Hier sind wir alle absolut gleich, unabhängig davon wie wir mit den Ressourcen des Lebens ausgestattet sind. Auch durch die Möglichkeit des Todes sind wir gleich. Nach der Kryokonservierung, wo sich die Person deren sterbliche Überreste bei minus 196 Grad einfrieren lässt, ist man auch tot. Es mag allerdings sein, dass die (eventuelle) Wiedererweckung der eigenen frostschutzgefüllten Ex-Leiche für eine ewig leben wollende Person tröstlich ist.

Endlichkeit – der Rahmen des Lebens

Der fünfte Weg ist auch die Tochter der Endlichkeit. Paarprobleme, Paarkonflikte und Scheiterungen aller Art relativieren sich angesichts der Endlichkeit des Lebens. Diese lässt uns zurücktreten bei einer weiteren Schau auf die gesamten Ereignisse des Lebens. Wie wir mit der Endlichkeit umgehen, welche Bedeutung wir ihr geben, hat für unser Leben eine große Bedeutung.

Die Art und Weise des Umgangs hat elementaren Einfluss auf die Qualität des Lebens. Gläubige Menschen finden bei diesem Thema Anschluss an ihre Religion, die für sie vorwiegend eine tröstende Erklärung bietet. Menschen, die sich bemühen, ohne eine bestimmte Religion auszukommen, aber Sehnsucht nach Spiritualität haben, erleben diese Auseinandersetzung mit den Endfragen des Lebens möglicherweise als Sein im Spirit.

Dieser schicksalhafte Rahmen, den uns die Endlichkeit bietet, bedeutet nicht, dass Paare nicht alles unternehmen sollten, um ihr Leben positiv zu gestalten und ihre Probleme zu lösen. Sich Beziehungsschwierigkeiten zu ergeben, ist wohl die passivste Form, mit eigenen Problemen umzugehen.

Menschen wird beides geboten: Das Ausgeliefertsein an das Schicksal und die Einflussmöglichkeiten auf das eigene Leben. Sie können einerseits so tun, als hinge die „Erlösung“ oder das Glück nur von ihrem Tun ab und andererseits so, als hinge ihre „Erlösung“ und das Glück nur von Gott ab, wer immer auch dieser Gott für den Einzelnen ist. Es gibt Augenblicke im Leben, wo nichts mehr getan werden muss, aber dies erspart einem nicht, davor die Hausaufgaben zu machen.

Die berührende Geschichte von Frau und Herrn K. soll hier als

Beispiel für den positiven Umgang eines Paares mit der Endlichkeit geben: Frau K., 53 J., leitende Angestellte, Herr K., 60 J., praktischer Arzt, seit 30 Jahren verheiratet, drei erwachsene Kinder.

Das Paar kam mit dem Auftrag einer Scheidungsmediation in die Praxis, da zu diesem Zeitpunkt Herr K. schon seit zwei Jahren ausgezogen war. Seit sechs Monaten hatte Herr K. eine neue Beziehung mit einer dreiundzwanzig Jahre jüngeren Frau. Herr K. musste seine Ordination vor vier Jahren aufgeben, da er einen Herzinfarkt erlitten hatte. Dies machte ihm schwer zu schaffen und hatte ihn existentiell erschüttert. Das lebensbedrohliche Ereignis des Herzinfarktes hatte das Paar nicht wieder näher zusammengebracht. Die Ängste und Sorgen, die durch den Herzinfarkt ausgelöst wurden, konnte das Paar nicht gemeinsam teilen. Jeder versuchte, so gut wie möglich, damit zurecht zu kommen.

> *In den ersten fünf Mediationssitzungen wurden die Auswirkungen einer möglichen Scheidung verhandelt. In der sechsten Sitzung teilte mir das Paar die überraschende Krebsdiagnose von Herrn K. mit und dass er eine zweijährige Lebenserwartung habe, wenn die Chemotherapie erfolgreich verlaufen würde. Der Mediationsauftrag wurde durch die Krebsdiagnose beendet und im Zentrum der Gespräche stand ab nun, wie es in der noch verbleibenden Zeit als Paar weitergehen sollte. Nach der anschließend leider nicht erfolgreichen Chemotherapie wurde die Lebenserwartung von Herrn K. von den Ärzten mit 6 Monaten angegeben.*
> *Obwohl Herr K. noch mit seiner Geliebten im Kontakt war und diese ihn im Spital auch besuchte, konnte sich das Paar wieder entscheidend näherkommen. Herr K. war angesichts des drohenden Todes zu seiner Frau zurückgekehrt, die ebenfalls ihrerseits seit längerer Zeit eine Außenbeziehung*

hatte. Die Bindung, wie Fr. K. erklärte, die durch das lange gemeinsame Leben entstanden war, und auch die noch immer vorhandene Liebe zueinander waren ausschlaggebend für die neuerliche, gegenseitige Zuwendung. Zeiten großer Nähe entstanden wieder, wichtige Dinge konnten noch geregelt und gemeinsam erledigt werden. Frau K. unterstützte ihren Mann auf diesem Weg intensiv mit allen Kräften. Es gab auch schwierige Zeiten, in denen es zu Konflikten kam, wo jeder auf seine Art mit dem Schicksal haderte. Wichtiges, das noch offen war, konnte gemeinsam gut abgeschlossen werden. Letzte Wünsche von Herrn K. wurden umgesetzt. In der Endphase des Sterbeprozesses im Hospiz gab es letzte, große Augenblicke der Liebe, des gegenseitigen Dankes und sogar des Humors. Frau und Herr K. konnten versöhnt und in Liebe voneinander Abschied nehmen.

Dieses so berührende Schicksal eines Klienten-Paares zeigt die Relativität von Beziehungsproblemen, wenn sie unfreiwillig im größeren Kontext der Endlichkeit stattfinden. Diese Begrenzung ist ein tröstliches Faktum, für das keine Verantwortung mehr übernommen werden muss. Angesichts des Bewusstseins über die Endlichkeit können sich Paare in schwierigen Zeiten die Frage stellen, was im Leben wirklich wichtig ist.

Die Vorstellung vom freien Geist

Das Vertrauen besteht, dass der fünfte Weg der „frei schwebende Geist" ist, dem sich unbegrenzte Möglichkeiten erschließen können. Er scheint spurlos zu sein. Er ist, wie eine Segelroute, nicht markiert, sondern kann selbständig gewählt werden, wenn der Skipper sich von der wechselnden Energie des Windes tragen lässt. Dieser freie Geist kann auch als die nicht-subjektive Form des Tuns benannt werden. Die Person, die sich der Dynamik des Augenblicks überlässt (wenn der Geist weht), wird von einer Objektivität getragen, da sie der Subjektivität entrückt ist. Dabei kann die entscheidende, innere Haltung heißen: „Ich kann die Lösung nicht bewältigen, ich gebe auf!" Aufzugeben, nichts mehr zu wollen, kann als spiritueller Moment erlebt werden, der Geist des bewussten Seins ist dann frei. Die Person ändert damit ihre Problemlösungsstile, mit deren Hilfe sie bisher versucht hat, ihr Leben zu beeinflussen und zu steuern. Sie verändert sogar - und das ist die radikalste Form der Veränderung - vielleicht auch diesen Stil, den freien Geist schaffen zu wollen, in dem sie auf die Veränderung verzichtet. Mattias Varga von Kibéd und Insa Sparrer schreiben: „*Was immer uns hier hilft, die Art des radikalen Wandels selbst zu wechseln, stellt eine solche fünfte Form des Wechsels dar – und dazu gehört auch der zeitweise Verzicht auf weiteren, radikalen Wandel. Ist nicht gerade solch ein Wandel manchmal besonders radikal?*"[85]

4. APPS FÜR EINE GUTE ENTSCHEIDUNG

In diesem Kapitel soll auf wichtige Aspekte eingegangen werden, die bei der Lösungssuche eine große Rolle spielen können. Ebenso dürfen die verschiedenen Anstöße zum persönlichen Eigen-Check genutzt werden.

4.1. Vorrang des erlebten vor dem erzählten Leben

Menschen erzählen sich Geschichten über sich selbst und auch anderen, was sie gesehen, gehört und wahrgenommen haben. Das erzählte Leben beansprucht in unserem Dasein weite Gebiete unseres Bewusstseins, unserer Psyche und unseres Erlebens. Wir beschreiben, erklären und bewerten, wie wir unsere Vergangenheit erlebt haben und uns die Zukunft vorstellen. Der Ausgangspunkt aller Erzählung ist, dass die Vergangenheit und Zukunft ausschließlich aus der Position der Gegenwart (wieder) erzählt wird. Das, was die Person im aktuellen Erzähl-Augenblick fühlt und was sie gerade erlebt (hat), beeinflusst die Erzählung über Vergangenes und Zukünftiges. In diesem Sinne gibt es keine für immer feststehende Vergangenheit oder Zukunft eines Menschen, sondern derer viele. Der Psychotherapeut Klaus Mücke meint dazu: „*In unserem Geist existiert keine Einbahnstraße der Zeit: Vergangenheits-, Zukunfts- und Gegenwartskonstruktionen bestimmen sich gegenseitig. Denn: Positive Zukunftsentwürfe, also die Hoffnung auf eine bessere Zukunft für das weitere Leben, bewirken eine optimistischere Sicht auf die Gegenwart.*“ [86]

Die realitätsstiftende und beziehungsgestaltende Kraft von Erzählungen über das eigene Leben ist eine menschliche Gegebenheit. Durch die Geschichten, die wir uns und anderen immer wieder über unser Leben erzählen, kommt das real erlebte Leben (das, was getan wird) zeitweise zu kurz. Fiktion, Träume und Vorstellungen greifen Platz und lenken uns davon ab, das Leben aktiv zu gestalten. Wir sind mit unseren Geschichten und Fantasien beschäftigt und nicht mit der Umsetzung unserer gegenwärtigen Bedürfnisse. Das erinnert an das Spiel der Kinder, wenn sie vereinbaren: „*Tun wir so, ich wäre … und du wärst …*"

Wir erzählen uns Liebesgeschichten im Kopf und bleiben dabei aber im Trockendock der Liebe liegen. Liebe braucht Ausdruck im erlebbaren Leben, sollte sich betrachten, angreifen, riechen, schmecken und hören lassen können. Liebe sollte auf Fahrt sein. Wenn dem nicht so ist, verbrennen die substanzlosen Geschichten Lebensenergie und blockieren die Lebendigkeit der Person. Das Resultat: Ein Leben mit angezogener Handbremse.

Als das entscheidende Kennzeichen von Beziehungen kann gesehen werden: Was wird getan, und nicht, was wird erzählt. Wer nach Kriterien für eine Entscheidung sucht, sollte das eigene Tun bzw. das des Partners beurteilen. Dieses drückt zumeist klar die Absichten aus und kann zur entscheidenden Bewertung herangezogen werden. Erzählt z.B. ein Partner, dass ihm Verbindlichkeit und Nähe in der Beziehung ganz wichtig sind, er sich aber durch getrenntes Wohnen seine Autarkie weiter erhalten will, handelt es sich erfahrungsgemäß um eine Vernebelungsaktion. Das bedeutet jedoch nicht, dass grundsätzlich Living-apart-together-Beziehungen immer als problematische Beziehungsform anzusehen sind.

4.2. Der heimliche Gewinn

Häufig ist es so, dass Probleme durch einen versteckten Gewinn stabilisiert werden. Wenn ein Partner oder gar beide nicht einen „Nutzen" aus der Aufrechterhaltung des Problems hätten, wären sie nicht bereit, das Problem aufrechtzuerhalten, es könnte nicht überleben. Der Verlust dieses versteckten Gewinns könnte der Preis sein, den die Person für eine persönliche Veränderung zahlen müsste.

Wenn beispielsweise ein Partner die Auseinandersetzung über seine Unzufriedenheit in der Beziehung vermeidet, weil er Konflikte schwer aushält, ist der verdeckte Gewinn für ihn das Aufrechterhalten der (Schein)-Harmonie, die für ihn offenbar sehr wichtig ist. Oder: wenn ein Partner seit langem bereits an Trennung oder Scheidung denkt, dies aber nicht anspricht, weil er negative Auswirkungen fürchtet, ist sein Gewinn die Aufrechterhaltung der relativen Sicherheit in der Beziehung. Oder: wenn ein Paar es vermeidet, über die immer eintöniger gewordene Sexualität zu kommunizieren - weil das Reden darüber mit Unsicherheiten, Angst und Scham besetzt ist - äußert sich der Gewinn in der Aufrechterhaltung der sexuellen Hausordnung und es kommt nicht zum Sexualfriedensbruch (Clement).

Der verdeckte Gewinn lässt uns missliche Lebenssituationen oft lange durchhalten. Die Entscheidung dafür ist letztlich ein aktiver Willensakt der Person. Die Idee dahinter verspricht, dass der verdeckte Gewinn höher ist als der Preis, der für eine Veränderung gezahlt werden müsste. Sich selbst nach dem verdeckten Gewinn hinter dem Problem zu fragen, ist ein Schlüssel zum Tor der Lösung.

4.3. Der Kontext macht den Unterschied

Kontext, lateinisch „contextus“, bedeutet soviel wie Zusammenhang, Zusammensetzung, Verknüpfung. Kontexte umgrenzen Systeme (z.B. Familiensystem, Arbeitsplatzsystem, Wirtschaftssystem, Freundessystem) und legen deren Sinn, Regeln und Bedeutung fest. Wenn z.B. ein Partner sich in der Freizeit in einem langjährigen Freundschaftskreis bewegt, bestimmen die Regeln dieses Systems der Freunde den Umgang miteinander. Die Person passt sich den Regeln an, weil sie zum Freundeskreis weiter dazugehören möchte. Der Beziehungspartner steht dabei meist außerhalb dieses Systems und hat nur wenig Einfluss auf dieses Regelwerk.

Frau S., 45 J., Grafikerin, Herr S., 48 J., Architekt, zwei halbwüchsige Kinder, 15 J. verheiratet, (Paarsetting)

> *Frau S.:*
> *„Mein Mann ist ein sehr kultivierter Mensch, dies war auch ein Grund dazumal, warum ich mich so angesprochen gefühlt habe. Ich genoss seine Eloquenz, wie er sprach und auftrat. Jedoch, wenn wir in einem bestimmten Freundeskreis sind, versinke ich regelmäßig im Boden, weil er sich dann so tief gibt. Das muss doch nicht sein … er als Akademiker … nur weil sie alle einmal die wilden Kerle auf dem Motorrad waren (und das ist schon lange her), braucht man sich doch nicht so gehen lassen!“*
> *Herr S.:*
> *„Wir sind halt so, wenn wir zusammen sind, so waren wir schon immer, was du immer hast!“*

Eine, in einem bestimmten Kontext, sich falsch erweisende Handlung kann in einem anderen Kontext als richtig oder angemessen gelten. Auf das Beispiel von Frau und Herrn S. angewendet, kann das heißen, dass die oft rüde Ausdrucksweise von Herrn S. und seinen Freunden in einem Kontext, in dem Frau S. anwesend ist, für diese unpassend scheint. Im Kontext der Freunde hat diese Ausdrucksweise jedoch eine verbindende Bedeutung. Das Paar konnte sich, nachdem sie dies in der Paarsitzung thematisiert hatten, auf folgende Lösung einigen: Frau S. schafft es in Zukunft, das Verhalten ihres Mannes im Kreis seiner alten Freunde als Ausdruck seiner Verbundenheit mit diesen zu sehen. Sie kann dabei verstehen, dass sein Freundeskreis einen wichtigen Beitrag zu seiner Geschichte bildet. Und sie hört selbstbewusst mit dem „Fremdschämen“ auf, weil die grobschlächtigen Umgangsformen der Freunde untereinander nichts Negatives über ihre Person aussagen: (Frau S.) „*Wenn sie primitiv tun, dann disqualifizieren sie sich ja selbst.*“ Andererseits nimmt Herr S. sich vor, sich zu bemühen, im Beisein seiner Frau eine andere Ausdrucksweise zu finden, ohne dass der Unterschied von seinen Freunden als abgehoben gesehen werden könnte. Der Gewinn dieser Vereinbarung daraus ist: Frau S. muss den Freundeskreis ihres Mannes nicht mehr ablehnen. Dass sie die „wilden Kerle“ grundsätzlich sympathisch fand, kam ihr dabei entgegen. Sie nimmt wieder an den regelmäßigen Treffen teil. Herr S. nimmt dieses neue Verständnis seiner Frau als Anerkennung seiner Person wahr. Damit kann er seinen Freundeskreis weiterhin als Teil seiner Identität pflegen und braucht sich nicht für ihn zu entschuldigen. Die Isolation von Frau S. im Freundeskreis ihres Mannes kann dadurch gestoppt werden.

4.4. Verstanden heißt nicht einverstanden

Bei allem Verstehen ist wichtig: Verstanden heißt nicht automatisch einverstanden. Ich kann als Partner den anderen gegebenenfalls verstehen, bin aber trotzdem mit seinem Verhalten nicht einverstanden. Ich handle entsprechend meiner eigenen Bedürfnisse, und auch dann, wenn diese den Bedürfnissen des anderen zuwiderlaufen. Ein gesunder Gradmesser des Verstehens ist, wenn das Verstehen dem Verständnisvollen keinen Verzicht auf wichtige Bedürfnisse abringt.

Bei einem Kompromiss z.B. sollte der größtmögliche, zufriedenstellende Nenner – in dem sich beide wiederfinden –

erreicht werden. Andererseits darf ein guter Kompromiss auch die maximal mögliche Herausforderung beinhalten, die von beiden Partnern gerade noch auszuhalten ist. Ebenso sollte dem Suchen nach Unterschieden in den Bedürfnissen in der Paar-Kommunikation der Vorrang gegeben werden. Das „Erraten-müssen" der Bedürfnisse des anderen ist keine gute Variante und auch kein Beweis, dass deswegen die Liebe groß ist („*Wenn du mich nur genug lieben würdest, würdest du wissen, was ich brauche*").

Oft werden Grundprägungen und problematisches Verhalten des Partners zu großzügig „verstanden". Das Verhalten der verständnisvollen Person navigiert diese dann zu Kränkungen und Verletzungen. Das Verstehen des Partners ringt der Person dabei oft den Verzicht auf elementare Grundbedürfnisse wie Würde, Unversehrtheit und Integrität ab. Bei den großen Problemthemen in Beziehungen wie Gewalt, Alkohol, problematisches, männliches oder weibliches Rollenverhalten und zu geringe Einfühlsamkeit für den Partner, kommt es dabei zu den größten Verletzungen, die Menschen erleiden können. Die Gewalt wird zum Kommunikationsmedium der Hilflosigkeit. Je gewalttätiger umso hilfloser. Davon zeugen die Insassen der Gefängnisse und die vollbesetzten Frauenhäuser.

Dazu ein sehr hartes Beispiel aus der Praxis: Frau M., 45 J., Chemikerin, Sohn 11 Jahre, geschieden, ostanatolische Eltern, die seit 1970 in Österreich leben, in dem auch Frau M. geboren ist. Sie hat eine ältere Schwester und einen jüngeren Bruder:

> *Frau M. kommt in die Praxis und möchte Hilfe bei ihrem Entscheidungsproblem. Sie ist seit 4 Jahren mit Herrn H. in Lebensgemeinschaft, dieser hat eine psychiatrisch diagnostizierte Borderline-Störung. Ihm wurde zum stationären Aufenthalt in einem*

psychiatrischen Krankenhaus geraten. Herr H. sieht jedoch keinen Handlungsbedarf, sondern die Gründe für die Beziehungsschwierigkeiten ausschließlich auf Seiten seiner Partnerin. Herr H. wird, wenn es ihm schlecht geht, immer wieder psychisch und physisch gewalttätig. Zweimal wurde Herr H. bereits wegen seines gewalttätigen Verhaltens von der Polizei der gemeinsamen Wohnung verwiesen. Frau M. ist vor ein paar Monaten mit ihrem Sohn ausgezogen. Sie ist unsicher, ob sie die Beziehung endgültig verlassen soll, da Herr H. auch ein sehr liebevoller, zuvorkommender und hilfsbereiter Partner sein kann. Er ist für andere durch seine Souveränität im Auftritt und seine Eloquenz sehr beeindruckend. Herr H. hat Frau M. zum wiederholten Male geschlagen und sie sogar einmal mit einem Messer attackiert. Prellungen und Hämatome hatten einen kurzfristigen Krankenhausaufenthalt von Frau M. notwendig gemacht. Herr H. hat eine begonnene Psychotherapie nach ein paar Sitzungen abgebrochen.

Frau M. will mit mir vor allem an ihrer Eifersucht arbeiten, da sie glaubt, wie Herr H. behauptet, dass dies der Grund für die Beziehungsschwierigkeiten ist (!) Herr H. fordert von ihr, dass sie ihm Sicherheit über ihre Liebe zu ihm gibt. Er denkt sich dabei immer wieder Tests aus. Z.b. könnte sie ihre Liebe dadurch beweisen, dass sie ihm 5.000 Euro gibt, die dann verfallen, wenn er zu merken meint, dass sie ihn doch nicht genug liebt; oder, dass sie als Muslimin ihm zuliebe Schweinefleisch isst.

Frau M. befürchtet ihrerseits, keinen Mann mehr zu finden, wenn sie ihren Partner endgültig verlässt, und dass sie dann einsam ist. Außerdem ist er durch seine Borderline-Störung ein Opfer seiner selbst und bedauernswert. Weiters würde eine Trennung aus der Sicht der Eltern wieder Schande über sie bringen. Sie hat diesen Mann den

Eltern zuliebe nach einem muslimischen Ritus geheiratet. Im Zuge des Beratungsprozesses beschäftigen wir uns mit dem Thema Selbstwert und dem von Frau M. Erlebten in ihrer Herkunftsfamilie. Frau M. sollte aus der Sicht ihres Vaters ein Sohn werden, da er schon eine Tochter hatte und immer schon einen Sohn wollte. Ihre Mutter erzählte Frau M., dass ihr Mann nach der Geburt von ihr sagte: „Hast schon wieder so ein Weib geboren!" Frau M. berichtete, dass sie im Zuge ihres weiteren Lebens die Eltern immer wieder enttäuscht hat. Zuerst, weil sie eine Verlobung mit ihrem Cousin ausgeschlagen hat; danach, weil ihre erste Ehe mit einem ebenso türkischstämmigen Mann gescheitert ist (auch dieser war gegen sie gewalttätig), und sie durch die Scheidung Schande über die Familie gebracht hätte und darüber hinaus, weil sie sich nicht traditionell kleidet, betet und als Muslimin lebt.

Eine erste Erkenntnis von Frau M. lag darin, sich bis jetzt immer sehr schwache Männer auszusuchen, die sehr bedürftig waren und Unterstützung brauchten. Ihr erster Mann war ebenso (vor allem materiell) von ihr sehr abhängig, sie hat ihm alle Wünsche erfüllt, das ganze Leben organisiert, für das Einkommen gesorgt. Für den jetzigen zweiten Mann versucht sie, ständig da zu sein und ihn vor allem emotional zu versorgen.

Die zentrale Annahme lautete: Frau M. konnte durch die verweigerte Anerkennung des Vaters als Mädchen nicht genug Selbstwert in diesem speziellen kulturellen Kontext ausbilden. Sie hat eine unerfüllte, kindliche Sehnsucht nach Anerkennung und Bestätigung ins Erwachsenenleben mitgenommen: Die fatale Idee dahinter scheint zu sein: „Wenn ich mich nur genug anstrenge, wie beim Vater, ist die Chance größer, Liebe und Anerkennung in einer Beziehung zurückzubekommen." Sie denkt vielleicht, je mehr sie gibt, umso eher wird ihr dafür gedankt. Dieses, in der Kindheit erlernte, Muster lässt sie immer wieder Männer aussuchen, denen sie besonders viel geben kann, weil diese bedürftig sind, es aber ihr dann nicht danken (so wie der Vater). Die ständige Nachsicht in ihrer jetzigen Beziehung, dass ihr Partner wegen der Borderline-Störung nicht anders könne, bewirkt, dass Frau M. nicht genug auf ihre eigenen Bedürfnisse schaut und ihren Schutz vernachlässigt.

Die Haltung, für den anderen Partner Verständnis zu haben, ist grundsätzlich eine positive Gabe in Beziehungen. Dieses Verständnis lebt von der Absicht, sich in die andere Person einzufühlen, ihr Gutes tun zu wollen. Dabei könnte es sich auch manchmal um einen Akt der Liebe handeln. Trotz dieser Liebes-Haltung sollte die gebende Person gut auf sich schauen und nicht auf elementare Bedürfnisse verzichten. Im Verhältnis zu Kindern und Schwächeren jedoch ist diese selbstempathische Haltung teils ausgenommen.

Das bedeutet, konsequent und aktiv für seine eigenen Bedürfnisse Verantwortung zu übernehmen. Der erwachsene Mensch hat (entsprechend der jeweiligen Rahmenbedingungen, in denen er lebt) es meistens in der Hand, auf sich bestmöglich zu schauen. Wenn dies beide Partner tun, nämlich Verantwortung für ihre eigenen Bedürfnisse zu übernehmen, legen sie damit einen stabilen Grundstein für ihre Beziehung. Auf die Bedürfnisse des anderen liebevoll einzugehen, wird dadurch nicht verunmöglicht. Jeder mutet sich mit dieser Haltung dem anderen zu. Dies kann eine sehr reife Form von Paarbeziehung sein.

4.5. Trennung auf Zeit?

Viele Paare, die wegen einer Beziehungskrise in Beratung kommen, bringen die Idee einer Trennung auf Zeit mit. Dies ist meist ein Hinweis, dass die Krise bereits in Vollblüte steht und Trennung oder Scheidung als eine reale Möglichkeit denkbar geworden ist. „Um das Kind nicht mit dem Bade auszuschütten“ ist das Paar noch motiviert einen Rettungsversuch zu unternehmen. Eine letzte Anstrengung soll gemacht und Zeit gewonnen werden. Dies zeigt sich meist als sinnvoller Schritt. Die durch das gemeinsame Wohnen bedingte Duell-Situation entspannt sich. Deeskalation ist dadurch möglich, in der beide wieder zu sich selbst zurückfinden können.

Bei den Partnern gibt es dahinter die Grundidee, dass durch die Abstinenz des Partners wieder Bedürfnis und Begehren nach ihm entstehen, sollte sich dies aber nicht einstellen, wäre es als Indiz zu werten, dass die Beziehung (wirklich) am Ende ist. Ebenso ist die Idee dahinter, dass sich jeder Partner in der freigewählten „Isolation“ vom anderen über seine Gefühle klarwerden kann, um dann eine Entscheidung fällen zu können.

Worauf bei diesem temporären Krisenmanagement zu achten ist: Werden bei so einer Zwischenlösung nicht klare „Begleitmaßnahmen“ damit verknüpft, beschleunigt es die Trennung eher. Durch die im Modell angelegte Getrenntheit reduziert sich die Kommunikation bei Paaren mit Kindern dann häufig nur mehr auf die absolut organisatorischen Notwendigkeiten der Elternschaft.

Bei Paaren ohne Kinder bedeutet dieser Schritt meistens die endgültige Absonderung voneinander. Der neue Single-Status wird als spannend und konfliktbefreiend erlebt, obwohl das

Glutnest im Hintergrund noch weiterschwelt. Das Ergebnis: Das Bedürfnis nach Kontakt nimmt noch mehr ab. Manchmal führt das Getrenntsein aber doch zu neuer Annäherung. Der andere wird in seiner präsenten Abwesenheit wieder begehrenswert. Die laute Stille der einsamen Übergangswohnung trägt zuweilen ebenfalls ihren Teil dazu bei.

Erforderliche Rahmenbedingungen

Dieses Übergangsmodell braucht Begleitmaßnahmen. Das Paar, das eine solche Zwischenlösung sucht, sollte sich fragen:

- Wie wollen wir die Zeit nutzen?
- Welche Regeln gibt es in dieser Zeit?
- Was ist das Risiko?

Manchmal ist es so, dass diese Auszeit von einem Partner bereits zum Weggehen genutzt wird, ohne dass dies klar deklariert wird. Dabei will sich ein Partner nicht mehr auf einen weiteren, gemeinsamen Weg einlassen. Trotzdem herrscht bei ihm immer wieder (noch) temporäre Unsicherheit, ob der Schritt auch wirklich richtig wäre oder ob es nicht besser wäre, mit resignativer Reife (Arnold Retzer), zu bleiben.

Dieser Partner befindet sich regelmäßig in schweren Ambivalenzen, wie er sich entscheiden soll und sendet Doppelbotschaften an den Partner, der noch an die Weiterführung der Beziehung glaubt. Manchmal ist auch eine „Salami-Taktik" zu erkennen, um die wahre Absicht des Weggehens zu verschleiern bzw. sie wegen des drohenden Showdowns abzumildern.

Diese Taktik ist für den Partner, der noch an die Beziehung glauben will und bereit ist, in sie zu investieren, besonders verwirrend und schmerzhaft. Er fühlt sich nicht ernstgenommen, da ihm die Wahrheit vom anderen nicht zugemutet wird. Es bringt ihn immer mehr an seine Wahrnehmungsgrenzen, da er wegen der Doppelbotschaften seines Partners an seiner eigenen Wahrnehmung zu zweifeln beginnt. Zwischen dem, was gesagt und dem, was vom Partner getan wird, klaffen für ihn große Unterschiede.

Darüber hinaus braucht das Übergangsmodell Trennung auf Zeit ein Ablaufdatum, sonst geht die Kraft, an den anderen gebunden bleiben zu wollen, verloren.

Unterschiedlicher Wille zur Energie

Das Trennung-auf-Zeit-Modell ist dann, wenn es gelebt wird, aus sich heraus schon schwierig genug und manchmal ein ungleiches Spiel auf schiefer Ebene. Es kämpft dabei der motivierte Partner, der möchte, dass die Beziehung weitergeht, verbissen um die Aufrechterhaltung des Kontaktes mit dem anderen. Dieser hingegen möchte oft nicht so viel Kontakt, grenzt sich emotional ab und versucht, die aufrecht bleibende Beziehung, so weit wie möglich, rational abzuhandeln. Diese emotionale Distanz ermöglicht dem wegstrebenden Partner, den Abstand zu vergrößern. Instinktiv wird von ihm gefühlt, dass ein erneutes emotionales Andocken der Absicht des Weggehens zuwiderlaufen würde. Dies würde ihm den Verzicht auf seine Veränderungsbedürfnisse abringen.

Dem Partner, der sich nicht mehr einlassen will, sei empfohlen, dem anderen zu sagen: „*Ich habe mein Herz zugemacht, damit ich zur Ruhe kommen kann*“ oder „*weil das einfacher ist*“,– „*und ich habe es für mich gemacht und nicht gegen dich.*“ Dies würde auf der anderen Seite für – wenn auch schmerzhafte – Klarheit sorgen. Diese, dem anderen zugemutete, Wahrheit ist eine der letzten Möglichkeiten, für diesen etwas zu tun. Die verlassende Person kann sich dabei sagen: „*Das bin ich ihm schuldig, und ich tue es gerne, auch wenn es mir schwer fällt.*“

Eine positive Variante der Trennung auf Zeit wäre, wenn beide Partner sich aus der relativen Distanz heraus durch die abnehmenden Konflikte mehr Zeit für ihre eigenen Hintergrundthemen nehmen. Im Falle hoch konfliktuöser Auseinandersetzungen empfiehlt sich eine Trennung auf Zeit in den meisten Fällen. Verbindet das Paar eine Elternschaft, sind die Verpflichtungen daraus durch klare Vereinbarungen zu regeln, und dies den Kindern altersgemäß und schonend zu erklären.

4.6. Verletzt zusammenbleiben

Manche Paare wählen den Ausweg, dass sie trotz Verletztseins zusammen bleiben. Dies ist eine Art chronifiziertes Bleiben und Gehen. Die Trennung wird über das Aufrechthalten der Enttäuschungen bzw. die Nicht-Heilung der Verletzungen gelebt und das Bleiben über das „weiterhin Zusammenleben“ erfahren. Die Kinder müssen die Auswirkungen dieser problematischen Lebensform ihrer Eltern mitertragen. Die jahrelangen Konflikte, die bedrückende Stimmung zu Hause, die frustrierten, vorwurfsgetränkten Gesichter der Eltern, müssen durchgehalten werden, da es keine Möglichkeit zur Flucht gibt. Diese Kinder sind dann jene, die im adoleszenten Alter die erstbeste Gelegenheit nutzen, um aus dem Elternhaus abzuhauen.

Doch es gibt zu diesem Umgang mit Verletzungen keine schmerzfreie Alternative. Auch verletzt auseinanderzugehen, ist mit Auswirkungen verbunden, die auf beiden Seiten noch weit in die Zeit nach der Trennung, bis in eine möglicherweise nachfolgende Beziehung, mitgenommen werden. In so einem Fall ist die getrennte Auseinandersetzung der Ex-Partner mit ihren Verletzungen und Kränkungen ein guter Schritt zur seelischen Heilung und eine Investition in die neue Beziehung.

4.7. Sehnsuchts-Check

Wir werden von unseren Bedürfnissen und Wünschen durchs Leben getrieben. Die Sehnsucht ist die treibende Kraft, die uns bewegt. Für Menschen in Beziehungen ist die Erfüllung unbefriedigter Beziehungs-Bedürfnisse die treibende Kraft. Es ist eine Sehnsucht, die sich nicht auf eine ferne Zukunft bezieht, sondern auf die Befriedigung von gegenwärtigem Verlangen, orientiert am Machbaren und Erreichbaren. Nach oft jahrelangen Kämpfen lautet dann die alles entscheidende Frage: „Bleibe ich oder gehe ich?“ Betroffene in dieser Situation können sich einem kritischen Selbst-Check unterziehen:

- Wonach und wie groß ist meine Sehnsucht?
- Welche Seite des Frauseins/welche Seite des Mannseins in mir möchte ich in Zukunft leben?
- Was möchte ich mit den nächsten 5, 10, 15 Jahren oder mit meinem Restleben anfangen?
- Was möchte ich in diesem Zeitraum unbedingt noch erreichen, erleben, entwickeln?
- Möchte ich den Mysterien des Lebens näher kommen? Welche sind das für mich?
- Was ist für mich das Wichtigste im Leben?
- Bei Außenbeziehung: Würde ich, wenn es die andere Person nicht gäbe, auch aus meiner bestehenden Beziehung gehen wollen?

Wie bereits angemerkt: Je größer die Sehnsucht nach Entwicklungsraum, umso höher können die „Kosten“ für das Gehen sein, die bezahlt werden müssen. Wenn jedoch eine andere Person das einzig selig machende „Objekt der Sehnsucht“ ist, reicht dies oft auf längere Sicht nicht, die „Kosten“ des Weggehens gut zu bewältigen. Der ersehnte andere war möglicherweise nur ein Tor in ein anderes Leben. Es hätte dabei auch um etwas Größeres gehen können.

4.8. Überpreis bei oft wechselnden Beziehungen

Der Überpreis bei oft wechselnden Beziehungen ist der Verlust der Bindungskapazität. Wenn ein Mensch im Laufe seines Lebens mehrere wichtige Beziehungen hatte und von diesen immer wieder Abschied nahm/nehmen musste, bildet sich in der Person ein emotionaler Anpassungseffekt heraus. Beim ersten Mal ist der Schmerz der Trennung oder Scheidung so groß, dass er es schier nicht auszuhalten erscheint. Bei der zweiten Trennung gibt es oft nicht mehr den so betäubenden Schmerz des ersten Mals. Die Person hat gelernt, dass danach das Leben doch weitergehen kann, dass sie es irgendwie - so wie beim ersten Mal - schaffen wird. Bei der dritten Trennung oder Scheidung gibt es dann bereits so etwas wie ein emotionales Know-how im Umgang mit Abschied und die Person kommt schneller damit zurecht als in den vorherigen Trennungen.

Was ist passiert? Die Person gewöhnt sich immer mehr an die offensichtliche und schmerzliche Tatsache des Lebens, dass es in einer Beziehung keine letztendliche Sicherheit gibt und sie darauf beim besten Willen nicht vertrauen kann. Und es gibt noch einen weiteren Effekt. Durch die immer raschere Verarbeitung der Trennung verliert die Person auch die Krisen- und Konfliktfähigkeit. Diese wird weniger wichtig, da es ja (wie bereits erfahren) ein Weg ist, von einer unbefriedigenden in eine nächste befriedigende Beziehung zu wechseln.

Serielle Einsamkeit

Dieser Effekt ergibt sich aus einer immer mehr fluktuierenden Beziehungs-Welt in einer immer mehr nichtbezogenen Gesellschaft. Diese daraus resultierende, emotionale Selbstgenügsamkeit, ermöglicht dem Einzelnen mehr Freiheit als je zuvor, bringt aber auch Einsamkeit und Verlorenheit in der Person hervor. Mann oder Frau arrangieren sich dann mit einer seriellen Einsamkeit. Tiefe, dauerhafte Bindung in Form einer Liebesbeziehung mit einem anderen Menschen wird dadurch immer weniger möglich und scheint auch nicht mehr als so notwendig.

Wodurch wird die Bereitschaft zu oft wechselnden Beziehungen beeinflusst? Diese ist bereits beim Entstehen von Beziehungen ein bedeutsamer Faktor. Die wichtige Frage ist, ob beide Partner annähernd gleiche Bindungskapazität mitbringen. Ist diese zu unterschiedlich, kann es sehr schnell zu Auseinandersetzungen auf der Ebene Autonomie versus Bindung kommen. Der eine will mehr Gemeinsamkeiten und Verbindlichkeiten, der andere will sich seine Autonomie bewahren. Der eine will in einem gemeinsamen Haushalt das Leben teilen, der andere möchte dies nur an jedem zweiten Wochenende.

Das Ausmaß der Bindungsbedürfnisse ist auch eine Frage des Alters oder/und der Lebensphase der Partner. Bei jüngeren Paaren (vor allem mit Kindern) ist das Bedürfnis nach Bindung naturgemäß größer. Dies ist notwendig, da Beziehungen mit Kindern zu ihrem Schutz mehr Verbindlichkeit und Sicherheit brauchen, damit die Kinder gut gedeihen und sich entwickeln können. Bei mittelalten Paaren hat die Bindungskapazität durch die lange, gemeinsame Zeit einen hohen Pegelstand erreicht und es braucht dafür nicht mehr so viel Kraft aufgewendet zu werden, da die Bindung sich nebenbei mitentwickelt und verstärkt hat. Bei alten Paaren ist aus der Bindungskapazität ein Schicksal geworden, das angesichts des Älter-und-gebrechlicher-werdens nicht mehr in Frage zu stellen ist.

4.9. Die begrenzte Kapazität des seriellen Liebens

Ulrich Clement schreibt zum Thema oft wechselnder Beziehungen: *„Die Toleranz und die Bereitschaft, sich in sein Schicksal zu fügen, die Tugend des Durchhaltens haben sich dramatisch reduziert. Damit sind nicht nur Trennungen normaler geworden, sondern auch Neuanfänge. Der Beziehungsumsatz pro Leben steigt. Der Partnermarkt ist aktiver. In ein Menschenleben passen mehrere Trennungen, mehrere Neuanfänge und mehrere Partnerschaften. Und neben den Beziehungen ist auch noch Platz für Affären.“* [87]

Trotzdem scheint es so, dass dieses serielle Lieben an seine Grenzen stößt. Ein menschliches Leben scheint für zahlreiche Wiederholungen einer tiefen Liebesbeziehung nicht auszureichen. Denn diese ist stark an die jeweilige Lebensphase gebunden, in der sie ihren ganz speziellen Ausdruck gefunden hat. Wenn eine Person mit einem Partner die jungen Jahre mit Kindern verbracht hat, ist diese an eine bestimmte Lebenszeit und Lebensart gebundene Beziehung nicht mehr wiederholbar. Dies gilt auch für weitere nachkommende wichtige Verbindungen. Man ist nur einmal 20, 30, 40 Jahre … alt.

Was danach kommt, ist anders, hat eine andere Qualität. Oft sind es dann Beziehungen ohne Kinder (bei den Paaren, welche schon Kinder haben), weil jeder bereits diese Etappe des Lebens hinter sich gebracht hat oder das sich neu gefundene „junge Paar“

bereits älter ist. Auf so eine Liebesbeziehung lassen sich viele mit der Idee ein, dass sie für den Rest des Lebens andauert; sie ist, falls sie doch endet, in dieser speziellen Form ebenfalls nicht mehr wiederholbar. Die Person ist eine andere geworden. Hält die Beziehung jedoch, kann sie zur beglückenden Form der reifen Liebe in den späteren Jahren werden.

Was bleibt?

Liebe ist vor allem Begegnung im Augenblick. Es braucht Begegnung, wenn das Essentielle in der Liebe erlebt werden will. Der Akt einer tiefen Begegnung offenbart sich im Ausmaß der Intimität „beim Besuch im Land des anderen". Das Immer-wieder-von-vorne-anfangen erfährt seine natürliche Begrenzung durch das Alter. Pionierphasen in Beziehungen sind anstrengend und bedeuten wieder neue „Lernrunden" drehen zu müssen, bis eine neue, alltagstaugliche Abstimmung gefunden ist. Dabei kann die Sattheit und auch die Ermüdung aus einem bereits großen Lebensumsatz ein bremsender Faktor sein. Für unzählige, intime Liebesbeziehungen bietet ein Menschenleben realistischerweise nur begrenzt Chancen. Das könnte bedeuten, dass es auch ein Zuspät gibt.

Sollte es darüber hinaus irgendwann einmal in den langen Jahren des Lebens eine außergewöhnliche, nicht auf Dauer lebbare Liebe gegeben haben, ist auch diese spezielle Liebeskonstellation in das Erleben eines ganz bestimmten Lebensabschnitts eingefasst. Dieser gibt, neben der essentiellen Erfahrung, so einer Liebe ihre ganz eigene Bedeutung. Auch sie ist nicht mehr wiederholbar, weil sie in ihrer spezifischen Art bereits gefunden wurde.

Wenn wir einmal zurückschauen auf die wichtigsten Liebes-Ereignisse des Lebens, bleibt die Frage: „Was bleibt, wenn doch alles vergeht?“ Es bleibt die Erinnerung an erfüllte Augenblicke der Begegnung. An das, was ins Vergangensein hineingerettet wurde, wo es nicht unwiederbringlich verloren ist, sondern unverlierbar geborgen bleibt (Viktor Frankl).

4.10. „Liebe“ und „Bindung“ - die Verwechslung

Liebe

Gibt man den Begriff Liebe bei Google ein, werden in etwa 0,27 Sekunden - je nach Tagesverfassung von Google - cirka 268.000.000 Suchergebnisse geliefert. Versucht man, eine Sinndeutung von Liebe für den eigenen Gebrauch zu bekommen, gleicht das einer Forschungsreise, die im Labyrinth der Theorien und Glaubensbekenntnisse über Liebe zum Scheitern verurteilt ist. Diese Suche kann nie ans Ziel kommen.

Klargestellt sei an dieser Stelle, dass in diesem Buch ausschließlich von einer interpersonalen - also zwischen (erwachsenen) Menschen gelebten - Liebe die Rede ist; einer Liebe, die in Beziehungen entsteht, wächst, erlebbar ist, sich verändert und auch enden kann. Es geht um nicht weniger als um die Königsdisziplin der Liebe, um die Liebe zwischen Menschen, zwischen Mann und Frau oder auch gleichgeschlechtlich. Die anderen Formen der Liebe, z.B. Tierliebe, die Liebe zur Natur, dem Kosmos, zu einem höheren Wesen oder auch die Liebe zur Musik oder dem Leben - also un-/ bzw. überpersönliche und asymmetrische Liebesformen wie die Tierliebe (sie ist abhängig und bedingungslos seitens des Tieres), sind in diesem Buch nicht das Thema. Auch die Kindesliebe ist hier ausgenommen, da sie eine fürsorglich beschützende, abhängige, nicht ebenbürtige ist. Alle diese Liebesformen an dieser Stelle mitzubehandeln, würde den Rahmen und auch die Intention des Buches weit übersteigen.

Das Verständnis von Liebe verändert sich mit dem Zeit- und Lebensalter und erscheint immer wieder im neuen Kleid. Das Erleben und die Beurteilung von Liebe in ihrer qualitativen und quantitativen Ausprägung stehen unter der Knechtschaft der Subjektivität, jede Interpretation ist möglich. Um vergleichen zu können, ist erst einmal ein Definitionsversuch von „Liebe" notwendig. Aus der konstruktivistischen Sicht des Buches kann man sich fragen, ob Liebe eine Erfindung ist. Ilse Gschwend zitiert bei der Beschäftigung mit dieser Frage den deutschen Neurobiologen Gerhard Hüther bei einem von ihr gehaltenen Vortrag in Valencia wie folgt: „*Die Liebe ist keine Erfindung von uns Menschen, sie ist auch nicht vom Himmel gefallen. Sie ist eine weit entwickelte Form von Beziehung, deren Ursprung sich bis zu den Einzellern zurückverfolgen lässt. Aus der kreativen Kraft, die immer dann entsteht, wenn zwei Wesen, die in verschiedenen Welten unterschiedliche Erfahrungen gemacht haben, zusammenkommen, und sich das bisher Getrennte miteinander verbindet, entsteht immer etwas Neues. Dieser Prozess der Transformation, den diese kreative Kraft, die wir Menschen Liebe nennen, antreibt, ist bis heute nicht abgeschlossen, die Richtung ist aber vorgezeichnet: Liebe bleibt eine Suche nach Entfaltung der Möglichkeiten, mit denen man auf die Welt gekommen ist. Sie ist die entscheidende Triebfeder für das einander Finden und miteinander Gestalten. Bei Menschen wird die Liebe eine Kraft, die ihnen die Erfüllung ihrer tiefsten Sehnsüchte in Aussicht stellt.*" [88]

Sie betont, dass sich, seit es Leben gibt, Weiterentwicklung durch Begegnung und Austausch vollzieht und dass dies nicht erst beim Menschen, sondern schon bei den ersten Lebensformen (Bakterien) begonnen hat. Allerdings räumt sie ein, dass man nicht behaupten kann, Bakterien seien in Liebe zueinander entbrannt. Sie tauschen lediglich ihre Erbinformationen aus. Sie vergleicht auch die Sexualität damit. Auch in dieser ist der Sinn, dass sich zwei finden, die unterschiedliche Erfahrungen gemacht haben und sich dann vereinen, um etwas Neues, das mehr und größer ist als jeder Einzelne, hervorzubringen.[89]

In der Summe aller Erfahrungen sind die wichtigsten Erfahrungen jene zu anderen Menschen. In diesem Sinne ist Liebe eine Suche nach der Weiterentwicklung des eigenen Potenzials, mit dem wir auf die Welt gekommen sind.

Ilse Gschwend konstatiert: „*Liebe sei also keine Erfindung, sondern eine Kraft, die es braucht, damit Weiterentwicklung stattfinden könne. Und sie bringt den anderen Pol ins Spiel: Sie sei doch auch eine Erfindung, die etwas unmöglich oder auch möglich machen kann.*" [90]

In „Sachen Liebe" geht es immer wieder um das gleiche wertvolle Gut: den transformierenden Austausch. Wenn dieser vollzogen ist, sind beide reicher geworden, sind dann mehr, als sie vorher waren. Der deutsche Philosoph Wilhelm Schmid beantwortet die Frage, was Liebe sei, folgendermaßen: „*Liebe ist, was als Liebe gedeutet wird.*" Gschwend dazu: „*Der Kern der jeweiligen Deutung ist die, in ihr eingeschlossene, Vorstellung.*"

Wie Lieben auch immer definiert wird: Es ist empfehlenswert, so zu lieben, als bekomme der Liebende vielleicht nie mehr wieder die Möglichkeit dazu. Denn es gibt keine Stunde, in der es nicht möglich ist, dass die Menschen, die man am meisten liebt, sterben.

Bindung

Bindung (engl.: attachment) ist die Bezeichnung für eine enge emotionale Beziehung zwischen Menschen. Die Erfahrungen, die wir in unserer Kindheit mit der Bindung an unsere wichtigsten Primärpersonen (meist die Eltern) gemacht haben, nehmen wir mit ins Erwachsenenleben. Entsprechend stark sind wir durch diese Prägung bei der Gestaltung der Bindung zu unseren Partner festgelegt. Hat ein Kind negative Erfahrungen mit dem Bindungsstil der Eltern gemacht (wurde er z.B. emotional vernachlässigt) kann sein Bindungsverhalten als Erwachsener ängstlich und klammernd sein; hat die Person eine sie emotional überfordernde Bindungserfahrung (durch einen grenzüberschreitenden Elternteil) gemacht, drückt sich diese Erfahrung häufig in einer vermeidenden Bindungshaltung aus.

Ein „gesundes" Bindungsverhalten könnte sich dadurch zeigen, dass die Person bei ihrer Beziehungsgestaltung zwischen Autonomie und Nähe frei wählen kann, ohne in besondere seelische Turbulenzen zu kommen. Sie ist dann zu Nähe und Intimität fähig, ohne sich jedoch dabei selbst als Individuum zu verlieren; sie ist sich ihrer Individualität bewusst und braucht für ihre Identität weder Abhängigkeit noch Unterordnung.

Wie hängen Bindung und Liebe zusammen? Es ist wichtig zu unterscheiden: Bindung ist nicht Liebe, wächst aber durch diese. Bindung entsteht zwischen Beziehungspartnern durch gemeinsame Erlebnisse und Erfahrungen. Je bedeutungsvoller diese sind, umso größer wird das Bindungsgefühl. Die Bindung wird ebenso verstärkt durch die Dauer der Beziehung und die Art und Weise des gemeinsam Erlebten. Besonders auch die schweren Zeiten erhöhen die Bindung in einer Beziehung. Ebenso herausfordernde und dramatische Ereignisse wie Krankheit, Tod in der Familie, Unfall eines Partners sowie gefährliche und entbehrungsreiche Lebenssituationen (wie z.B. Krieg, Flucht und Migration) verstärken den Anschluss an den Schicksals-Partner.

Gesamtheit des Geschaffenen

In einer Paarbeziehung bildet die Gesamtheit des immateriell und materiell Geschaffenen die Gravur im Band der Bindung. Immaterielle Werte des Paares drücken sich über ihre Kinder aus, aber auch durch gemeinsam verfolgte ideelle Ziele, z.B. in Form eines politischen oder humanitären Engagements. Materielle Werte sind Errungenschaften wie ein hoher Lebensstandard, Besitz, Vermögen usw. Die Bindung erfährt eine zusätzliche Gewichtung, wenn Liebesgefühle vorhanden waren/sind und die Beziehung mit einer Liebesgeschichte begonnen hat; ebenso, wenn das Paar einen hohen Grad an Intimität und Nähe hat(te).

In Krisenzeiten tritt die Liebe jedoch in den Hintergrund. Sie kann vergehen, aber die Bindung bleibt, zumindest noch eine Zeit lang. Hat sich das Paar durch Kinder in dieser Welt ausgedrückt, bleibt die Bindung in einer bestimmten Form ein Leben lang, auch wenn sie abnimmt. Die Ex-Partner bleiben über ihre Kinder und Kindeskinder verbunden.

In den Turbulenzen einer Paarkrise kann es passieren, dass es für die Partner nicht leicht ist, zwischen Bindung und Liebe zu unterscheiden; ob es noch Liebe ist oder nur mehr die Bindung, die einen noch hält? In diesem Fall wird die Bindung zur Fessel, obwohl die Liebe bereits vergangen ist.

Der Schmerz, wenn sich die Paarbeziehung auflöst, ist ein Leiden an der Vergänglichkeit, ausgelöst durch die Erfahrung der Trennung. Wir erleben zu dieser Zeit, dass sogar die so große und ewig geglaubte Liebe vergänglich sein kann. Diese Erfahrung vermag Gefühle der existentiellen Einsamkeit auslösen, lässt uns leiden und trauern.

Liebe manifestiert sich in der Gegenwart und findet im Tun ihren Ausdruck. Dazu im Gegensatz nährt sich die Bindung stark aus der Vergangenheit, aus der Geschichte, die gemeinsam geschrieben wurde. Liebe: das sind Gefühle der Zuneigung und des partnerbezogenen Wohlbefindens. Sie entstehen im Hier und Jetzt und beziehen sich auf den Partner und seinen Wesensausdruck.

Gibt es vermehrt Gefühle der Dankbarkeit und Erinnerungen an das gemeinsam intensiv gelebte Leben, könnte es sich um Bindung an den Gefährten dieser Zeit handeln. Die Unterscheidung zwischen Liebe und Bindung, die Anerkennung der Bedeutsamkeit dieser Bindung für die eigene Person und der Unwiderruflichkeit des Geschehenen, kann nach einem Auseinandergehen der „Königsweg" zu neuen, befriedigenden Lebensperspektiven sein.

4.11. Ausgleich, wenn zwei auseinander gehen

Wie bereits betont, können Menschen leichter auseinander gehen, wenn sie das Gefühl haben, dass zwischen dem, was sie gegeben haben und dem, was sie genommen haben, ein Ausgleich herrscht. Dazu ist eine Ausgleichsbewegung auf mehreren Ebenen notwendig: es braucht den Ausgleich in sich und zwischen den Personen.

Innerer Ausgleich kann bedeuten:

- dass die Person dem zustimmen kann, dass der andere immer zugehörig zu diesem Teil meines Lebens sein wird,
- dass sie zustimmt, kein Paar mehr zu sein, hingegen ein Leben lang Eltern bleiben, und man vielleicht trotz Trennung eine gemeinsame Zukunft als Großeltern hat,
- dass ich dem anderen etwas Gutes wünschen

kann für das Neue, das er ohne mich lebt.

Äußerer Ausgleich kann bedeuten:

- dass ich meinen eigenen Betrag sehen und dem anderen eingestehen kann,
- dass ich dem anderen sagen kann, dass es mir von Herzen leid tut und ich für meinen Teil die Verantwortung übernehme.

Gelungene Trennungs-/Scheidungs-Bewältigung wäre dann die Fähigkeit:

- auf das Gute zurückschauen zu können,
- den eigenen Beitrag, den man zur Trennung/ Scheidung geleistet hat, sehen zu können,
- die Verantwortung für den Beitrag des anderen diesem auch zu lassen,
- und mit dem eigenen Schicksal einigermaßen versöhnt zu sein.

Entwicklung wird dann auf einer nächsthöheren Stufe möglich.

Zeit heilt alle Wunden?

Diese emotional sehr herausfordernde Arbeit kann verständlicherweise von den Betroffenen im aktuellen Trennungsgeschehen nicht geleistet werden. Drängt doch die verletzte Seele nach Beendigung des Leidens, nach Vergessen, nach Aus-den-Augen-aus-dem-Sinn. Die Wunden werden in dieser Zeit überwiegend im geschützten Raum versorgt und nicht nach außen gezeigt, schon gar nicht dem noch immer sehr präsenten Ex-Partner.

Oft genug kann ein Teil des Paares einer notwendigen Vereinbarung in einem Mediationsprozess nicht zustimmen, obwohl sie gut wäre, weil mehrere Schichten des Ausgleichsbedürfnisses in der Person bedient werden wollen. Dies braucht jedoch Zeit, um die Kränkungen für das weitere Leben zu verarbeiten und damit versöhnt zu sein.

Manchmal ist ein Ausgleich durch den anderen Partner nicht mehr möglich, weil dieser sich weigert, nicht mehr zur Verfügung steht oder weil das Geschehene nicht ausgleichbar ist. In diesem Fall können alternative Formen, wie z.B. Rituale, für die Verarbeitung gesucht werden. Trotzdem ist es schwierig. Ziel dieses Tuns, psychologisch unterstützt oder nicht, ist die Sättigung der Kränkung, um das unwiderruflich Geschehene in das Leben integrieren zu können.

Diese seelische Arbeit auf den Spuren des Ausgleichs oder der Schadensbegrenzung, hinterlässt nach einiger Zeit erfahrungsgemäß positive Spuren im Einzelnen und manchmal auch zwischen den Ex-Partnern. Im Falle von Kindern kommt dies der unkündbaren Elternschaft zugute.

4.12. „Das kann ich meinen Kindern nicht antun"

In der Phase einer angedachten Trennung oder Scheidung bilden Kinder wohl eines der größten Hindernisse, diesem Bedürfnis entschlossen zu folgen. Alleine die Vorstellung, wie diese darauf höchstwahrscheinlich reagieren werden, löst Seelennot, Scham und Trauer aus. Die Reaktion auf diese Vorstellung ist umso heftiger, je emotionaler der Elternteil auf seine Kinder bezogen ist, da er sich in seiner Fantasie in das Kind gut hineinfühlen kann. Die vorgestellte Hilflosigkeit des Kindes wird dabei seelisch und körperlich für ihn empfindbar. Er ist in diesem

Augenblick sein Kind. Möglicherweise selbsterlebte negative Trennungserfahrungen aus der eigenen Kindheit bilden hier oft noch zusätzlich erschwerende Begleitumstände.

Ab und zu wird die Information über die Trennung, die das Elternpaar heimlich vollzogen hat, vor den (noch kleinen) Kindern lange zurückgehalten. Papi muss dann häufig viel arbeiten oder reisen. Bei aus beruflichen Gründen stark abwesenden Vätern, fällt den Kindern die Umstellung leichter, da sie ja kein anderes Anwesenheitsmodell des zweiten Elternteils kennen. Dies kommt dann paradoxerweise bei einer Trennung oder Scheidung den Eltern entgegen. Väter sind dabei aber in Gefahr, den Anschluss an ihre Kinder und die Chance, sie bei ihrer Entwicklung und ihrem Erwachsenwerden zu begleiten, endgültig zu verlieren.

Die heranwachsenden Kinder aktiv zu begleiten, ist vielleicht die nachdrücklichste und schönste Zeit des Lebens - auch wenn sie anstrengt und fordert - sofern die Person dies als wertvoll erachtet. Man kann dabei wieder so richtig kindlich sein und erlebt das Werden aus der unteren Perspektive, die sich immer mehr gegen den Himmel streckt. Regression ist dann legitim und das Tor in eine wieder erinnerte Welt, die man vor langer Zeit erfahren hat. Man wird nochmals jung. Diese Lebensphase wegen innerer und äußerer Absenz bei den Kindern nicht zu erleben, ist wohl der höchste Preis, den ein Elternteil zahlen kann. Leider sind hier manchmal Väter nicht in der glücklichen Lage, dies als Wert zu erkennen, weil sie es als Kind mit ihrem Vater selbst auch nicht erfahren haben.

Da ein Auseinandergehen lange Zeit als unvorstellbar erscheint und auch juristische, finanzielle und strategische Aspekte dagegen sprechen, werden oft Ersatzpläne, die nicht so harte Auswirkungen auf die Kinder haben sollen, geschmiedet. Die angedachte Trennung oder Scheidung wird vertagt.

Eine zusätzliche häufige Annahme der Eltern ist, dass die Kinder im fortgeschrittenen Alter der Pubertät oder Adoleszenz mit diesem so schweren Familienereignis besser zurechtkommen. Durchhalteappelle an die eigene Person werden dabei im inneren Dialog an sich selbst gerichtet. Das innere Minuskonto bleibt dabei unvermeidlich erhalten. In den folgenden unbefriedigenden Durchhalte-Jahren wird eifrig zugebucht.

Dieses Zubuchen ist eine notwendige Maßnahme für die unglückliche, gezwungene Person. Die wachsende Schuld des Partners auf diesem geheimen Konto wird zum „ausgleichenden Nutzen", da der Partner sich immer wieder als Opfer des anderen (des Täters) bestätigen kann. Aus diesem moralischen Mehrwert bezieht die Person dann die Kraft, die unbefriedigende Beziehungssituation für die Kinder oder auch aus anderen Gründen durchzustehen.

Die Wende

Das Projekt der „Loslösung" startet dann doch, wenn sich, zum Zeitpunkt der beginnenden Ablösung der Kinder, die Beziehungssituation, wie meist insgeheim vorausgedacht, nicht mehr gravierend verbessert hat.

Diesem Zeitpunkt sind Jahre der inneren Kündigung in der Beziehung voraus gegangen. Beide Partner haben sich in einer elterlichen Gefährtenschaft arrangiert und auf den kleinstmöglichen Nenner geeinigt. Dies meist in unausgesprochener Weise und durch die Schaffung von nicht mehr verrückbarem Verhalten in solidarischer Resignation. Positiv interpretiert, wurde gemeinsam ein Lob auf die Vernunftehe gesungen.

Die Autoren des Buches „Glückliche Scheidungskinder, Trennungen und wie Kinder damit fertig werden“ schreiben dazu: *„Ich habe den Eindruck, dass die Ablösung der Kinder für gewisse Eltern eine Art Signal ist, ihre seit Jahren krisenhafte Beziehung endlich aufzulösen.“* [91] Für den Umgang mit jugendlichen Kindern in dieser schweren Phase bemerken sie: *„Im Falle von Trennung und Scheidung bedeutet das, dass die Eltern zu ihrer Trennung, zu ihren Gefühlen und Überzeugungen stehen müssen. Das ist schwierig, weil sie womöglich gerade deswegen von den Jugendlichen abgelehnt werden. Wenn sie aber nicht dazu stehen, werden sie gleichwohl abgelehnt. Vielleicht erst Jahre später, aber dann umso heftiger, während die Eltern, die authentisch bleiben, gute Chancen haben, wieder akzeptiert zu werden. (...) Es scheint, als ob die Pubertät ein besonders ungünstiger Zeitpunkt für eine Trennung der Eltern ist. Jede andere Altersphase kann für das Kind aber genauso so belastend sein.“* [92]

4.13. Erste-Hilfe-Koffer für Eltern bei Trennung

Im Folgenden einige wichtige Anhaltspunkte im Umgang mit Kindern, wenn Eltern sich trennen. Was sind die Bedürfnisse der Kinder?

Die drei wichtigsten Grundbedürfnisse sind:

- Geborgenheit
- soziale Akzeptanz sowie
- Entwicklungs- und Leistungsfähigkeit

Folgende Botschaften sollten Eltern im Trennungs- oder Scheidungsfall ihren Kindern vermitteln:

- „Papa und Mama bleiben, sie werden euch nie verlassen und immer lieben“ (Sicherheit)

- „Ihr seid nicht schuld daran“ (Verhinderung von problematischer Verantwortungsübernahme) und
- „Ihr könnt nichts für uns tun, es ist unsere Sache“ (Vermeidung der Idee bei den Kindern, dass sie die Eltern durch Erzeugung eines Problems wieder zusammenbringen können, z.B. psychosomatische Symptome, Unfälle, aggressives Verhalten)

Gespräche mit den Kindern über die bevorstehende Trennung oder Scheidung sollten, soweit es die Partner durchhalten, in einer „Wir-Version“ erfolgen. Ist dies für den einen oder anderen Partner nicht möglich, weil er im Gegensatz zum anderen die Trennung nicht will, können die Kinder zwei Versionen über die unterschiedlichen Bedürfnisse der Eltern hören. Diese abgestimmte(n) oder auch unterschiedliche(n) Version(en), warum sich Mama und Papa trennen und warum jetzt ein Elternteil auszieht, sollte(n) kinderspezifisch und altersgemäß erfolgen. Das Ausmaß der Information über die Hintergründe der Trennung oder Scheidung sollten so kurz wie für das Kind verträglich gehalten werden. Intime Details sind nicht angebracht, die Generationsgrenze zwischen den Eltern und den Kindern ist zu wahren.

Darüber hinaus ist es notwendig, die Kinder über die zu erwartenden Veränderungen aufzuklären, vor allem über das, was sich im alltäglichen Leben für sie in Zukunft verändern wird.

Zusammenfassung:

- Altersgemäßes und kinderspezifisches Erklären der Trennungsgründe
- Sicherheit geben, dass die Eltern immer da sein werden

- Wahrnehmung der kindlichen Bedürfnisse;
  über ihre Ängste und Gefühle sprechen
- Keine Verpflichtung zur Parteinahme für einen Elternteil wegen der Gefahr eines Loyalitätskonfliktes im Kind
- Keine unbegründeten Hoffnungen auf eine Versöhnung der Eltern wecken
- Stärkung des Sicherheitsgefühls durch Einbindung in die Planung der neuen Lebenssituation
- Keinen Trost bei den Kindern suchen, sich von ihnen nicht emotional versorgen lassen
- Sich für die Kinder in jeder Form verfügbar halten
- Der andere Elternteil (der ausgezogen ist) sollte vom Kind jederzeit kontaktiert werden können
- Keine Instrumentalisierung der Kinder als „Botschafter", „Briefträger", „Klagemauer", „Racheengel" usw.

Weitere professionelle Unterstützungsangebote und Tipps finden Eltern beim „Elternservice des Österreichischen Instituts für Beratung in Beziehungs-, Trennungs- und Scheidungsfragen" (www.oeit.at) oder bei „Rainbows, Hilfe für Kinder in stürmischen Zeiten" (www.rainbows.at) in ganz Österreich. Rainbows bietet auch ein gruppenpädagogisches Angebot für Kinder und Jugendliche, die von Trennung oder Scheidung ihrer Eltern betroffen sind.

Beispiel Weihnachtsregelung

Gerade Festtage wie Weihnachten sind emotional heiße Zeiten für Kinder von getrennten oder geschiedenen Eltern. Weihnachten hat einen besonderen Stellenwert, weil es als das Fest der

Familie gilt. Fehlt jemand, fühlt man sich nicht komplett. Es ist das Fest im Jahresablauf, das mit Bedeutungsgebungen am stärksten überfrachtet ist. Eigene positive oder defizitäre Kindheitserinnerungen, religiöse u. kulturelle Sinngebungen sowie besondere Ansprüche nach Harmonie und Eintracht, können die Gestaltung von Weihnachten belasten.

Für Kinder ist es zweitrangig, bei wem sie am Heiligen Abend feiern, ob der Ort der Feierlichkeit jährlich wechselt oder das Christkind am Heiligen Abend zweimal kommt. Die doppelte Bescherung z.B. bringt für die Kinder auch Vorteile, die sie durchaus zu schätzen wissen. Was sie nicht vertragen, ist die Sorge, einem Elternteil gehe es schlecht, weil sie beim anderen sind.

Ob Kinder trotzdem schöne und harmonische Weihnachten feiern können, hängt in erster Linie davon ab, wie das Verhältnis der Eltern nach der Trennung ist und ob sie in der Lage sind, zum Wohl des Kindes zu handeln und ihre Kränkungen und Verletzungen diesem Ziel unterordnen, auch wenn es hart ist. Ist die Trennung der Eltern noch nicht so lange her, so kann es durchaus sein, dass bei einem oder beiden Elternteilen in der Weihnachtszeit Erinnerungen, Wut, Enttäuschung oder Trauer zum Vorschein kommen, die ihre Gefühle beeinflussen, was sich manchmal auch auf das Kind auswirkt.

Bemerkt ein Kind die verletzten Gefühle, so entwickelt es eine gewisse Loyalität und Abneigung gegenüber dem bevorstehenden Weihnachtsbesuch/Aufenthalt beim anderen Elternteil. Das kann dazu führen, dass es letztendlich den Besuch beim anderen Elternteil ablehnt. Diese ablehnende Haltung wird jedoch oft falsch gedeutet. Damit sich ein Kind loyal verhalten kann, muss es sich sicher sein, dass Mutter oder Vater dem Besuch beim anderen

Elternteil zustimmen. Weihnachtstipps für getrennte Eltern finden Betroffene unter: www.kuehbauer.at/images/Weihnachts-Tipps-fuer-getrennte-Eltern.pdf

Wenn es den Eltern schlecht geht, geht es auch den Kindern schlecht. Die Autoren Remo Largo und Monika Czernin bemerken zu den negativen Auswirkungen von Scheidung auf Kinder: „Die Ursache für das verminderte Wohlbefinden sollte nicht der Scheidung selbst zugeschrieben, sondern in den Lebensbedingungen des Kindes nach der Scheidung gesucht werden. Es ist weniger die Trennung als die Folgen, die sich daraus ergeben, die das Kind in seinen Grundbedürfnissen beeinträchtigen können. Es geht darum, ihre Bedürfnisse wahrzunehmen und zu erfüllen, egal, innerhalb welchen Familienmodells, welcher Form des Zusammenlebens oder welcher Lebensart.“ [93]

Das nächste Kapitel widmet sich Paaren ohne Kinder und unverheirateten Paaren, damit nicht der Eindruck entsteht, dass Kinder haben und verheiratet sein, die einzig „wahre“ Form von Beziehungsleben ist.

5. NÄHRBODEN FÜR DIE ZUKUNFT

5.1. Heiraten oder nicht?

Der Psychoanalytiker Peter Schellenbaum bemerkt zu diesem Thema: „*Auch unverheiratete Paare können psychologisch gesehen eine Ehe bilden - wenn zwei Menschen so tief voneinander ergriffen sind, dass sie ihr Leben auf der körperlichen, seelischen und geistigen Ebene durch gegenseitige Hingabe zur Entfaltung bringen wollen.*“ [94]

Dieser Vergleich nimmt an der Ehe als normativem Hintergrund Maß, ohne dass es deklariert wird. Unverheiratet ein Paar zu sein, wird im Trend der Entwicklungen der letzten Jahrzehnte immer mehr zur bevorzugten Beziehungsform. Die Stigmatisierung, der früher etwa eine unverheiratete Frau (möglicherweise noch mit Kind) ausgeliefert war, scheint weitestgehend aufgelöst, mag auch noch im ländlichen Raum die traditionelle Beziehungsform der Ehe einen höheren Stellenwert haben.

Es gibt verheiratete Paare, die weniger stark als unverheiratete aufeinander bezogen sind, wie umgekehrt unverheiratete Paare, die eine wesentlich höhere Intimität und Verbindlichkeit leben als Paare mit Trauschein. Der juristisch vertragliche Rahmen trägt im Bereich Gefühle und Empfindungen nichts Wesentliches zu Intimität und Begehren bei.

Die Komponente „Verbindlichkeit“ bekommt jedoch durch eine Heirat einen besonderen Stellenwert und wird als eindeutiges Bekenntnis interpretiert, als ein: „Es gilt, wir sind jetzt ein fix zusammengehöriges Paar!“

Für nicht wenige Paare ist das Verheiratet-Sein zur veralteten Ausdrucksform einer vergangenen Zeit geworden, obwohl andererseits der Trend zum Heiraten wieder zunimmt. Bei manchen Paaren wird die unverheiratete Form des Zusammenlebens (auch mit Kindern) verideologisiert und mit Modernität und Liberalität gleichgesetzt. Das stellt sich bei gleichgeschlechtlichen Paaren ganz anders dar. Hier gilt verheiratet/verpartnert zu sein, genau umgekehrt, als Ausdruck von Liberalität und Political Correctness und die gesellschaftliche Verweigerung dieser Möglichkeit als besonders konservativ und ewiggestrig.

Nichtheiraten ist still verlockend und kann durch das Sich-nicht-exponieren-müssen beruhigen. Umgekehrt: Heiraten bedeutet heutzutage oft, sich gegenüber Gleichaltrigen exponieren zu müssen und kann abschätzige Reaktionen bei diesen hervorbringen. Im Diskurs über „heiraten oder nicht" lässt sich auch wohlfeile Kritik an Gesellschaft und Kirche transportieren. Wenn die Heirat als nicht mehr notwendige Strukturform für Paarbeziehung gesehen wird, kann man sich zum Zeitgeist bestens zugehörig fühlen. Bei diesen Paaren bekommt man den Eindruck, dass sie glauben, wenn sie nichtverheiratet bleiben, es nicht ganz so ernst wäre. Es wäre der Rückzug leichter zu bewerkstelligen, dieser könne mit leichterem Gepäck angetreten werden, falls es ernst werden würde. Dieses Gefühl bleibt bestehen, auch wenn Kinder, die Wohnung und gemeinsam Geschaffenes im Weg stehen.

Alleine die Begründung, dass es keinen Grund für eine Heirat gibt, genügt manchmal, um nicht zu heiraten. Hier wird die Negation als entscheidendes Kriterium herangezogen und ist die Spitze der logischen Fahnenstange. An der Frage heiraten oder nicht scheiden sich oft die Geister, die gerufen wurden. Nicht-Heiraten wird aus der Sicht derer, denen die Heirat verweigert wird, als Verweigerung nachhaltiger Verbindlichkeit gesehen. Dazu genügt bereits die passive Form des Nichtfragens. Einen Heiratsantrag zu machen, wird, trotz emanzipatorischer Erstarkung, nach wie vor, von den meisten Frauen im Zuständigkeitsbereich der Männer verortet. Wenn der Mann dies verweigert, entsteht daraus häufig eine Kränkung (auch wenn diese nicht deklariert wird), mit der die Frau im Fahrwasser des Beziehungsalltags jedoch meistens zu leben lernt.

Die scheinbar bindende, ritualisierte Form einer offiziellen Heirat ist oft ein Hauptbedürfnis von Heiratswilligen. Sie sehen diese Form der Paarbeziehung, der sie durch die vertragliche und ritualisierte Heirat einen offiziellen Rahmen geben, nicht als Widerspruch zur der meist eigenen liberalen Lebensart der Moderne.

Das Attraktive scheint die Verbindlichkeit durch das Öffentlichmachen zu sein. Ein Eheversprechen bindet wesentlich stärker: Das symbolische Geloben, das Öffentlichmachen vor Zeugen erhöht die Schwierigkeit und Hemmschwelle für ein zukünftiges Weggehen, manifestiert Verbindlichkeit und das nicht nur juristisch. Einander zu heiraten ist ein aktiver Akt des Schaffens einer freiwilligen Hürde, um, im Fall der Fälle, es nicht leicht zu haben. Eine Art Selbstbehinderung als Selbstverpflichtung zur Verbindlichkeit. Dessen ungeachtet geht es vielleicht doch noch um etwas anderes?

Heiraten ist auch der dramaturgische Höhepunkt der Hochzeit des Paares. Hier kommt das romantische Liebesideal zur vollen Prunkentfaltung in der „Kathedrale der Liebe", spätestens beim „Ave-Maria" von Franz Schubert. Die äußere Form der Heirat hat für heiratsaffine Paare hohe Wichtigkeit. Mit dieser können sich Frau und Mann, zur Vorbereitung gut und gerne ein halbes Jahr intensiv beschäftigen.

Durch die äußere Form des Festes können auch stark Status, Werte und Einstellungen des Brautpaares ausgedrückt werden. Eine andere Art, die, sich progressiv abgrenzende, Verweigerung kein großes aufwendiges Fest für andere zu inszenieren, bleibt in der Spaß-Variante Las Vegas eher die Ausnahme, ebenso auch die blumenbekränzte Romantik-Variante am paradiesischen Sandstrand von Bali. Wenn das Fluchtbedürfnis vor allzu viel Aufwand, Inszenierung und Repräsentation groß genug ist, greifen Paare auch zur minimalistischen Form - nur im Beisein von zwei Trauzeugen zu heiraten.

Was ist das Wesentliche? Unverheiratete Paare, denen Konventionen nicht so wichtig sind, können ihre Bezogenheit zum wichtigsten Wert machen. Diese drückt sich darin aus, in welchem Ausmaß sie in Nähe und Intimität immer wieder zusammenfinden, und wie es ihnen gelingt, sich durch die verschiedenen Beziehungsphasen hindurch zu erneuern und sich an die ständig wechselnden Umweltbedingungen des Lebens immer wieder mit Einsatz anzupassen. Wenn dies klappt, entsteht (ganz nebenbei) hohe seelische Verbindlichkeit in der Beziehung. Der jeweilige Partner fühlt sich beim anderen beheimatet, so „wie es nicht anders sein könnte“. Diese Gefühle können ebenso auch verheiratete Paare erfahren, verheiratet sein schadet dabei nicht.

Jedoch zu Recht, Vorsicht ist die Mutter der Beziehungs-Kiste: Ich empfehle Paaren, die sich mit der Möglichkeit der Heirat beschäftigen, sich auf einen reizvollen Ehefit-Check für Heiratswillige einzulassen (Download: www.kuehbauer.at). Bewusstheit vor der Heirat oder in einer Lebensgemeinschaft, die am Wendepunkt hin zu mehr Verbindlichkeit steht, ist emotional und finanziell günstiger als eine Trennung oder Scheidung an ihrem schmerzlichen Ende. Lieber einmal bewusst diskutiert, als nur dauernd angenommen und nie besprochen.

5.2. Bei Kinderlosigkeit

Jenseits von gesellschaftlichen Unterschieden, gibt es zwei große Gruppen, die sich kritisch beäugend gegenüber stehen. Die einen haben bereits Kinder oder wünschen sich welche, die anderen haben sich gegen sie entschieden, warten oder müssen warten, weil sie allein sind. Dies führt manchmal zu einem Vergleichen, in der der eigene Lebensentwurf - mit oder ohne Kinder - zum Lebensvergleich wird. Dies würde möglich, da die heilige und natürliche Pflicht, Kinder in die Welt zu setzen nicht mehr gilt; die Wahlmöglichkeiten der Schwangerschafts-Verhinderung bieten dabei vielfältige Möglichkeiten. Freiwillig gewählte Elternschaft ist wie ein Pflock im Lebenslauf, den man, wenn man ihn erst einmal eingeschlagen hat, nicht mehr entfernen kann. Hier endet die Verfügungsgewalt über das eigene Leben. Für diese Entscheidung gibt es keine Rückgabegarantie. Die Illusion der Wahlfreiheit ist zu Grabe getragen.

Für Kinder gibt es keinen Ersatz, „das Leben will weitergegeben werden" (Ilse Gschwend). Ein Kinderwunsch, sowie der Entschluss, kein Kind zu wollen, entspringt den tiefsten Schichten unseres Seins. Mit der endgültigen Entscheidung für den einen oder anderen Lebensentwurf geben Menschen möglicherweise einen Anteil ihrer persönlichen Identität auf.

Ist sich das Paar beim Kinderwunsch nicht einig, so ist dieser Konflikt nicht mit einem Kompromiss zu lösen. Ein bisschen schwanger oder ein bisschen Kind gibt es nicht. Ab und zu führt die Unlösbarkeit des Problems zur Auflösung der Beziehung, wenn noch genug Zeit für die biologische Elternschaft mit einem Angehörigen des anderen Geschlechts bleibt.

Im Beratungsgespräch zeigt sich manchmal, dass einer der

wichtigsten Gründe, keine eigenen Kinder haben zu wollen, in einer negativen Beziehung zur eigenen Kindheit liegt. Jürg Willi sagt dazu: „*Wer das, was er in der eigenen Kindheit erfahren und mitbekommen hat, nicht weitergeben möchte, wer Kindern das, was er erlitten hat, ersparen will, möchte keine eigenen Kinder.*“ [95]

Diese Erfahrungen sind meist unbewusst verpackt in rationale Überlegungen, die die Partner bei der Entscheidung „Kind – ja oder nein“ anstellen. Oft ist die Begründung, dass noch nicht der richtige Zeitpunkt wäre, da die Karriere- und Einkommenssituation noch nicht optimal genug ist. Manchmal ist es eine Frage, wer welches Studium noch abschließen will/muss. Bei frischen Paaren, die bereits Kinder aus früheren Beziehungen haben, ist der Verzicht auf ein gemeinsames Kind oft eine bewusste Entscheidung und auch meist kein Problem. Natürlich gibt es auch Paare, die keine Kinder aus früheren Beziehungen haben und trotzdem keine wollen (ohne dass sie eine belastende Kindheit gehabt haben müssen).

Eine schwierige Ausgangslage haben Paare, bei denen einer von ihnen (häufig die Frau) noch einen offenen Kinderwunsch hat und der Partner kein Kind mehr möchte, weil er bereits Kinder hat. An der Unlösbarkeit dieser so unterschiedlichen Bedürfnisse kann die Paarbeziehung ebenfalls zerbrechen.

Bezogensein auf ein Drittes

Grundsätzlich darf behauptet werden, dass sich der Sinn des Daseins nicht bloß in der Zeugung von Kindern bestätigt (doch ohne sie geht es halt auch nicht). Es gibt für Paare nicht automatisch eine „Bringschuld“. Abgesehen davon, leiden wir nicht an zu wenigen Kindern, sondern weltweit an zu wenig guten Lebensbedingungen für Kinder.

Elternschaft ist nicht nur biologisch notwendig/möglich, sondern auch durch Verantwortungsübernahme Erwachsener für Kinder dieser Welt. Astrid Riehl-Emde zitiert Schellenbaum und bemerkt zu diesem Thema: „*Ein Paar ohne Kinder braucht menschlich erfüllende Aufgaben, jeder für sich und beide zusammen, damit auch in ihrem Leben die natürliche Bezogenheit beider auf ein Drittes eine verbindende Dynamik erzeugt und neue Lebendigkeit schenkt. Wenn ein Paar Leben in irgendeiner Form zeugt, erfüllt es den Sinn einer ganzheitlichen Partnerschaft. (...) Wenn das „Wir“ des Paares etabliert ist, soll die Beziehung in etwas Drittem fruchtbar werden. Auch soziale und kulturelle Aufgaben können zu Kindern werden.*“ [96]

Bei Paaren, bei denen sich der Wunsch nach einem leiblichen Kind auf direkten Weg nicht erfüllt, wird die Möglichkeit der In-vitro-Fertilisation aber auch der Adoption oder Pflegeelternschaft angedacht. Die zwei letztgenannten Varianten der Elternschaft sind aber durch die verschiedenen, gesetzlichen Auflagen und Bedingungen nicht leicht umzusetzen.

Elternschaft für Paare ohne Kinder

Schön zu beobachten ist es, wie kinderlose Paare trotzdem Elternschaft gemeinsam leben. Sei es, dass sie sich besonders liebevoll um Neffen und Nichten annehmen oder für die Kinder der Nachbarin zu Wahleltern werden oder sich für ein Patenkind in Fernost oder Afrika engagieren und dieses von der Wiege bis zum Doktorat finanziell und emotional begleiten.

Elternschaft kann auch gelebt werden durch humanitäres Engagement, z.B. durch finanzielle und praktische Mithilfe beim Aufbau eines Kinderheims in einem der Armenhäuser dieser Welt. Die aktuelle Migrationsproblematik bietet ebenfalls eine leicht zu organisierende Elternschaft. Begleitung von Kindern und Jugendlichen im Kontext von Migration ist eine zeitgemäße Form von Elternschaft bei Paaren ohne biologische Kinder.

Diese alternativen Formen der Elternschaft entbehren nicht der Liebe. Im Gegenteil: Durch diese weitgefasste Elternschaft wird Energie an kleine Menschen weitergegeben, die einmal ihrerseits ihren menschlichen Reichtum an ihre oder andere Kinder weitergeben können. Diese Weitergabe von Leben oder guten Bedingungen, über Generationen hinweg, drückt das Gedicht von Conrad Ferdinand Meyer (1882) in indirekter Form besonders schön aus:

Der römische Brunnen:
„Aufsteigt der Strahl und fallend gießt
er voll der Marmorschale Rund,
die, sich verschleiernd, überfließt
in einer zweiten Schale Grund;
die zweite gibt, sie wird zu reich,
der dritten ihre Flut,
und jede nimmt und gibt zugleich
und strömt und ruht."

5.3. Keine „alten Baustellen im neuen Land"

Was nicht erledigt wird, nehmen die Ex-Partner mit in die nächste Beziehung. Es gibt dann „alte Baustellen im neuen Land". Dies ist eine sehr häufige Form des Immer-wieder-in-die-Grube-Fallens. Die „Baustelle" ist in die neue Beziehung mitübersiedelt. Manchmal braucht die Person einfach Zeit, um sich die Muster und Beweggründe, die das eigene Verhalten steuern, bewusst zu machen. Diese Entdeckungsreise im eigenen Auftrag ist notwendig, will der Glücksuchende nicht immer wieder Opfer seiner eigenen „Baustellen-Politik" werden. Dieser bleibt er ausgeliefert, solange ihm die dahinterliegenden Wirkmechanismen nicht bekannt sind. Sich mit ihnen zu beschäftigen, ist nicht ein Zeichen von Schwäche, sondern ein Zeichen für Stärke. Schwach ist der, der nicht hinsehen will. Und es grenzt nicht an Majestätsbeleidigung, wenn man sich selbst eingesteht, nicht perfekt zu sein.

Oftmals handelt es sich dabei auch um generationsübergreifende Dynamiken oder Themen, die einem im „Reisegepäck" von der Herkunftsfamilie unfreiwillig mit auf den Weg gegeben wurden. Sich diesem „Erbe" zuzuwenden, kann Angst machen, es kann aber auch Befreiung von nicht selbstgewählten „Jobs" bringen. Wer jedoch Selbsterkenntnis nur „im kleinen Format" gewählt hat, entscheidet sich für den Ausweg, sich vom Leben nicht zu viel zu erwarten, da dies ruhiger und sicherer erscheint.

Sich neu gefundene Paare tun gut daran, wenn sie die Lebensgeschichte des anderen Partners freundlich zur Kenntnis nehmen, ohne Beurteilung oder übertriebene Parteinahme. Eine besonders schräge „Zuwendung", die Vergangenheit des Partners betreffend, ist die Eifersucht auf sein früheres Leben, auf die schönen Zeiten, die er in der Beziehung und Familie gehabt hat.

Der eifersüchtige Partner könnte es dabei aber so sehen, dass der andere ihm geschenkt wurde, weil seine frühere Beziehung zerbrochen ist. Der frühere Partner und womöglich Kinder aus dieser Beziehung haben hier einen Preis (mit-)gezahlt, von dem er jetzt profitiert. Aus dieser Geschichte heraus kann der neue Partner die Vergangenheit des Partners achten und sie nicht missgünstig bekämpfen, weil er nicht Teil von ihr war.

Bringen Partner nicht abgeschlossene „offene Baustellen" aus der Vergangenheit mit in die Beziehung, sollen diese von der aktuellen Beziehungsdynamik so gut wie möglich unterschieden werden. Jeder Partner sollte die Verantwortung für seine eigenen unerledigten Angelegenheiten übernehmen und sie nicht auf den anderen in der Beziehung übertragen, dieser ist die falsche Adresse dafür.

All das, was beide mitbringen, ist als Teil der Geschichte oder als Wesensmerkmal der jeweiligen Person anzuerkennen. Anerkennen heißt nicht automatisch, dass der Partner mit dem daraus folgenden Verhalten einverstanden sein muss. Auf beiden Seiten ist es notwendig, dem anderen Spielraum zu lassen, damit dieser seine „offenen Baustellen" abschließen kann bzw. mit ihnen so gut wie möglich umgeht. Der andere hat auch hier die Freiheit, das zu verändern, was er verändern will und kann, sowie das zu lassen, was nicht verändert werden kann oder soll.

Nach diesen Aufräumarbeiten gibt es hoffentlich keine „alten Baustellen mehr im neuen Land" auch wenn noch nicht alles rosarot strahlt, pfeift und singt. Frische „Unebenheiten", die sich aus der neuen Beziehung ergeben, können als Entwicklungsmöglichkeiten für die einander liebevoll Zugewandten gesehen werden, sie sind mitgebucht und gehören zur „Destination Beziehung". Die Autoren von „Soziologie der Liebe" bemerken treffend dazu: „*Der Wert und die Schwierigkeit der Liebe liegt im Auslösen und Verarbeiten ständigen Wandels.*" [97]

5.4. Der Ausgleich im Positiven

Der gute Ausgleich im Nehmen und Geben ist wie ein exakter Schlussstein zweier aufeinander zustrebender gotischer Bogen. Er stützt dann die „Kathedrale der Liebe" über die Zeit, auch wenn immer wieder Erhaltungsarbeiten notwendig sind. Der wohltuende Ausgleich ist, wie schon ausgeführt, ein zentrales Prinzip in Paarbeziehungen. Er stärkt das (Paar-)System, weil er die gute Absicht, Großmut und Liebe erkennen lässt. Die hintergründige Botschaft, die vom Beschenkten wahrgenommen werden kann, lautet: „*Du bist es mir wert!*"

Wenn Paare den positiven Ausgleich suchen, handeln sie nach dem Motto: „*Hast du mir Gutes getan, tue ich dir Gutes - weil ich dich mag oder weil ich dich liebe und weil ich mit dir einen lebendigen Austausch haben möchte!*" Solche Paare geben einander immer wieder Anlass zum wohlwollenden und positiven Bilanzieren. Der Ausgleich beginnt bereits durch die Anerkennung der Ausgleichsverpflichtung, die sich dann im Tun ausdrücken sollte; sie nur anzuerkennen und nicht durch Tun zu manifestieren, wäre zu wenig. Diese Anerkennung zeigt dem Partner, dass das, was er gegeben, vielleicht erlitten hat, vom anderen gesehen und gewürdigt wird.

Grundsätzlich beim Thema „Positiver Ausgleich" ist wichtig: Ein allzu exakter Ausgleich sollte vermieden werden, schreibt Renate Daimler in ihrem Buch „Basics der Systemischen Strukturaufstellungen", weil der exakte Ausgleich in einer Paarbeziehung (bindungsorientiertes System) eine trennende Wirkung hat. Bei solchen Geschäften, wo alles exakt abgerechnet wird, wo nur so viel Dank abgestattet wird, wie unbedingt nötig, kann die Liebe verloren gehen (heute habe ich zwei Liter Milch eingekauft, morgen musst du zwei Liter Milch einkaufen), weil Großzügigkeit in Gedanken und Handlungen als Ausdruck von Liebe erlebt wird.[98]

Die gute Wirkung eines exakten Ausgleichs ist z.B. in einer geglückten Mediation zu beobachten. Dort ist er sinnvoll und sollte Ziel des Mediatonsprozesses sein. Wenn das auseinandergehende Paar einen, für beide Seiten befriedigenden, Ausgleich geschafft hat, gibt es keinen Grund mehr, konflikthaft verbunden zu bleiben. Das Ex-Paar ist dann fertig miteinander, die Beziehung ist vorbei.

Bert Hellinger stellt den Zusammenhang zwischen Ausgleich und Glück wie folgt dar: „*Das Glück in einer Beziehung hängt ab vom Umsatz von Nehmen und Geben. Der kleine Umsatz bringt nur kleinen Gewinn. Je größer der Umsatz, desto tiefer das Glück. Das hat aber einen großen Nachteil – es bindet noch mehr. Wer Freiheit will, darf nur ganz wenig geben und nehmen und ganz wenig hin- und her fließen lassen (...) Der große Umsatz von Nehmen und Geben wird von einem Gefühl der Freude und der Fülle begleitet. Dieses Glück fällt einem nicht in den Schoß, es wird gemacht. Wenn der Ausgleich bei großem Umsatz ausgeglichen ist, haben wir ein Gefühl von Leichtigkeit, von Gerechtigkeit und Frieden. Von den vielen Möglichkeiten, Unschuld zu erfahren, ist sie die wohl befreiendste und schönste.*“ [99]

5.5. Wahrhaftigkeit

Wahrhaftigkeit ist in den meisten Menschen ein tief angelegtes Bedürfnis. Zu wichtigen Bedürfnissen stehen zu können und mit ihnen vom anderen angenommen zu werden, wird allgemein ersehnt. Am Anfang einer Beziehung z.B. wissen viele Menschen noch nicht, wie gewichtig die Verwirklichung individueller Bedürfnisse ist. In dieser Phase verdeckt oft noch das Erleben des überwältigenden Gemeinsamen, das ebenfalls in der Person innewohnende Bedürfnis nach Selbstbestimmung und Autonomie. Meist wird vorausgesetzt, dass wenn die Liebe groß genug ist, der Wunsch nach Freiheit beim Partner, nicht mehr so beherrschend ist.

Was können die Auswirkungen sein? Das Verschweigen wichtiger eigener Bedürfnisse, gibt diesen einen immer größer werdenden Stellenwert. Wählt die Person die Strategie der Wahrhaftigkeit und spricht ihr Bedürfnis an, ist durch das Aussprechen manchmal schon ein guter Teil des Bedürfnisses bereits ausgelebt. Wie groß dieser befriedigende Anteil sein wird, weiß die Person vorher nicht. Ein weiterer Effekt ist, dass der Verzicht bereits durch das Mitteilen den Charakter des Verzichts verliert bzw. kleiner wird.

Wahrhaftigkeit ist ein essentieller Teil der Intimität, denn man kann nur intim sein (lat: intimus; wörtlich „dem Rand am fernsten, am weitesten innen“), wenn man seine Wahrheit dadurch ausdrückt, indem das Individuum in Integrität (lat: *integritas ‚unversehrt‘, ‚intakt‘, ‚vollständig‘*) lebt.

Wahrhaftigkeit versus Freiheit?

Es scheint manchmal, als würde die Wahrhaftigkeit auf Kosten der Freiheit gehen. Freiheit kann missverstanden werden, wenn die Person annimmt, dass sich Freiheit darin ausdrückt, nur das Eigene zu machen und sich darin der Anspruch auf Individualität des unbestreitbaren Einzelwesens manifestiert.

Zwischen Wahrhaftigkeit und dem anderen Partner schonungslos alles zu erzählen, z.B. aus Anlass einer Affäre, besteht ein großer Unterschied. Wahrhaftigkeit ist eine geistige Haltung. Sie bedeutet, dem anderen Wesentliches nicht vorzuenthalten. Alles im Detail zu erzählen dient aber oft nur der eigenen Entlastung und der Flucht nach vorne. Eine Paarbeziehung auf Augenhöhe hat nährende Aufrichtigkeit zur Voraussetzung. Mitteilen ist dabei unzweifelhaft. Wahrhaftigkeit in diesem Sinne engt nicht ein, nimmt der Person nicht die Freiheit, behindert nicht das individuelle Sein, macht die Beziehung jedoch aufwendiger.

Die Kehrseite der Wahrhaftigkeit: Teilt ein Partner wichtige Erlebnisse oder Ereignisse nicht mit, sind diese trotzdem als

Information im Beziehungsfeld vorhanden. Spüre ich etwa die ernsthafte Anziehung zu einem anderen Menschen in einer Affäre oder Außenbeziehung, teile dies aber nicht mit, um mir Schwierigkeiten zu ersparen, wächst das Verschweigen langsam aber sicher zu einem Geschwür heran, wird vielleicht einmal zum Eiterherd in der Beziehung. Bricht dieser zu spät auf, kann die Beziehung daran zugrunde gehen.

Man kann es auch so sehen: Erst die gegenseitige Wahrhaftigkeit macht zwei Menschen zu Ebenbürtigen. Sie bedeutet Wertschätzung, Achtung, und dass ich den anderen und mich selbst für stark genug halte, mit meinen Mit-teilungen umgehen zu können. Dieses Teilen stellt den Partner in den ersten Rang. Es ist Ausdruck von Bezogenheit auf und Fürsorge für das Du. Wenn ich Dinge mit-teile, bevor diese zerstörerischen Charakter annehmen und ihre Zersetzungsarbeit beginnen können, verhindere ich die Erkrankung der Paarbeziehung.

Verschwiegenheit ist auch paradox. Gerade sie sollte die Zersetzungsarbeit verhindern, dabei unterstützt sie die Geister, die man abwehren wollte. Wahrhaftigkeit wohnt eine starke positive Kraft inne. Die Botschaft an den anderen Partner ist: „Du und unsere Beziehung sind mir wichtiger als die ungehemmte Erfüllung meines Ich-Bedürfnisses."

Wahrhaftigkeit und die Verpflichtung zur Offenlegung (Immer-alles-sagen-zu-müssen) sind völlig Verschiedenes. Ersteres ist eine Haltung, zweiteres ein Vorgang, eine Ausübung. Wenn jemand Wahrhaftigkeit in einer Beziehung nicht leben will, hat er die Möglichkeit, Single zu bleiben, also zu hundert Prozent Individuum, das nur sich selbst Gemeinschaft ist. Oder er nimmt bei Verletzung der Wahrhaftigkeit die Versehrung der Beziehung in Kauf, wobei zu bedenken ist, dass er damit die Versehrung seines Partners und seine eigene betreibt.

Nicht vergessen werden sollte dabei: Wenn eine Person nur für sich im Augenblick als Individuum etwas ausübt, bleibt sie trotzdem eingebettet in die Beziehung. Diese Verbindung zum abwesenden Partner zeigt sich etwa durch das schlechte Gewissen, das nicht - auch wenn es in den Hintergrund tritt - verdrängt werden kann. Die Person trägt die Beziehung in sich, auch wenn sie sich im Moment ihrer nicht bewusst ist, weil die Aufmerksamkeit auf etwas außerhalb der Beziehung gerichtet ist. Wird jedoch die Wahrhaftigkeit in einer Beziehung von einem oder beiden Partnern nicht als so wichtig erachtet, reduziert dies den Gehalt und die Intensität der Verbindung.

Mögliche Regeln

Wie kann der Einzel-Partner nun das Wesenhafte der Paarbeziehung schützen? Befindet sich die Person in einer Situation, in der sie eine Entscheidung treffen sollte, so kann sie sich fragen, ob ihr Handeln die Beziehung nähren oder verletzen würde. Mit dieser Frage geht die Person zum „Wir" und stellt das „Ich" kurz zurück. Wenn ein Paar die Wahrhaftigkeit zu einem tragenden Wert in der Beziehung gewählt hat, ergeben sich für den aktiven Umgang damit folgende Handlungsmöglichkeiten:

- Ein Partner teilt dem anderen seine authentischen Gefühle und Bedürfnisse mit, bevor er Handlungen setzt, die ihn verletzen könnte. Dabei ist es wichtig, sich der Motive und Hintergründe hinter dem Bedürfnis bewusst zu sein und sie dem Partner zu benennen, damit dieser Klarheit über die Beweggründe bekommt.
- Der Partner hat die Möglichkeit, der Erfüllung des Bedürfnisses zuzustimmen. Dabei können spezifische

Rahmenbedingungen, Regeln und eine vielleicht gewünschte Ausgleichsleistung gemeinsam beschlossen werden. Kompromisse und Deals sind ebenso ein probates Mittel für von beiden Seiten als passend empfundene Vereinbarungen.

- Ist ein Partner mit dem Ausleben eines Bedürfnisses des anderen nicht einverstanden, sollte er dies klar mitteilen. Sein Bedürfnis steht gleichberechtigt dem Bedürfnis seines Partners gegenüber und hat Veto-Charakter. Auch hier ist die Erklärung der Motive für die Ablehnung wichtig, damit der andere Klarheit hat.

- Dem Partner, der das Bedürfnis oder Anliegen eingebracht hat, steht es dabei frei,

    a. auf sein Bedürfnis zu verzichten. Der Verzicht ist hier eine interessante Variante, da er nicht nur kostet, sondern auch Gewinn bringen kann.

    b. sein Bedürfnis trotzdem zu leben (dies ist die radikalste Form der Freiheit des Individuums) und die Auswirkungen, wenn es gegen den Willen des Partners geschieht, in Kauf zu nehmen.

Ilse Gschwend meint zur Freiheit in Beziehungen: „*Freiheit braucht die Bereitschaft, sich an Regeln zu halten und Bindung die Bereitschaft, Freiheit zuzulassen.*“

Freiheit zur Selbstverantwortung

Der Umgang mit der Wahrhaftigkeit hat als wichtiges Prinzip die Selbstverantwortung. Was erzählt wird, unterliegt letztendlich der alleinigen Entscheidung des einzelnen Partners. Ob es überhaupt notwendig ist, das Bedürfnis mitzuteilen oder es alleine zu verwalten, entscheidet der Betroffene durch die Antwort auf seine selbstgestellte Frage: „Würde das, was ich vorhabe, unserem Beziehungswesen schaden oder nicht?“ Wäre dies möglich, kann die Person ihr Bedürfnis meist aufschieben und seine Erfüllung anschließend mit dem Partner abklären.

Der Gewinn: Das Praktizieren von Wahrhaftigkeit schafft mehr Vertrauen in der Beziehung. Durch diese anspruchsvolle Form der Beziehungsgestaltung vergeben sich die Partner nichts. Beide erhalten sich trotzdem alle Möglichkeiten, ihre Bedürfnisse zu befriedigen und den daraus resultierenden Gewinn und Preis zu gestalten. Das Sich-gegenseitig-zumuten mit seinen ganz persönlichen Bedürfnissen, Gefühlen und Ängsten, ist aktiv gelebte, intensive Intimität. Sehnsüchte können dabei ihre Erfüllung finden. Die Erfahrungen aus der Arbeit mit Paaren zeigen eine Erweiterung der Erlebnismöglichkeiten für die einzelnen Partner sowie gemeinsam für das Paar. Ambitionierter Reichtum findet dann statt, zwischendurch kann man ja am Faulbett rasten.

5.6. Verzicht – jenseits von Gut und Willig

Jenseits von Gut und Willig, scheint der Verzicht auf den ersten Blick unattraktiv. Er klingt nach Askese, nach Unlebendigsein, so wie eine Klientin bemerkte: „*So ganz katholisch, als müsste ich ins Kloster gehen und das Leben wäre irgendwie zu Ende.*“ Verzicht ist in diesen Beschreibungen gegen den Lebensgenuss gerichtet, der uns antreibt, motiviert und uns Dinge tun lässt, die uns danach mitunter leidtun.

Was ist der Nutzen des Verzichts? Mit dem Alles-haben-wollen ist die Person in Gefahr, die Lebendigkeit zu verlieren. Denn, wenn ich alles habe, was ich will, gerate ich in einen „energetisch niedrigeren" Zustand. Die energiespendende Spannung des Nicht-alles-haben-könnens ist verloren. Ich habe mich verloren in einem spannungslosen Zustand.

In Home Stories über sehr reiche Menschen kann immer wieder die Sinnentleerung in ihrem Leben beobachtet werden. „Alles" zu haben, genügt offenbar nicht. Es fabriziert immer neue Leere und Sehnsucht auf „Mehr". Und dieses „Mehr", wenn man es (für einen Augenblick) erreicht hat, erzeugt wieder schale Sinnlosigkeit. Die Person kann immer nur mit einem Luxus-Auto fahren oder in einer Villa wohnen. Auch der Champagner mit Blattgold befriedigt nicht länger als bis zur nächsten Flasche (sofern man diese noch verträgt) und macht auch keinen inneren Glanz. Es macht auch keinen Sinn, zwei Flugzeuge zu haben, wenn nur eines im jeweiligen Augenblick benutzen werden kann.

Solche Menschen spüren instinktiv die Sinnentleerung ihrer Befriedigungsversuche. Lebensglück lässt sich nicht multiplizieren. Man hat es oder nicht. Lebensglück zeigt sich durch Zufriedenheit mit dem, was ist; die Person braucht nicht mehr nach dem „Mehr" zu streben.

Was ist der Motor dieses getriebenen Verhaltens? Der Seelsorger und Coach Georg Parlow meint dazu: „*Wenn ich auf den bevorstehenden Genuss schaue, überbrücke ich vielleicht eine Unerfülltheit in der Gegenwart, in welcher der Person die Tiefe fehlt; denn wenn ich mit dem Gegenwärtigen zufrieden bin, brauche ich nicht mehr ständig nach dem nächsten Genuss Ausschau halten. Diese Tiefe wird als große Lebendigkeit erlebt, manchmal in einer höherfrequenten Stille. Diese Stille ist oft schwer auszuhalten, da sich das Ego von der hochfrequenten Lebendigkeit bedroht fühlt. Bei jeder Veränderung in Richtung dieser inneren Lebendigkeit stirbt ein Teil des Egos (im spirituellen Sinne).*" (in einem Gespräch mit ihm am 15.02. 2016).[100]

Verzicht soll nicht so verstanden werden, dass dem Verzicht auf Grundbedürfnisse und Lebensqualität das Wort geredet wird. Wenn Menschen ihre wichtigsten Grundbedürfnisse nach Unversehrtheit, Gesundheit und Existenzsicherung nicht erfüllen können, ist Verzicht eine völlig unangebrachte und elitäre Idee derjenigen, die sich einen Verzicht leisten können. Es wäre eine gefühllose Verhöhnung der Menschen, die es im Leben schon von Grund auf schwerer haben.

Für Menschen, die dem Gedanken, dass es eine Bestimmung im Leben gibt, offen gegenüberstehen, ist die nachfolgende Sichtweise ein Angebot:

Der mögliche Verzicht oder anders, die freiwillige Begrenzung, steht im Gegensatz zur theoretisch möglichen Unbegrenztheit. Es ist jedoch notwendig, sich zu begrenzen, da man sonst zu keinem konkreten Leben kommt und in der Unzufriedenheit der nicht gelebten, unendlichen Möglichkeiten bleibt. Dadurch kann sich keine positive Dynamik für die aktive Gestaltung des Lebens entwickeln, sie bleibt im Leerlauf oder im ersten Gang hängen. Dies führt meist zur latenten Unzufriedenheit, die auf der Illusion beruht, dass es unendlich viele, reale Möglichkeiten gäbe, die man nicht nutzt. Man denkt, bevor man nicht alle Möglichkeiten kennengelernt hätte, bräuchte man sich erst gar nicht für etwas Konkretes entscheiden und dann dabei zu bleiben.

Das Leben wird somit nicht voll genommen, weil man den Preis des Verzichts auf andere Möglichkeiten nicht zahlen will. Außerdem ist es so bequemer, man vermeidet dadurch Gemessenwerden und möglicherweise eine negative Beurteilung. So lässt sich die Person nicht ganz ein. Sie zieht weiter, dorthin, wo es vielleicht noch besser ist, wo der Gewinn noch größer scheint. Begrenzung heißt, in wichtigen Dingen des Lebens eine Wahl zu treffen. Ich wähle etwas Bestimmtes, etwas mir Bestimmtes. So führt Selbstbegrenzung über den Weg des Verzichts zu meiner Bestimmung. Diese ist der Lohn für den Verzicht.

Freiwilliger Verzicht ist die Manifestation eigener Lebendigkeit und kein Werkzeug für selbstgefällige Ziele, Ängste und Konventionen, die eventuell dazu aufrufen. Der Verzicht braucht einen Gewinn, sonst findet er nicht statt, jedoch: Der Verzicht ist selbst die Belohnung. Die Person fühlt sich dadurch gestärkt und verbunden mit einem „Mehr". Was dieses „Mehr" ist, bleibt der Wahrnehmung des betroffenen Individuums überlassen. Der Verzicht ist zu „Mehr" geworden, welch interessante Entwicklung.

5.7. Liebe: Aufhebung der existentiellen Einsamkeit?

Es geht um nicht weniger als um die existentielle Sehnsucht, meint Astrid Riehl Emde. *„Liebe bedeutet die Aufhebung der existentiellen Einsamkeit, die – metaphorisch gesprochen – aus der Teilung der Kugelwesen herrührt." (...) Liebe gilt folglich als universelles, menschliches Phänomen, das mit irrationalen Erwartungen bezüglich Einheit und Identität mit der anderen Person einhergeht."* [101]

Ähnlich tiefgründig setzt sich der bekannte, amerikanische Psychoanalytiker und Autor Irvin D. Yalom in seinem epochalen Werk „*Existentielle Psychotherapie*" mit dem Thema Existentielle Einsamkeit auseinander. Er sieht menschliche Verschmelzungsbedürfnisse als Ausgangspunkt für tiefes Leid. Zu diesem Thema meint er: „*Der ‚universale Konflikt' des Menschen besteht darin, dass man danach strebt, ein Individuum zu sein, und ein Individuum zu sein erfordert, dass man eine erschreckende Isolation erträgt. Die verbreitetste Art, mit diesem Problem umzugehen, ist die Verdrängung: Man baut eine Illusion von Verschmelzung auf und verkündet tatsächlich: ‚Ich bin nicht alleine, ich bin ein Teil von anderen.*'" [102]

Yalom sieht die ambivalente Situation von Menschen in Paarbeziehung als Form einer Verschmelzungs-Isolation. Menschen müssen seiner Ansicht nach einerseits lernen, sich aufeinander zu beziehen, ohne dem Wunsch nachzugeben, aus der Isolation herauszuschlüpfen, indem man Teil von diesem anderen wird. Demgegenüber müssen sie auch lernen, sich auf einen anderen zu beziehen, ohne den anderen auf ein Werkzeug, einen Abwehrmechanismus gegen die Isolation zu reduzieren.[103]

Die große Chance

Yalom findet tröstliche Worte, die der Liebe eine besondere Rolle geben. Er stellt fest, dass zwischenmenschliche und existentielle Isolation Stationen auf dem Weg zueinander sind. Menschen müssen sich demnach zunächst voneinander trennen, um der Isolation zu begegnen, sie müssen alleine sein, um das Alleinsein zu erfahren. Dieses Annehmen des Alleinseins ist für ihn der Schlüssel, der uns ermöglicht, uns tiefgehend und bedeutungsvoll aufeinander einzulassen.

Er betont nachdrücklich: „*Keine Beziehung kann die Isolation auslöschen. Jeder von uns ist in seiner Existenz allein. Aber das Alleinsein kann auf eine Weise geteilt werden, dass die Liebe den Schmerz der Isolation aufwiegt. ‚Eine großartige Beziehung‘, sagt Buber, ‚schlägt Brücken über die Barrieren einer erhabenen Einsamkeit, überwältigt das eherne Gesetz und baut eine Brücke vom Selbst-Sein zum Selbst-Sein über den Abgrund der Furcht vor dem Universum.*‘“ [104] Yalom glaubt, wenn wir fähig sind, unsere isolierte Situation in der Existenz anzuerkennen und ihr mit Entschlossenheit zu begegnen, wären wir in der Lage, uns liebevoll anderen zuzuwenden.

5.8. Spiritualität in der Paarbeziehung

Dieses Kapitel ist vielleicht nur für jene Leser interessant (bitte weiterblättern, wenn Sie sich davon unangenehm berührt fühlen), die über den langen, oft mühsamen Weg üppiger Lebensjahre hinaus in ihrer Beziehung nicht mehr durch harten Alltag und Krisen gefordert sind. Die Beziehung läuft dann im Komfortmodus und nicht mehr im Bergwerks-Modus - man hat sich gefunden und fühlt sich eingerichtet. Auch dann, wenn schon längere Zeit die großen Sinn-Themen immer stärker aufpoppen.

Diese Lebensphase, in der sich auch Paare verstärkt mit spirituellen Fragen auseinandersetzen, zeichnet sich durch ganz bestimmte Lebensbedingungen aus: Alter, Persönlichkeitsmerkmale, in denen das Interesse an der Hintergründigkeit des Lebens angelegt ist. Eine Lebenssituation in der die Grundbedürfnisse abgedeckt sind, ist meist das Umland des sich verstärkenden, spirituellen Interesses.

Die Auseinandersetzung mit dem Thema Spiritualität ist häufig ein Herbstthema. Paare, die um das wirtschaftliche Durchkommen kämpfen, sich um die Kinder sorgen, ev. Angehörige pflegen müssen und darüber hinaus noch Beziehungsschwierigkeiten zu bewältigen haben, spüren meist kein Bedürfnis nach spiritueller Auseinandersetzung und dies schon gar nicht gemeinsam auf der Beziehungsbühne. In ihrer Bedürfnishierarchie stehen ganz oben die Erfüllung der wichtigsten Grundbedürfnisse, die Bewältigung des Alltags und Sorgenfreiheit.

Hin und wieder ist es auch umgekehrt, gerade diese Partner, die tief in den Herausforderungen des Lebens stecken, sehnen sich nach etwas Größerem, das ihre Probleme relativiert und in den Sinn eines größeren Ganzen stellt.

Als Autor ist mir bei der Arbeit am Lebendigen eine ganzheitliche Sichtweise sehr wichtig. Wenn Menschen Wesen sind, die aus Körper, Geist und Seele bestehen, kann dieses Kapitel nicht ausgespart bleiben. Spiritualität bedeutet für mich seelische Wertesuche im Leben. Und möglicherweise ist die Seele der eigentliche Ort der Intimität zwischen zwei Menschen, wenn der Gleichklang kurzfristig hergestellt wird. Dies geschieht nicht alle Tage, dabei wird der herkömmliche Alltag für kurze Zeit überwunden, ebenso auch das alltägliche Ich. Kann ein Paar dies teilen, erwächst ihm eventuell ein gemeinsam spürbarer Sinn daraus. Sich mit Spiritualität auseinander zu setzen bedeutet, die menschliche Endlichkeit im Fühlen und Denken überschreiten zu wollen, um sich von einem möglichen Unendlichen berühren zu lassen. Diese Auseinandersetzung mit der Unergründbarkeit von Leben und Welt, kann ein hochwertiger Lieferant für Lebensfreude sein.

Der Psychotherapeut Roland Weber meint zum Thema „Spiritualität in der Paarbeziehung“: „*Partnerschaft kann auch eine spirituelle Dimension haben, die ein inneres gemeinsames Leben verlangt.*“ [105] Der andere wird dabei zum Begleiter und Gefährten auf dem Weg der spirituellen Reise.

Der Mehrwert des Darüber-hinaus

Spiritualität, der Glaube an eine Geistigkeit, an eine geistige Verbindung zum Transzendenten, dem Jenseits oder der Unendlichkeit, ist ein individuelles Grundbedürfnis, das unterschiedlich stark ausgeprägt sein kann. Viele Menschen ahnen einen „Mehrwert“ in ihrem Leben. Diese Ahnung oder diese Sehnsucht lässt sie aufbrechen und auf die Suche gehen, insbesondere dann, wenn sie sich von den herkömmlichen Religionen und deren Kirchen nicht mehr angesprochen fühlen.

Wie können aber Menschen diesen „Mehrwert" des Lebens bereits bei der Suche danach erleben? Da es keine eindeutige, für alle gültigen Empfindungen geben kann, ist hier nur ein ganz persönlicher Annäherungsversuch möglich:

- Spiritualität ist ein Gefühl des Eingebettetseins in allem, das auch immer wieder vordergründig verloren gehen kann
- das Gefühl der Geborgenheit in einem größeren Ganzen
- das Streben nach Liebe als Absolutes
- die Beschäftigung mit den wichtigsten Sinnfragen des Lebens:
    - Was ist der Sinn des Lebens?
    - Was ist der Sinn des Todes?
    - Was bleibt, z.B. von der Liebe und von mir?
    - Das körperlich-geistige Finden eines non-dualen Zustands, z.B. in der Meditation und (ersehnter Weise) im Alltag
- Das Erkennen des Unterschieds zwischen „Bewusstsein" und „Erscheinung" im bewussten Sein (Felix Gronau)[106]
- und für jeden Menschen Unterschiedliches mehr

Die Autoren von „Gott 9.0" definieren Spiritualität folgendermaßen: „*Mit dem protestantischen Theologen und Religionsphilosophen Paul Tillich (1886-1965) definieren wir Spiritualität möglichst weit und umgreifend als das, ‚was auf das höchste Anliegen eines Menschen verweist und das, was uns unbedingt angeht'. Das Wesen der*

Religion besteht nach Tillich darin, dass sie sich befasst mit dem Ewigen. Sobald der Mensch nach dem Sinn seines Lebens fragt, aktiviert er seine spirituelle Linie und bewegt sich im Raum des Religiösen.“ [107]

Spirituell Suchende sehnen sich danach, im Alltag Tiefe zu erleben. Viele dieser Bemühungen, unabhängig vom spirituellen oder religiösen Ansatz, haben die Verbindung von Spiritualität und Alltag zum Ziel. Diese Lebensart scheint wie die Quadratur des Kreises, steht doch permanent die Polarität des Entweder-Oder im Mittelpunkt unseres Erlebens und dem non-dualem Bewusst-Sein im Wege. Die Polarität hindert uns scheinbar am Erleben der Einheit wie eine unsichtbare Grenze. Zur Suche nach der „Tiefe“ sagt der ungarische Priester und Autor Franz Jalics: „*In dieser Tiefe gibt es keine Gedanken, keine Bilder, keine Überlegungen und kein Machen. Alles geht nur durch das Schauen und das Sein.*“ [108]

Gelingt uns dies, zumindest in Ausnahmefällen, entsteht erlebbarer Kontakt zu unserem innersten Wesen, zum lebendigen Anwesenden im bewussten Sein; es kann dabei ein Vertrauen erlebbar machen, das in der Tiefe unserer Seins existiert.

Die Heimat der Gleichzeitigkeit

Immer wieder beschäftigt uns die Frage nach dem Sinn; und wie die Liebe über die Grenze der Endlichkeit hinübergerettet werden kann (sofern das überhaupt notwendig ist). Das Bewusstsein um die ständige Gleichzeitigkeit (Synchronizität) von Leben und Tod, soweit dieses zugelassen und nicht verdrängt wird, ist der für Menschen, die sich mit spirituellen Fragen beschäftigen wollen, nicht zu vermeidende Weg der Auseinandersetzung. Er ist intentional gegen die Angst gerichtet und hilft uns vielleicht, uns als Teil eines größeren Ganzen zu begreifen. Ziel ist, die Unvereinbarkeit von Leben und Tod in der Vorstellung und im Fühlen zu vereinen. Wenn zwei Einzelwesen diesen Weg gemeinsam gehen, können sie dabei eine der höchsten Formen von Intimität und Nähe erleben. Dabei können sie in ihrer menschlichen Verbundenheit vielleicht die Todesangst überwinden. In dieser innigen Beziehung zu einem anderen Menschen ist möglicherweise eine lebensbegünstigende Einstellung zum Tod möglich.

Die Autoren von „Existentielle Perspektiven in Psychotherapie und Beratung" postulieren zu diesem wichtigen Thema sinngemäß: Stellt man sich diesen Fragen, muss man erkennen, dass der Mensch dem Tod (im eigentlichen Sinn „zum Tod") offen ins Auge schaut und begreift, dass der Tod stets mit uns ist – vom Beginn unseres Lebens bis zu dessen Ende. Sobald ein Moment vergangen ist, kann er nicht noch einmal erlebt werden; der Tod als die letzte (unbekannte) Wirklichkeit verhindert alle weiteren Möglichkeiten. Wenn wir dies wirklich erfassen, wird es uns eher möglich sein, die in uns liegenden Möglichkeiten auszuschöpfen.[109]

Spüren statt Tun?

Der spirituelle Begleiter Georg Parlow beschreibt dazu: Es geht um das Aufhören von Tun, mehr um Empfindungen und Spüren; es geht um das Empfinden und nicht um die Vorstellung. Wenn dies klappt, ist es nicht mehr weit zur Gelassenheit; ich lasse mich zu, in der Empfindung. Das Bedürfnis nach Spiritualität oder Glaube im Alltag ist das Verlangen nach Ganzheit. Dabei geht es um den tiefen Wunsch nach Intensität im Leben, nach dem, was sich das Herz wirklich ersehnt. Er meint weiters: Intensität, die wir uns selbst verschaffen, ist die seichte. Tiefe lässt sich nicht „machen", weil sie einem geschenkt wird, sie entzieht sich der Vorstellungskraft. Suchende erleben Unerfülltheit. Der Weg zur Erfülltheit geht durch die Anerkennung der momentanen

Unerfülltheit.[110] Sich nach dieser Lebensart sehnende Partner können hier einen gemeinsamen Weg gehen und das Schöne wie auch das scheinbar Unerreichbare miteinander teilen. Paaren kann diese Suche ein Drittes sein, das über das Paarsein hinausreicht.

Jenen Paaren, denen die Auseinandersetzung mit diesen Fragen kein Anliegen ist oder nicht gelingt, bleibt die Möglichkeit, darauf zu bauen, dass sie gleichwohl geborgen sind in dem, was größer ist als sie (sofern sie dieses „Größere" als existent ansehen). Diese Partner sind zwar vom Gleichen, der Endlichkeit, betroffen, brauchen aber keine Worte, dies zu besprechen und sich darin nahe zu sein. Sie können darauf vertrauen, dass es in dieser Geborgenheit nicht mehr der Sprache bedarf.

5.9. Wegmarkierungen

Wegmarkierungen sollen die Wanderung durch das Leben unterstützen. Ihrem Wesen nach sind sie ein Angebot, das die Person in den Blick bekommt, sofern sie nicht völlig andere, individuelle Werte verfolgt. An dieser Stelle seien aus ganz persönlicher Sicht, die für mich wichtigsten Orientierungspunkte für Beziehungsgestaltung benannt. Neben noch vielen anderen Einflüssen und Faktoren, können diese als Motor eines Gefährts gesehen werden. Ohne ihn geht es nicht und es braucht bewussten Umgang mit ihm, damit das Gefährt langfristig keinen Schaden nimmt.

1) Der Vorrang des gegenwärtigen Augenblicks

Das Leben bietet nichts Geringeres als *„die zeitlose Fülle des gegenwärtigen Augenblicks"* (*Paul Watzlawick*). Dieser ist wie ein

Fest. In der klaren Frische des gegenwärtigen Moments herrscht nicht die Zeit sondern das Jetzt. Zeit wird als ein Nacheinander vergänglicher, flüchtiger Momente wahrgenommen, das Jetzt ist. Das Wiederkäuen der Vergangenheit und der Gedanke an die Zukunft sind darin ohne Bedeutung. Der Mensch begeht dieses Fest, indem er einen zeitlosen Raum betritt, in dem er verweilt. Die Vergänglichkeit ist dann kopflos. Man ist im Sein und es gibt nichts mehr zu tun.

2) Anerkennen, dass ein Paar aus zwei getrennten Wesen besteht

Diese gegenseitige Bestätigung ist wohl die leidenschaftlichste Großtat, die sich Partner/Liebende entgegenbringen können. Diese Anerkennung des Getrenntseins bedingt, dass alles Frühere des Partners als Teil von ihm erkannt wird und sein gegenwärtiges Sein ihm, in seiner spezifischen Form, zugestanden wird. Es scheint so, als wäre dies selbstverständlich, ist es aber in vielen Beziehungen nicht.

Es bedingt weiter, anzuerkennen, wie wichtig das Leben des Partners für mein eigenes Leben ist. Schaffen Partner diesen ungewöhnlichen, großen Fortschritt, bedeutet dies konsequenterweise den Verzicht, den anderen verändern zu wollen.

Diese grundsätzliche Getrenntheit wirkt noch viel weiter ins Paarsein hinein. Sogar im gemeinsamen Orgasmus, der das Ich in der Vereinigung mit dem anderen von sich befreit (für kurze Zeit), besteht ein Paar aus zwei getrennten Wesen, die Vereinzelung erscheint nur als aufgehoben, da das Paar sich so nahe ist.

Diese Sichtweise, dass wir immer getrennt voneinander bleiben, ist wohl der am häufigsten desillusionierende Faktor bei der Sehnsucht nach Intimität. Wir kommen alleine auf diese Welt, nachdem wir das erste Mal getrennt wurden und gehen alleine von dieser Welt, wo wir wieder getrennt werden. Auch in der Krankheit sind wir alleine, wir können zwar Trost empfangen, aber wir ertragen sie alleine. Diese existentielle Tatsache des Lebens zur Kenntnis zu nehmen, verändert den Blick aufs Ganze. Dieser Blick ist gegen die Romantik bzw. gegen das romantische Liebesideal gerichtet. Er zerstört die Verliebtheit und ermöglicht eine große Bühne für die reife Liebe. Diese radikale Einsicht kann einem den Atem stocken lassen. Dies ist ein Weg zu sich selbst (wie es Willi sinngemäß beschreibt) „über die Selbstwerdung in der Begegnung mit dem Du." Wir können uns dabei mit Hilfe des anderen selbst immer näher kommen.

Die Zwei-Wesen-Existenz des Paares braucht förderliche Rahmenbedingungen. Dic Psychotherapeutin Michele Scheinkman stellt dazu fest: „*Das Umfeld eines Paares bedarf eines fein austarierten Gleichgewichts zwischen Getrenntheit und Zusammengehörigkeit, Verantwortung und Freiheit, Transparenz und Geheimnis.*" [111] Wenn Partner sich als prinzipiell getrennte und sich ständig verändernde Wesen anerkennen, kann ihre Beziehung von gewährender Weite, geteiltem Leben und Lebensfreude geprägt sein.

Die Einsicht der Getrenntheit bietet noch mehr. Sie ermöglicht, auf eine „nächsthöhere Ebene" zu kommen, da die Erfahrung der Begrenztheit in einem gleichzeitigen Entgrenztsein weitet. Auf dieser Ebene scheint es, trotz der weiterhin bestehenden Polarität des Lebens, keine Begrenzung mehr zu geben. Man könnte es so sehen: Entgrenzte Zeit und Raum können sich uferlos ausdehnen zu einem All-umfassenden, das nichts mehr ausschließt.

Die mexikanische Sozialpsychologin und Single-Forscherin *Bella DePaulo* aus Kalifornien stellt fest, dass es in der Liebe vielleicht um ein *Was* geht und nicht um ein *Wer*. Dass sie vielleicht groß genug ist für mehr als einen Menschen? Oder gar über Menschen hinausreichen kann und Größeres einschließt? Dass, wenn Menschen sich der Liebe in ihrem größeren, umfassendsten Sinn öffnen, sie ihr Leben in seiner besten und bedeutungsvollsten Form führen können.[112]

3) Unterschiede – Jungbrunnen des Lebens

Menschliches Verhalten lässt sich nicht isoliert begreifen. Es ist nur nachvollziehbar unter Beachtung der Auswirkungen im jeweiligen sozialen Bezugsrahmen (Kontext), in dem es auftritt. Wir Menschen haben nicht die Wahl, ohne Unterscheidung durchs Leben zu gehen.

Erst der Unterschied zu meinem Partner ermöglicht mir, Lust, Begehren und Liebe zu empfinden. Im Austausch dieser Unterschiede, passiv oder aktiv, negativ oder positiv, gestaltet sich Beziehung. Leben wird gelebt in den Fluten, in der Begeisterung und im Produktiven. Michele Scheinkman: *„Erst wenn wir akzeptieren, dass unser menschliches Erleben seinem Wesen nach fließend ist, erkennen wir vielleicht, dass unsere statischen Konzepte von ‚Beziehung' und ‚Sicherheit' von uns selbst generierte Phantasien sind.*"[113]

Die Paarbeziehung ist wie ein Strom mit seinen Ufern. Der Strom ist angefüllt mit den Herkunftsgeschichten der Partner, dem gemeinsam Erschaffenen und mit all dem, woran wir uns erinnern und mit dem, wonach wir uns sehnen; dies alles in Geschichten verpackt, die wir uns selbst und anderen darüber erzählen.

Während der Strom des Lebens beständig dahinfließt, bauen wir am Ufer Häuser, lieben uns, ziehen unsere Kinder groß, singen Lieder und leben das Leben. Die Geschichte der Paarbeziehung ist die Geschichte dessen, was am Ufer geschieht. Wer den Fluss dem Ufer ständig vorzieht, versäumt die Landschaft.

4) Achtung der Polarität im Leben

Wenn schon Sinn darin besteht, dass eine Sehnsucht bleibt, dann die Sehnsucht nach der Integration der Polarität im Ewigen, was auch immer der Einzelne darin zu ersehen vermag. Ich glaube, uns Menschen tut die Vorstellung der Auflösung der Gegensätze im Unendlichen gut. Die Polarität darf jedoch nicht im realen Leben, aus dem Bedürfnis nach Selbsttrost heraus, gering geschätzt werden. Der Wille zur Aufhebung der Polarität im Leben ist zerstörend, weil er das Gleichgewicht der Vielfalt aufhebt. Wovon soll das Leben getragen sein, wenn die Polarität aufgelöst ist, alles in einem gestaltlosen, nicht unterscheidbaren Zustand - einer amorphen Masse verschmolzen ist?

Das Wesen der irdischen Erscheinungswelt ist die Trennung und Gestaltgebung der Phänomene aus dem Ununterschiedenen. Aus dem Zustand heraus, in dem es noch keine Formen gibt und alles eins ist. Einheit und Polarität sind zwei Grundzustände. Im irdischen physischen Leben ist Einheit nicht möglich, hier ist sie höchstens ein zeitweise erlebbarer Geisteszustand (Bewusstseinszustand).

Auch seelisch kann sie, durch Begegnung in Augenblicken, erfahrbar sein.

Philosophisch betrachtet, besteht die Polarität für mich aus zwei sich gegenseitig bedingenden Größen, wo das eine ohne das andere nicht sein kann. Das entgrenzte Leben erscheint sinnlos ohne die Endlichkeit; der Tag braucht die Nacht und diese wieder den Tag, um den Rhythmus des Lebens zu gewährleisten; das Weibliche braucht das Männliche und umgekehrt; das Positive das Negative; der Anspannung muss die Entspannung folgen; dem Ausatmen das Einatmen. Das eine ist sich wechselseitig die Bedingung zum anderen. Alles vereinigt und trennt sich auf und ist eingebettet im Ewigen, wenn man darauf hoffen will. Wer versucht, einen (ihm unangenehmen) Pol der Polarität zu zerstören, zerstört das Ganze - in sich und in der Verbindung mit Allem.

5.10. Wer die Fülle will

Die Paarbeziehung ruht im größeren Gefüge des Gesamtlebens. Daraus ergibt sich die voluminöse Frage, was ein zufriedenstellendes, erfülltes Leben ist. Die Frage so gestellt suggeriert, als gäbe es eine allgemein gültige Antwort. Sie ist aber nur aus der Sicht jedes einzelnen Individuums beantwortbar. Die schon propagierte Sichtweise könnte sein: (Beziehungs-) Glück ist dann möglich, wenn das, was die Partner miteinander erlebten, genügt; wenn es ihnen gelingt, die Polarität des Lebens anzuerkennen, die sich auch durch positive und negative Ereignisse, zwischen Glücklich- und Unglücklichsein ausdrückt.

Diese Glücksdefinition hat jedoch ihre Schattenseite. Sie ist stark abhängig von einem Gegenüber, vom Mitspiel einer zweiten Person. Eine nicht so abhängige, dem Einzelwesen besser entsprechende, aber einer Beziehung nicht widersprechende Definition wäre: Glück besteht, wenn das Leben fließt. Wenn es mit innerlichen, motivierten Tätigkeiten ausgefüllt ist; wenn persönliche Entwicklung - trotz der Hochschaubahn des Lebens - erlebt wird.

Manche Menschen erleben die Fülle des Lebens durch einen *hohen Lebensumsatz*. Dieser *Reichtum* ergibt sich aus einer intensiven Form des Lebens, des Liebens und des Leidens, bei dem die Person immer wieder an ihre Grenzen gelangt. Auch an ihre Bewusstseinsgrenzen, dort wo der Gang in das noch unbekannte Land in einem selbst notwendig wird. Der Wille zu Abwechslung, Erneuerung und persönlicher Entwicklung bestimmt die Intensität des Lebens. Diese Disposition des Individuums ist bedingt durch die Art der Persönlichkeit, der Prägungen aus früheren Zeiten und durch die Biologie.

Ein hoher Lebensumsatz trifft jedoch nicht die Bedürfnisse aller Menschen. Manche wollen es etwas ruhiger, einförmiger. Dies unterliegt nicht der Beurteilung von richtig oder falsch. Ein zufriedenstellendes Leben zeigt sich für viele Erdenbürger durch ein Leben in Intimität und Nähe mit einem zweiten Menschen, mit sich selbst und manchmal mit dem nichtfassbaren „Und das Darüber-hinaus". Menschliche Bedürfnisse, wie Bezogenheit, Liebe, Anerkennung und Trost, können demnach nur in menschlichen Beziehungen gestillt werden. Über und durch Beziehung geschieht soziale Personwerdung. Tragisch wird es dann, wenn Partner im fortgeschrittenen Alter zur Einschätzung kommen, dass sie über weite Etappen ihres Lebens, achtlos gelebt haben. Auch wenn sie immer wieder davon geträumt haben, in ein anderes Leben zu fliehen, aber nie den notwendigen Schwung dazu aufgebracht haben. Dies ergibt dann meist das Gefühl, Leben versäumt zu haben, Lebenszeit verschwendet zu haben. Schön ist es dann, wenn die Person von sich sagen kann, dass sie so viel gelebt und geliebt hat, wie ihr möglich war.

Zu guter Letzt darf mit weitem Herzen behauptet werden, ein Leben ohne Schmerz wäre ein Leben ohne Fülle. Nichts intensiviert das Leben mehr als Liebe und Schmerz in Beziehungen, vor allem wenn die Liebe schwindet und vergeht. Wer liebt, muss auch (manchmal) leiden, das ist die dunkle Seite der Liebe. Wer leidet, hat in diesem Sinne mehr vom Leben, er erlebt weniger Oberflächlichkeit und Schein.

Sich nicht einzulassen, um den zukünftigen Trennungsschmerz zu vermeiden, kostet einen hohen Preis. Wer sich nicht auf tiefe Empfindungen einlassen will, weil er den Schmerz des unweigerlich kommenden Verlustes - spätestens am Ende des Lebens - nicht erfahren will, wird nie (in dieser Form) die Fülle des Lebens kennenlernen. Die Kugelwesen „könnten" durch ihre erzwungene Trennung von diesem Schmerz ein Lied singen. Jedoch - es gibt vielleicht eine Lösung: Wer die andere Hälfte seines ganzheitlichen Wesens in sich selbst wiederfindet, wird wieder ganz, ist wieder urvereint. Aber das wussten die armen Kugelwesen zu so frühen Zeiten nicht.

Woher kommt diese, bei manchen Menschen unstillbare, Sehnsucht nach Intimität und Nähe? Es ist die Frage nach dem *Woher* und *Warum* des „Ich", in das wir als Kinder geschlüpft sind und mit dem wir uns vollständig identifiziert haben. Viele Menschen erkennen vage diesen Heimatverlust in ihrem Inneren, wenn sie sich fragen: „War das schon alles?"

Die wiederkehrende Sehnsucht nach der Fülle auszuhalten, ist auch eine Form von Hingabe. Hingabe auszuhalten ist geistige Nahrung. Aushalten ist Tun im Sein. Ken Wilber, der amerikanische Philosoph und Autor des berührenden autobiografisch-philosophischen Werkes „Mut und Gnade", brachte es auf die finale Kurzformel: „Sein ist dort, wo das Handeln ist."

Das Wagnis

„Einer, der in alter Zeit in jenem herrlichen Palast gefangen saß, in dem sich der Sage nach auch das Labyrinth befand, schlich sich des Öfteren an einem dunklen Tor vorbei, von dem es hieß, es führe ins Verderben.
Schon viele, hörte er, hätten mit Gewalt das dunkle Tor durchbrochen, doch keiner sei zurückgekehrt, und umso größer wurde unter den Zurückgebliebenen die Furcht.
Doch der Gefangene schaute sich das Tor genauer an. Dann, eines Nachts, als alle Wachen müde waren, brach er entschlossen durch das dunkle Tor – und stand im Freien."[114]

6. EPILOG

Die Ernte wächst.

Vieles, was ich beschrieben habe, ist der Versuch, Erfahrungen aus meiner Arbeit in eine Form zu bringen, um sie für andere nutzbar zu machen. Ich hoffe, es ist mir gelungen, diese - die meisten Menschen bewegenden Themen - weder zu pathologisieren noch zu verharmlosen; Themen, die tief reichen und immer wieder, Frauen wie Männer, in Paarbeziehungen berühren.

Ich hoffe, dass dieses Buch bewegt hat, einerlei, ob in einer bestätigenden oder kontroversiellen Form. Ich finde es gut, wenn Literatur Wirkung zeigt. Vielleicht hat es dem einen oder anderen interessiert Suchenden eigene Antworten ermöglicht.

Sie sind herzlich eingeladen, mit mir per Mail Kontakt auf-zunehmen. Sollten Sie das Bedürfnis haben, mir Ihre Erfahrungen zu schreiben bzw. mir Feedback zum Buch geben zu wollen, freue ich mich darüber. Sie erreichen mich unter: gottfried@kuehbauer.at.

Ich lade Sie auch gerne ein, mittels „Blitzlicht" Ihre positiven Erfahrungen über erlebten Beziehungsreichtum auf meiner Homepage mit anderen zu teilen. Näheres unter: www.kuehbauer.at, Button „Mein Beziehungsreichtum!"

Ebenso finden Sie auf meiner Website verschiedene anregende Tests zum Thema „Paar-Beziehung" für den Eigencheck.

Es freut mich, wenn ich Sie erreicht habe.

Gottfried Kühbauer

7. DANK

Den Umgang mit Klienten erlebe ich als schön und erfüllend. Diese Arbeit am Lebendigen ermöglicht mir oft, Zugang zu Lebensthemen und erstaunlichen Biografien von Menschen zu bekommen. Ich erfahre dabei die menschliche Realität in ihrem außergewöhnlichen Formenreichtum. Daraus entsteht für mich eine Vervielfachung dessen, was ich als Einzelner nie erfahren kann. Für dieses Anteil-nehmen-lassen an ihrem Leben bin ich meinen Klienten sehr dankbar.

Das Lernen bei guten Lehrern beinhaltet auch die teilweise Übernahme ihrer Sprache. Jeden ähnlich klingenden Satz als Zitat zu vermerken, erschien mir unlogisch, da die Übernahme von Denkweisen bestimmte Formulierungen impliziert. Alle wörtlichen Zitate sind nach den vorgesehenen Regeln vermerkt. Man könnte den Standpunkt haben, dass Lehrer ohne die Schüler nichts sind und auch sie ihr Wissen von Lehrern einmal hergeleitet haben. Trotzdem ist es mir wichtig, denen explizit zu danken, aus deren Wissen ich mich genährt habe. Auch deshalb, um die Genesis meiner Sichtweisen für die Leser transparent zu machen.

Bedanken möchte ich mich bei Matthias Varga von Kibéd und Insa Sparrer für das von ihnen entwickelte Modell des Tetralemmas, das ich mir über ihre Bücher wie auch durch Ausbildung am Institut *Apsys* angeeignet und in Bezug auf die Frage: *Gehen oder Bleiben*, gemeinsam mit Ilse Gschwend, weiterentwickelt habe.

Bei Ilse Gschwend möchte ich mich besonders bedanken. Sie ist mir schon seit langem eine liebevolle und inspirierende Kollegin. In der gedeihlichen Zusammenarbeit mit ihr habe ich insbesondere, neben vielem fachlichen Wissen, Realitätssinn und Allparteilichkeit als Beratungshaltung stärken können.

Großen Dank auch an Arnold Retzer – ein Vertreter der „Heidelberger Schule". Durch sein paartherapeutisches Konzept, hauptsächlich durch die Unterscheidung zwischen „Liebesbeziehung" und „Partnerschaft", konnte ich mein konzeptuelles Handeln entscheidend erweitern.

Ebenso danke ich Ulrich Clement. Durch seinen mutigen und ressourcenorientierten Ansatz der „Sexualtherapie des Begehrens", habe ich mein Arbeitsweise im Brennpunkt von Paar-Sexualität und Affären-Geschehen professionalisieren können.

Für die inhaltliche „Rüttelstrecke" danke ich besonders meinen Kollegen Karin Quigley-Draxler und Friedrich Fehlinger für ihren konsequenten und genauen Therapeuten-Blick; Esther Kühbauer und Gidera Gröschl für ihren jungkritischen Frauenblick; und Gerlinde Wawra für ihren erfahrenen Blick auf das Kinderwunsch-Thema.

Nicht zuletzt möchte ich dem feinen Verlag „Edition Summerhill"– allen voran Heinz Peter Wallner danken, es war Passung von Anbeginn an. Dies ist in den „kühlen Schluchten" der hochfrequenzigen Verlagswirtschaft eine Besonderheit. Nicht zu trennen ist die andere Hälfte des Herzens, das für diesen Verlag schlägt, seine Lektorin Dodo Kresse. Sie half mir auf charmant konsequente Art, sprachliche Hindernisse und Stolpersteine aus dem Weg zu räumen.

Dank an Georg Parlow, den seelsorgenden Coach und Pionier der Arbeit mit hochsensiblen Menschen in Österreich, er war mir bei der heiklen Grenzüberschreitung zum Thema „Spiritualität" ein feuerfester und inspirierender Weggefährte.

KÜNSTLERISCHE ILLUSTRATIONEN

Dodo Kresse ist Journalistin und Schriftstellerin mit Liebe zur Malerei. Sie lebt und arbeitet in der Steiermark und in Wien.
www.dodokresse.com

2000 «Neun Leben», Ausstellung in Harrys Bar, Wien
2001 Theoder Körner Preis für Lit.
2007 «Abenteuer Schichtwechsel» Ausstellung Graz
2008 Studienaufenthalt bei Su Yeon Shim, Korea/NÖ
2010 «running ground» Ausstellung Graz

LITERATURVERZEICHNIS

Thomas Heidenreich Alexander Noyon: „Existentielle Perspektiven in Psychotherapie und Beratung" (Beltz Verlag, Weinheim, Basel, 2012)

Alfred Polgar: „Das Grosse Lesebuch" (Kein & Aber AG, Zürich, 2004)

Arnold Retzer: „Systemische Paartherapie, Konzepte - Methode - Praxis" (Klett-Cotta Verlag, Stuttgart, 2004)

Astrid Riehl Emde: „Liebe im Fokus der Paartherapie" (Klett-Cotta Verlag, Stuttgart, 2003)

Bert Hellinger: „Natürliche Mystik: Wege spiritueller Erfahrung" (Kreuz Verlag, Stuttgart, 2008)

Bernd Schumacher: „Die Balance der Unterscheidung. Zur Form systemischer Beratung und Supervision" (Carl-Auer-Systeme Verlag, Heidelberg, 1997)

Ulrich Clement: „Systemische Sexualtherapie" (Klett Cotta, Heidelberg, 2004)

Erich Fromm: „Haben oder Sein; Die seelischen Grundlagen einer neuen Gesellschaft“ (Deutsche Verlags-Anstalt GmbH, Stuttgart, 1976)

Franz Jalics: „Kontemplative Exerzitien, Eine Einführung in die kontemplative Lebenshaltung“ (Verlag Echter, Würzburg, 1994)

Gisela Hötker-Ponath: „Trennung und Scheidung - Prozessbegleitende Interventionen in Beratung und Therapie“ (Klett-Cotta, Stuttgart, 2009)

Gunthard Weber (Hrsg.): „Zweierlei Glück. Die systemische Psychotherapie Bert Hellingers“ (Carl-Auer-Systeme-Verlag, Heidelberg, 1995)

Hans Jellouschek: „Wenn Paare älter werden. Die Liebe neu entdecken“ (Verlag Herder GmbH, Freiburg im Breisgau, 2008)

Bert Hellinger: „Die Mitte fühlt sich leicht an“ (Kösel-Verlag, München, 1996) S. 191

Henning Mankell: „Treibsand“ (Paul Zsolnay Verlag Wien, Stockholm, 2014)

Mabel A. Elliott u. Francis E. Merrill: „Soziologie der Liebe - Romantische Beziehungen in theoretischer Perspektive, Hrsg. Barbara Kuchler u. Stefan Beher“ (Suhrkamp Verlag, 2014)

Irvin D. Yalom: „Existentielle Psychotherapie“ (Verlag Andreas Kohlhage, Bergisch Gladbach, 2005)

Jellouschek Hans: „Die Kunst als Paar zu leben“ (Kreuz Verlag, Stuttgart, 1992)

Jürg Willi: „Was hält Paare zusammen? Der Prozess des Zusammenlebens in psycho-ökologischer Sicht“ (Rowohlt Taschenbuch Verlag, 2008)

Jürg Willi/Bernhard Limacher (Hrsg.): „Wenn die Liebe schwindet, Möglichkeiten und Grenzen der Paartherapie“ (Klett-Cotta Verlag, Stuttgart, 2005)

Jürg Willi: „Therapie der Zweierbeziehung“ (Klett-Cotta Verlag, Stuttgart, 2008)

Jürg Wille: „Die Zweierbeziehung“ (Rowohlt Taschenbuch Verlag, Hamburg, 2012)

Katharina Ceming: „Spiritualität im 21. Jahrhundert“ (Phänomen-Verlag, 2012)

Katharina Ceming, Christa Spannbauer: „Der spirituelle Notfall-Koffer, Erste Hilfe für die Seele“ (Trinity-Verlag in der Scorpio Verlag GmbH, München, 2015)

Ken Wilber: „Das Wahre, Schöne, Gute, Geist und Kultur im 3. Jahrtausend“ (Fischer Taschebuch Verlag, Franfurt am Main, 2002)

Peter Konrad Grossmann: „Therapeutische Dialoge mit Paaren, ein narrativer Ansatz“ (Facultas Universitätsverlag, Wien, 2002)

Konrad Peter Grossmann: „Langsame Paartherapie“ (Carl-Auer Verlag, Heidelberg, 2012)

Leo Bormans (Hrsg.), Mikhail Epstein: „Liebe“ (DuMont Buchverlag, Köln, 2013)

Tilmann Haberer, Werner Tiki Küstenmacher, Mario Küstenmacher: „Gott 9.0“ (Gütersloh Verlagshaus, Güternsloh, 2010)

Insa Sparrer u. Matthias Varga von Kibéd: „Ganz im Gegenteil, Tetralemmaarbeit und andere Grundformen Systemischer Strukturaufstellungen – für Querdenker und solche, die es werden wollen“ (Carl-Auer-Systeme Verlag, Heidelberg, 2000)

Michale Cöllen: „Das Paar. Menschenbild und Therapie der Paarsythese“ (Kösel-Verlag GmbH, München, 1989)

Klaus Mücke: „Probleme sind Lösungen. Systemische Beratung“ (Eigenverlag, 2001)

Nelly Sachs: „So einsam ist der Mensch. Aus: Späte Gedichte“ (Suhrkamp, Frankfurt a. Main, 1965)

Pachl-Eberhart Barbara: „vier minus drei. Wie ich nach dem Verlust meiner Familie zu einem neuen Leben fand“ (Verlag Integral, München, 2010) S. 34

Peter Schellenbaum: „Ehe ohne Kinder - gewollt, ungewollt“ (dtv-Verlag, München, 1994)

Peter Schellenbaum: „Das Nein in der Liebe“ (Deutscher Taschenbuch Verlag, München, 1995)

Reiner Ruffing: „Deutsche Literaturgeschichte“ (UTBasics W. Fink, München, 2013)

Monika Czernin Remo H. Largo: „Glückliche Scheidungskinder, Trennungen und wie Kinder damit fertig werden“ (Poper-Verlag GmbH, München, 2003)

Renate Daimler: „Basics der Systemischen Strukturaufstellungen. Eine Anleitung für Einsteiger und Fortgeschrittene“ (Kösel-Verlag, München, 2008)

Robert J. Sternberg: „Dreiecksmodell der Liebe“ (, 1986)

Roland Weber: „Gehen oder Bleiben? Entscheidungshilfe für Paare“ (Klett-Cotta, Stuttgart, 2010)

Rosemarie Welter-Enderlin: „Deine Liebe ist nicht meine Liebe“ (Junfermannsche Verlagsbuchhandlung, Paderborn, 2005)

Stephen A. Mitchell: „Kann denn Liebe ewig sein?“ (Psychosozial-Verlag, Gießen, 2004)

Ulrich Clement: „Wenn Liebe fremdgeht. Vom richtigen Umgang mit Affären“ (Marion von Schröder Verlag, Ullstein Buchverlage GmbH, Berlin, 2009)

Viktor E. Frankl: „Der Mensch vor der Frage nach dem Sinn“ (Serie Piper, München, 1985)

Ken Wilber: „Mut und Gnade“ (Scherz-Verlag, Boston, 1995. 9. Auflage)

Wolfgang Hantel Quitmann: „Sehnsucht: das unstillbare Gefühl“ (Klett-Cotta-Verlag, Stuttgart, 2011)

ANMERKUNGEN

1 Ilse Gschwend, Vita: Systemische Familientherapeutin, Supervisorin, Coach und Moderatorin, Lehrtherapeutin in der Ausbildung von Systemischen Psychotherapeuten (LASF). Leitung und Gestaltung von Fortbildungslehrgängen für Systemaufstellungen, Trainings für Unternehmen, Ausbildungseinrichtungen & diverse Berufsgruppen. Systemaufstellungen für Paare, Familien, Organisationen (Österreich, Spanien, Deutschland, Argentinien, Mexiko); www.ilsegschwend.at

2 Rainer Maria Rilke: in einem Brief an Emanuel Bodman, (Westerwede bei Bremen, am 27. Aug. 1901)

3 Vgl. https://de.wikipedia.org/wiki/Androgynos (2015)

4 Mabel A. Elliott u. Francis E. Merrill: Soziologie der Liebe, Romantische Beziehungen in theoretischer Perspektive, Hrsg. Barbara Kuchler u. Stefan Beher (Suhrkamp Verlag, 2014) S. 359

5 Insa Sparrer u. Matthias Varga von Kibéd: Ganz im Gegenteil, Tetralemmaarbeit und andere Grundformen Systemischer Strukturaufstellungen – für Querdenker und solche die es werden wollen (Carl-Auer-Systeme Verlag, Heidelberg, 2000) S. 77

6 Peter Konrad Grossmann: Therapeutische Dialoge mit Paaren, ein narrativer Ansatz (Facultas Universitätsverlag, Wien, 2002) S. 82

7 Walach Harald: Spiritualität, Warum wir die Aufklärung weiterführen müssen (Drachen Verlag, 2015) Vgl. S. 27-28

8 Bernd Schumacher: Die Balance der Unterscheidung. Zur Form systemischer Beratung und Supervision (Carl-Auer-Systeme Verlag,

Heidelberg, 1997) S. 315

9 Sylvester Walch: Vom Ego zum Selbst (Droemerschen Verlagsanstalt, München, 2011) S. 189

10 http://www.markusegle.at/208.html (2016)

11 Henning Mankell: Treibsand (Paul Zsolnay Verlag Wien, Stockholm, 2014) S. 64

12 Wenn von heterosexuellen Paaren gesprochen wird, bedeutet das in keiner Weise, dass gleichgeschlechtliche Paare damit abgewertet werden sollen. Ich beziehe mich sprachlich deshalb auf heterosexuelle Paare, da sie in meiner Beratungstätigkeit die absolute Mehrheit bilden.

13 Vgl. Ulrich Clement: Systemische Sexualtherapie (Klett Cotta, Heidelberg, 2004) S. 67-71

14 Vgl. Ulrich Clement: Systemische Sexualtherapie, S. 113

15 Leo Bormans (Hrsg.), Mikhail Epstein: Liebe (DuMont Buchverlag, Köln, 2013) Mikhail Ebstein. S. 55

16 Vgl. Jellouschek Hans: Die Kunst als Paar zu leben (Kreuz Verlag, Stuttgart, 1992)

17 Vgl. Studie, durchgeführt am Europäischen Zentrum für Wohlfahrtspolitik und Sozialforschung Studie: Ursachen und Folgen von Scheidung/Trennung für Kinder, Frauen und Männer (BMSG, Wien, 07/2003)

18 Mabel A. Elliott u. Francis E. Merrill: Soziologie der Liebe.

Romantische Beziehungen in theoretischer Perspektive, Hrsg. Barbara Kuchler u. Stefan Beher (Suhrkamp Verlag, 2014) S. 16

19 Vgl. Roland Weber: Gehen oder Bleiben? Entscheidungshilfe für Paare (Klett-Cotta, Stuttgart, 2010) S. 24-25

20 Mücke Klaus: Probleme sind Lösungen. Systemische Beratung und Psychotherapie - ein pragmatischer Ansatz - Lehr und Lernbuch (Mücke Klaus Öko Systeme Verlag, Potsdam, 2001) S. 203-205

21 Ebd. S. 207

22 Jürg Willi: Was hält Paare zusammen? Der Prozess des Zusammenlebens in psycho-ökologischer Sicht (Rowohlt Taschenbuch Verlag, , 2008) S. 84

23 Ebd. S. 91

24 Vgl. ebd. S. 85

25 Begriff von Fritz Simon

26 Mücke Klaus: Probleme sind Lösungen. Systemische Beratung und Psychotherapie - ein pragmatischer Ansatz - Lehr und Lernbuch (Mücke Klaus Öko Systeme Verlag, Potsdam, 2001) S. 371

27 Ebd. S. 370

28 Ebd. S. 370

29 Jürg Willi: Was hält Paare zusammen? Der Prozess des Zusammenlebens in psycho-ökologischer Sicht (Rowohlt Taschenbuch Verlag, 2008) S. 287 - 288

30 Konrad Peter Grossmann: Langsame Paartherapie (Carl-Auer Verlag, Heidelberg, 2012) S. 109

31 Roland Kachel: Meine Trauer wird dich finden. Ein neuer Ansatz in der Trauerarbeit (Kreuz Verlag, Freiburg im Breisgau, 13. Auflage 2014) S.66

32 Hans Jellouschek: Wenn Paare älter werden. Die Liebe neu entdecken (Verlag Herder GmbH, Freiburg im Breisgau, 2008) S. 13

33 Ebd. S. 17

34 Vgl. Arnold Retzer: Systemische Paartherapie, Konzepte - Methode - Praxis (Klett-Cotta Verlag, Stuttgart, 2004) S. 26-45

35 Jürg Willi: Was hält Paare zusammen? Der Prozess des Zusammenlebens in psycho-ökologischer Sicht (Rowohlt Taschenbuch Verlag, , 2008) S. 233

36 Astrid Riehl Emde: Liebe im Fokus der Paartherapie (Klett-Cotta Verlag, Stuttgart, 2003) S. 63-64

37 Jürg Willi/Bernhard Limacher (Hrsg.): Wenn die Liebe schwindet, Möglichkeiten und Grenzen der Paartherapie (Klett-Cotta Verlag, Stuttgart, 2005) S. 17-18

38 Astrid Riehl Emde: Liebe im Fokus der Paartherapie (Klett-Cotta Verlag, Stuttgart, 2003) S. 44

39 Reiner Ruffing: Deutsche Literaturgeschichte (UTBasics W. Fink, München, 2013) S. 28

40 Arnold Retzer: Systemische Paartherapie, Konzepte - Methode -

Praxis (Klett-Cotta Verlag, Stuttgart, 2004) S. 60

41 Mabel A. Elliott u. Francis E. Merrill: Soziologie der Liebe. Romantische Beziehungen in theoretischer Perspektive, Hrsg. Barbara Kuchler u. Stefan Beher (Suhrkamp Verlag, 2014) „Soziologie der Liebe“ S. 285

42 Leo Bormans (Hrsg.), Mikhail Epstein: Liebe (DoMont Buchverlag, Köln, 2013) S.25

43 Astrid Riehl Emde: Liebe im Fokus der Paartherapie (Klett-Cotta Verlag, Stuttgart, 2003) S. 79-80

44 Ebd. S. 82

45 Bert Hellinger: Natürliche Mystik: Wege spiritueller Erfahrung (Kreuz Verlag, Stuttgart, 2008) S. 108

46 Vgl. Michele Scheinkman: Über das Trauma der Untreue hinaus: Ein neuer Blick auf Affären in der Paartherapie (2007) S. 322

47 Vgl. Tom Levold: Intimität. Theoretische und klinische Aspekte (Jahrgang 12, Heft 1/98)

48 Vgl. Keith Sherwood: Intimität – Das Elixier des Lebens, Referent beim 19. Pulsar-Kongress (1/2013, S. 24-25)

49 Astrid Riehl Emde: Liebe im Fokus der Paartherapie (Klett-Cotta Verlag, Stuttgart, 2003) S. 192

50 Ulrich Clement: Systemische Sexualtherapie (Klett Cotta, Heidelberg, 2004) S. 48

51 Ebd. S.66

52 https://de.wikipedia.org/wiki/Liebesbeziehung (2016)

53 Vgl. Ulrich Clement: Wenn Liebe fremdgeht. Vom richtigen Umgang mit Affären (Marion von Schröder Verlag, Ullstein Buchverlage GmbH, Berlin, 2009) S. 98-103

54 Ebd. S. 102

55 Ebd. S. 103-105

56 Ebd. S. 11-12

57 Ebd. 203

58 Vgl. ebd. S. 203-204

59 Ebd. S. 146-147

60 Ebd. S. 209

61 Ellis Henry Havelock, britischer Schriftsteller, Sexualforscher, Sozialreformer und Fabianer (England, 1859 - 1939)

62 Ulrich Clement: Wenn Liebe fremdgeht. Vom richtigen Umgang mit Affären (Marion von Schröder Verlag, Ullstein Buchverlage GmbH, Berlin, 2009) S. 90

63 Jürg Willi: Therapie der Zweierbeziehung (Klett-Cotta Verlag, Stuttgart, 2008) S. 162

64 www.ivf-gesellschaft.at/index.php?id=100 (2017)

65 Gisela Hötker-Ponath: Trennung und Scheidung – Prozessbegleitende Interventionen in Beratung und Therapie (Klett-Cotta, Stuttgart, 2009) S. 21

66 Ebd. S. 126

67 Alfred Polgar: Das Grosse Lesebuch (Kein & Aber AG, Zürich, 2004) S. 39

68 Daniel Wirtz, Scherbensong, https://www.youtube.com/watch?v=k-b5YFA6V3s

69 Gisela Hötker-Ponath: Trennung und Scheidung - Prozessbegleitende Interventionen in Beratung und Therapie (Klett-Cotta, Stuttgart, 2009) S. 129

70 Nelly Sachs: So einsam ist der Mensch. Aus: Späte Gedichte (Suhrkamp, Frankfurt a. Main, 1965) S. 146

71 Vgl. Fritz Meier: http://www.eijh.at/sehnsucht.php (2015)

72 Jürg Willi: Was hält Paare zusammen? Der Prozess des Zusammenlebens in psycho-ökologischer Sicht (Rowohlt Taschenbuch Verlag, , 2008) S. 36

73 Vgl. Jürg Willi/Bernhard Limacher (Hrsg.): Wenn die Liebe schwindet. Möglichkeiten und Grenzen der Paartherapie (Klett-Cotta Verlag, Stuttgart, 2005) S. 19-20

74 Ebd. S. 25

75 Vgl. Wolfgang Hantel Quitmann: Sehnsucht das unstillbare Gefühl (Klett-Cotta-Verlag, Stuttgart, 2011) S. 80-81

76 Vgl. Jürg Willi: Was hält Paare zusammen? Der Prozess des Zusammenlebens in psycho-ökologischer Sicht (Rowohlt Taschenbuch Verlag, 2008) S. 36

77 www.statistik.at/web_de/statistiken/menschen_und_gesellschaft/bevoelkerung/sterbetafeln/022520.html (2013)

78 Viktor E. Frankl: Der Mensch für der Frage nach dem Sinn (Serie Piper, München, 1985) S. 106

79 Vgl. Tilmann Haberer, Werner Tiki Küstenmacher, Mario Küstenmacher: Gott 9.0 (Gütersloh Verlagshaus, Güternsloh, 2010) S. 276

80 Ebd. S. 276

81 Vgl. ebd. S. 278

82 https://en.wikipedia.org/wiki/Portia_Nelson

83 Tilmann Haberer, Werner Tiki Küstenmacher Mario Küstenmacher: Gott 9.0 (Gütersloh Verlagshaus, Güternsloh, 2010) S. 207

84 Pachl-Eberhart Barbara: vier minus drei. (Verlag Integral, München, 2010) S. 34

85 Insa Sparrer u. Matthias Varga von Kibéd: Ganz im Gegenteil. Tetralemmaarbeit und andere Grundformen Systemischer Strukturaufstellungen - für Querdenker und solche, die es werden wollen (Carl-Auer-Systeme Verlag, Heidelberg, 2000) S. 125-126

86 Mücke Klaus: Probleme sind Lösungen, Systemische Beratung und Psychotherapie - ein pragmatischer Ansatz - Lehr und Lernbuch

(Mücke Klaus Öko Systeme Verlag, Potsdam, 2001) S. 45

87 Ulrich Clement: Wenn Liebe fremdgeht. Vom richtigen Umgang mit Affären (Marion von Schröder Verlag, Ullstein Buchverlage GmbH, Berlin, 2009) S. 27

88 Ilse Gschwend in einen Vortrag zum Thema „Ist die Liebe eine Erfindung?“ in Valencia am 29.09.2011. Vortrag downloadbar unter www.ilsegschwend.at/pdf/Ist_die_Liebe_eine_Erfindung._Nov._2011-2.pdf

89 Vgl. ebd. S. 2

90 Vgl. ebd. S. 4

91 Monika Czernin u. Remo H. Largo: Glückliche Scheidungskinder. Trennungen und wie Kinder damit fertig werden (Piper-Verlag GmbH, München, 2003) S. 71

92 Ebd. S. 71

93 Ebd. S. 12

94 Peter Schellenbaum: Ehe ohne Kinder - gewollt, ungewollt (dtv-Verlag, München, 1994) S. 209

95 Jürg Willi: Was hält Paare zusammen? Der Prozess des Zusammenlebens in psycho-ökologischer Sicht (Rowohlt Taschenbuch Verlag, , 2008) S. 91

96 Astrid Riehl Emde: Liebe im Fokus der Paartherapie (Klett-Cotta Verlag, Stuttgart, 2003) S. 224

97 Mabel A. Elliott u. Francis E. Merrill: Soziologie der Liebe. Romantische Beziehungen in theoretischer Perspektive, Hrsg. Barbara Kuchler u. Stefan Beher (Suhrkamp Verlag, 2014) S. 377

98 Vgl. Renate Daimler: Basics der Systemischen Strukturaufstellungen, Eine Anleitung für Einsteiger und Fortgeschrittene (Kösel-Verlag, München, 2008) S. 56

99 Gunthard Weber (Hrsg.): Zweierlei Glück, Die systemische Psychotherapie Bert Hellingers (Carl-Auer-Systeme-Verlag, Heidelberg, 1995) S. 23

100 Georg Parlow wurde bekannt durch seinen Bestseller: „Zart besaitet - Selbstverständnis, Selbstachtung und Selbsthilfe für hochsensible Menschen" bekannt. Er versteht sich als Energetiker und Seelsorger und begleitet Menschen in vielfacher Weise. Weitere Informationen über ihn unter: www.parlow.at/de

101 Vgl. Astrid Riehl Emde: Liebe im Fokus der Paartherapie (Klett-Cotta Verlag, Stuttgart, 2003) S. 70-71

102 Irvin D. Yalom: Existentielle Psychotherapie (Verlag Andreas Kohlhage, Bergisch Gladbach, 2005) S. 448

103 Vgl. ebd. S. 429

104 Vgl. ebd. S. 430

105 Roland Weber: Gehen oder Bleiben? Entscheidungshilfe für Paare (Klett-Cotta, Stuttgart, 2010) S. 143

106 Felix Gronau ist ein spiritueller Lehrer und Weggefährte. Er arbeitet mit Suchenden und ist bekannt geworden durch sein

Buch: „Grenzenlose Erleichterung ~ bewusst und glücklich sein." In diesem spannenden autobiografischen Bericht schildert Felix Gronau seine Erfahrungen und Erkenntnisse auf dem Weg der Meditation und Selbst-Erforschung. Klar und nachvollziehbar beschreibt er die Realität des ichlosen Bewusst-Seins. Er erinnert die Leser daran, dass sie nicht dieses kleine Ich sind, für das sie sich halten, sondern weit mehr: unpersönliches Dasein, absolut bewusst, intelligent und kreativ.

107 Tilmann Haberer, Werner Tiki Küstenmacher Mario Küstenmacher: Gott 9.0 (Gütersloh Verlagshaus, Güternsloh, 2010) S. 232

108 Franz Jalics: Kontemplative Exerzitien, Eine Einführung in die kontemplative Lebenshaltung (Würzburg, 1994)

109 Vgl. Thomas Heidenreich Alexander Noyon: Existentielle Perspektiven iin Psychotherapie und Beratung (Beltz Verlag, Weinheim, Basel, 2012) Kapitel 7 „Tod und Sterben", S. 125

110 Georg Parlow in einem Gespräch am 16.11.2015

111 Michele Scheinkman: Über das Trauma der Untreue hinaus: Ein neuer Blick auf Affären in der Paartherapie (2007) S. 321

112 Vgl. Leo Bormans (Hrsg.), Mikhail Epstein: Liebe (DoMont Buchverlag, Köln, 2013) S. 47

113 Ebd. S. 316

114 Bert Hellinger: Die Mitte fühlt sich leicht an, S. 191 (Kösel-Verlag, München, 1996)

BUSINESS ENERGETIK
Intuition & Spiritualität in Unternehmen
von Helga Prazak

Business, das Spaß macht und Menschen stärkt und gesund bleiben lässt? Wie soll das gehen? Helga Prazak gibt uns mit ihrem Buch Antworten, die tiefgehend sind.

Energetisches Arbeiten im Business-Alltag hilft bei Entscheidungen, bei Konflikten und Spannungen im Team und zeigt Wege, die bestmögliche Lösung für alle zu finden. „Oft habe ich in meinen Großprojekten mit energetischen Methoden Misserfolge abgewandt und die Dinge wieder in den Fluss gebracht", meint Helga Prazak. Die neuen Ansätze, die großteils aus der Human Energetik stammen und in die Arbeitswelt übertragen wurden, werden Sie beflügeln und mit der Kraft aus dem Herzen zu unbekannten Höhen anleiten.

Paperback: 300 Seiten,
ISBN: 978-3-9504233-6-5

AKIRAS KLEIDER

GEHEIMNISVOLLE BRIEFE AUS WIEN

von Dodo Kresse

„In diesem Kleid werden Ihnen Gedanken kommen, weich wie Samt und genauso schwer zu zähmen." So beginnt AKIRAS KLEIDER von Dodo Kresse. Der Briefroman erscheint in einer wertvollen Geschenkbox.

„Als hättest Du Schmetterlingsflügel aneinandergenäht, voll flattriger Bewegung mit der wagen Ahnung, dass mein Inneres ähnlich fragil zu werden droht."

Achtzig Seiten, die Poesie, Gefühle, Verwirrungen, Überraschungen und Aufregungen für den Leser bereit halten! Eine Hommage an die Eleganz der Weiblichkeit und die Kunst des Briefe-Schreibens.

ISBN: 978-3-9504233-7-2

auf Wiederlesen!